Romance Mediúmnico

LINTERNAS DEL TIEMPO

Psicografiado por

GILVANIZE BALBINO PEREIRA

Por los espíritus

FERDINANDO y BERNARD

Traducción al Español:

J.Thomas Saldias, MSc.

Trujillo, Perú, Mayo, 2023

Título Original en Portugués:

"Lanternas do tempo"

© Gilvanize Balbino Pereira, 2008

World Spiritist Institute

Houston, Texas, USA

E–mail: contact@worldspiritistinstitute.org

Del Traductor

 Jesus Thomas Saldias, MSc., nació en Trujillo, Perú.

Desde los años 80's conoció la doctrina espírita gracias a su estadía en Brasil donde tuvo oportunidad de interactuar a través de médiums con el Dr. Napoleón Rodriguez Laureano, quien se convirtió en su mentor y guía espiritual.

Posteriormente se mudó al Estado de Texas, en los Estados Unidos y se graduó en la carrera de Zootecnia en la Universidad de Texas A&M. Obtuvo también su Maestría en Ciencias de Fauna Silvestre siguiendo sus estudios de Doctorado en la misma universidad.

Terminada su carrera académica, estableció la empresa *Global Specialized Consultants LLC* a través de la cual promovió el Uso Sostenible de Recursos Naturales a través de Latino América y luego fue partícipe de la formación del **World Spiritist Institute**, registrado en el Estado de Texas como una ONG sin fines de lucro con la finalidad de promover la divulgación de la doctrina espírita.

Actualmente se encuentra trabajando desde Perú en la traducción de libros de varios médiums y espíritus del portugués al español, habiendo traducido más de 220 títulos, así como conduciendo el programa "La Hora de los Espíritus."

ÍNDICE

Breve Relato..6

Amigos en Cristo...10

Nota de Aclaración al Lector....................................12

PRIMERA PARTE..16

1.— Disipando la Oscuridad, Fortificando la Luz....18

2.— Elecciones y Muerte, Difícil Realidad.............26

3.— Llegada y Partida, La Ley es Continuar...........40

4.— El Retorno sobre Láureas, del Viaje al Reencuentro...........
      con lo Inesperado...54

5.— De la Separación, Nuevo Destino, y Gran Alegría..........64

6.— En los Portales del Templo y Las Marcas.........
      de la Transformación..78

7.— Primero Amor, Esperanza Eterna de Muchas Vidas........89

8.— Vidas que se Reencuentran, Fiel Amistad..........
      y Eterno Amor..99

9.— Del Nacimiento a la Despedida.......................116

10.— Sufrida Realidad, Necesario Recomienzo.......130

11.— Rumbo a Nuevas Vidas..................................142

SEGUNDA PARTE...155

1.— Unidos por Un Ideal, Definitiva Unión...........157

2.— Violentas Persecuciones, Nuevo Comenzar.....175

3.— Proseguir entre las Páginas de un Pasado........188

4.— El Despertar de un Líder................................197

5.— Del Dominio al Egoísmo, a la Partida del........
      Gran Amigo...204

6.— Visión Grandiosa...216

7.— En el Camino de la "Nueva Roma"...................226

8.— Señales de Ganancia y Esperanza 241

9.— De la Verdad a la Sufrida Difamación...................249

10.— De la Mentira al Peso de las Vanidades ....
y la Triste Sentencia 259

11.— Del Convivio en Cristo al Encuentro con la Luz...........271

12.— Encuentro Sublime 291

13.— Al Lado del Maestro 301

BREVE RELATO

Una vez más, nuestros corazones se llenan de alegría al recibir la autorización celestial para retorna a la Tierra, con el objetivo de contribuir a la biografía del emperador Caius Flavius Valerius Aurelius Constantinus — Constantinus I.

No pretendemos reescribir o confundir la historia. Para ello, los nobles historiadores tienen la tarea de identificar y registrar la vida de nuestros antepasados. Aquí relatamos la experiencia de nuestros ilustres amigos y hermanos en su intimidad e ideas, sin exaltar sus títulos o apariencias.

Muchos amigos que acompañaron la saga vivieron en *Salmos de Redención* al buscar encontrar en esta obra los personajes que la componían. Me toca aclarar que encontrarán a algunos de los amados compañeros, nuevamente envueltos en tareas celestiales luchando contra las sombras del ayer para hacer reinar el amor sin imposiciones. Volvieron a la lucha con la misión de consolidar las ideas cristianas conquistadas en el pasado.

Unidos por el lazo más puro del amor, vuelven: el apóstol del corazón, Bartolomé, como Eustaquio. En respuesta a la solicitud del noble apóstol Andrés, lo llamaremos Samir. La amada Helena, como Domitila. Tarquinius Lidius Varro, en la destacada personalidad de Fabius. Claudius Marcellus aparece bajo la apariencia de Petronius y la bendita y respetada Raquel como Quimeria. El médico Fabricius como Cornelius.

Cassia Flavia Helena Varro (Esther) regresa como la amada Lucrecia, enfrentándose a criaturas enfermas por el egoísmo, pero hace prevalecer el amor sobre las almas involucradas en los ministerios del poder oscuro y esquivo.

Apolonius Copérnicus, en el mundo invisible, como el emisario bendito, responsable de la misión celestial encomendada al corazón del emperador Constantinus y a todos los relacionados con él. Encontramos al emperador Caius Flavius Valerius Aurelius Constantinus — Constantino I — El Grande — honrando su promesa ante el Señor, abrazando la causa cristiana y, respetando su voluntad, custodiaremos su identidad.

No nos detendremos en los registros históricos de los años del Imperio de Constantinus, ni en sus objetivos políticos. Destacaremos su amor puro por Lucrecia, que le hizo redescubrir su fe. De este amor despertó a la realidad como emisario del Señor, con la ardua tarea de detener las persecuciones de los cristianos y los sucesivos martirios de la cruz, estableciendo un tiempo de paz para el pueblo de Jesús.

Respondiendo aun a los pedidos de las hermanas en Cristo, asignaremos el nombre de Dioclecia a la media hermana de Constantinus y el nombre de Limea a la esposa de Guillermo Fabricius, para salvar los corazones amados, que se encuentran en otras experiencias evolutivas. Honrando las solicitudes de más amigos en esta historia, mantendremos en reserva su identidad.

En la primera parte de esta obra, destacamos los hechos de la juventud de Constantinus I, su primer amor, llamada Lucrecia, la mujer que fue la responsable de su conversión al cristianismo, influyendo en muchas de sus actitudes en todo el Imperio.

En la segunda parte, sin profundizar en el *modus operandi*, no podemos ignorar la importancia de Constantinus para el cristianismo. Sin él, ciertamente, las enseñanzas de Jesús enfrentarían muchas dificultades para llegar al tiempo presente.

Nuestro objetivo es traer la historia de un hombre que llevaba las leyes del Imperio en sus manos y las leyes de Cristo en su corazón, sedimentando su amor apostólico en la liberación de los seguidores del cristianismo de las súplicas en el nombre del Maestro Jesús y consolidándose en el 313 d. C. el cristianismo como religión oficial del Imperio y su vida.

Y, finalmente, ¿por qué Linternas del Tiempo?

Respetando los ideales religiosos de nuestros semejantes, creemos que el cristianismo es el equilibrio del universo. Por eso, de manera alegórica y humilde, asociamos la amada imagen de Jesucristo a los faroles que permanecerán siempre encendidos en las conciencias, que siguen la marcha evolutiva, enfrentando la difícil tarea de realizar la transformación personal, y alcanzando paz y luz en su corazón y existencia.

Porque creemos que ninguna transformación ocurre de la noche a la mañana, asignamos las lecciones del tiempo para que las experimenten aquellos que buscan en Cristo Redentor la sabiduría de la paciencia. Conscientes que para los verdaderos cristianos no importa cuál sea el momento, porque aunque las sombras se ciernen sobre el mundo, lastimando y marcando las almas, los conceptos enamorados, las culturas sumergidas por las guerras o los imperios destruidos, Cristo Jesús resiste el tiempo y sus desafíos, fortaleciendo los corazones para que se cumplan los planes celestiales.

Querido lector, con quien compartimos el sincero esfuerzo de esta inolvidable experiencia, que encuentres, en los ejemplos de resignación de los personajes, el valor suficiente para renovar tus esperanzas; consciente que Dios siempre nos ofrecerá una nueva oportunidad para cambiar y seguir adelante...

Esperamos poder contribuir con la verdad de las bendiciones celestiales a comprender que la vida no es más que faroles que Jesús enciende en nuestra mente para guiarnos a través del tiempo, devolviendo nuestras esperanzas en el trabajo, la disciplina y el amor.

Ferdinando

São Paulo, 26 de Octubre, 2008

Amigos en Cristo

Estar al lado de mi eterno amigo Ferdinando y poder compartir con él, entre otros seres queridos, las páginas de esta historia es un honor que doy gracias al Señor.

Siempre he trabajado, en silencio, sobre obras traducidas por las manos de Ferdinando. Sin embargo, desde la primera obra que firmé, *Verdades que el tiempo no borra*, por definición superior y por necesidad, acepté la invitación para escribir esta nota.

Las experiencias de estas páginas nos conmueven porque algunos personajes comparten nuestro ideal cristiano. Para dividir estos recuerdos son una alegría para mí; especialmente hablar sobre la vida de Constantinus dentro de la historia del Imperio Romano y de Lucrecia dentro de su anonimato, quienes representaron un gran hito para la cristiandad y ayudaron, a través de sus reinicios, al paso del Maestro en la Tierra como emperador, entre varios propósitos políticos, económicos y religiosos, llevaba también consigo el objetivo espiritual que había sido claramente definido en las esferas celestes, el de implantar la doctrina de la mansedumbre en un imperio feroz, en el que la guerra era el lema. Encontrando en las líneas sublimes del amor a Lucrecia la fuerza para seguir adelante, aun cuando la vida le dijo "no" a ese amor admirable de su juventud.

En este trabajo traemos a manos de los lectores hechos juzgados por esferas superiores relevantes para el momento. Sin embargo, para asegurar la veracidad de estas páginas, conservamos algunos nombres de personajes, así como de lugares; sin embargo, mantuvimos algunas identidades, registradas en los documentos oficiales de la historia.

No me detendré en esta página. Acompáñanos, lector, a conocer la vida de un emperador detrás de cuya figura residía, en silencio, un hombre, una gran, importante y nada fantasiosa historia de amor.

Bernard

São Paulo, 26 de Octubre, 2008

Nota de Aclaración al Lector

Me preguntaron por qué Helena, madre de Constantinus, sería la responsable de la conversión de su hijo. Para respuesta a esta pregunta está respaldada por la amabilidad de Helena, quien nos ayuda a recordar este período, y de la cual traigo a mis amigos lectores lo siguiente:

Amados.

Me siento confiada al lado de mi eterno amigo Fernando, a quien nunca puedo dejar de sentir mi profundo respeto, y que vuelvo a la Tierra, en espíritu, para escribirles estas breves líneas, no en la condición de madre, sino de sencilla hija de Dios.

Cuando estuve en la Tierra probándome las vestiduras de Helena, y durante el período en que me entregué a los brazos de Constancius I, resultando así el nacimiento de Caius Flavius Valerius Aurelius Constantinus, más tarde Emperador Constantinus I — El Grande, yo no era más que una mujer entregada a los placeres de la Tierra, engañada por las pasiones, las riquezas y los poderes fáciles.

Sin embargo, después que Flavius Valerius se convirtió al cristianismo, una noche alrededor del año 301 d.C. cuando volvía de la gran batalla junto a su inseparable amigo Caius, lo encontré esperándome. Mientras los criados les servían agua para refrescarse y vino para saciar la sed de los soldados, pidió la presencia de Samir, a quien atribuimos su equilibrio y perseverancia en la fe. Momentos después, sus familiares más íntimos y algunos amigos se reunieron a su alrededor, cuando comenzó la inolvidable oración:

— "¿Quién de vosotros, teniendo cien ovejas y perdiendo una de ellas, no abandona las noventa y nueve y se embarca en el desierto y va en busca de la que se había perdido, hasta que la encuentra? De regreso a casa, llama a sus amigos y vecinos, diciéndoles: 'Gozaos conmigo, porque he encontrado mi oveja perdida' Os digo que así habrá más alegría en el cielo por un pecador que se arrepiente que la que un par de noventa y un justos no necesitan arrepentimiento."[1]

"Señor, estoy ante ti, exhausto como un soldado que regresa de una batalla difícil, que es consciente de sus marcas y que espera el tiempo para decirme que debo hacer para pagar por las faltas cometidas, incluso las que hice en tu nombre.

No tengo méritos para recibir de ti una bendición, pero como una oveja perdida consuélame en tus brazos y permíteme perseverar en mi fe aun cuando el cansancio abrace mi alma, convocándome a renunciar a la causa que me impulsa a luchar por tu nombre y por vos.

Sé que la sangre que tiñe mis manos no puede aliviar mis faltas, pero esa es la única manera que puedo encontrar para honrar la promesa que te hice: que el Imperio se inclinaría ante ti. Cree, Maestro, que mayor que esta promesa es la voluntad de ver a los hijos de Dios pronunciar sus credos con libertad. Sé que eres el

---

[1] Nota del Autor Espiritual Ferdinando. Lucas, 15:4— 7.

único que hará sentir a la gente que sus oraciones han sido escuchadas y que los dioses a los que adoran son solo páginas viejas de nuestra historia.

'Actum nihil dicitur cum aliquid superest ad agendum'[2].

Mucho ya fue hecho, pero aun queda mucho por hacer para que toda esta lucha no sea en vano. Créeme Señor, vive en mí la fuerza de mi inolvidable Lucrecia que me hizo retener las palabras de vida eterna que dijiste a tus discípulos y me hizo convertir a tu sabio y pleno amor..."

Así, queridos lectores, atribuyo la conversión de Flavius Valerius a él mismo y a la "anónima" Lucrecia, pues sin ella mi hijo no hubiera conocido a Cristo como lo conoció.

Por tanto, confieso que mi conversión fue verdadera y mi amor por Jesús fue incuestionable y, sobre todo, indestructible, porque fue esta compasión celestial la que me hizo ser quien soy, nada más que una sierva del Señor...

Los argumentos me dieron hechos que se convirtieron en dogmas religiosos que no comparto. Sí, hice viajes a tierra santa para buscar consuelo después de tantos sufrimientos que rodearon la vida de mi hijo, en particular, la muerte de mi nieto Crispus[3]. Me dediqué a construir muchas iglesias, pero mi propósito, además de sostener a mi hijo políticamente fue para calmar el dolor de mi propio pasado, pero siempre creyendo fielmente en Jesús.

---

[2] N.A.E. Ferdinando. "Nada se dice hecho cuando queda algo por hacer" – en latín.

[3] Nota de la Médium: Crispus, hijo de la unión de Caius Flavius Valerius Aurelius Constantinus Constantinus con Minervina. Su historia será contada en la segunda parte de este libro.

Le pedí a mi amigo Ferdinando que no me dedicara muchas páginas, lo importante en esta hermosa y a la vez triste historia es rescatar verdades perdidas sobre Constantinus y no registrar otra biografía sobre mí, porque muchas religiones ya lo han hecho, aunque algunos muy distorsionados. Con el corazón lleno de alegría y profunda gratitud al Señor, me despido...

Flavia Julia Helena

PRIMERA PARTE

Siglo III (282 d.C.)

"Ahora bien, todo lo que se escribió en el pasado, para nuestra enseñanza se escribió, a fin que mediante la perseverancia y por el consuelo que nos brindan las Escrituras, tengamos esperanza."

Paulo – Romanos 15:4

"Solo sufre en la Tierra aquel que no se educa."

Ferdinando

"Para sentir realmente la satisfacción de vivir, no tengas miedo de sufrir, porque es un anuncio de mejores días por venir."

Bernard

1.—
DISIPANDO LA OSCURIDAD, FORTIFICANDO LA LUZ

En la llanura del Lacio, a orillas del Tíber, cerca a la costa, la ciudad de Roma se mantuvo imponente, fuerte y magnífica.

En el período comprendido entre los años 276 d.C. y 284 d. C., año en que Dioclecianus[4], hasta entonces conocido como Diodes, se convirtió en emperador del Imperio Romano, se produjeron una serie de sucesiones[5] que culminaron en mandatos de corta duración. Este período también fue conocido como "anarquía militar."

La ciudad de Nicomedia, que una vez se conoció como Olbia debido a su posición estratégica entre los estrechos de los Dardanelos y el Bósforo, fue nominada en el 284 d.C. por Dioclecianus para ser la capital del Imperio Romano de Oriente.

A pesar de un período sereno, sin persecución religiosa, las iglesias comenzaron a organizarse y el culto al cristianismo fue una

---

[4] El oficial citado es Caius Aurelius Valerius Diocletianus. En el año 284 d.C. en la ocasión en que fue nombrado emperador en lugar de Numerianus, cambió su nombre de Diodes a Diocletianus, reconocido como tal en las líneas de la historia. (N.A.E. Ferdinando)

[5] Emperadores relacionados con el período citado: Marcus Aurelius Numerius Carus — 282 a 283 d.C.; Marcus Aurelius Numerius Numerianus — 283 a 284 d.C. y Marcus Aurelius Carinus — 283 a 285 d.C. (N.M.)

realidad en medio de una sociedad politeísta. Muchos cambios sociales y políticos estaban ocurriendo en esa región.

En este escenario, la madrugada de aquella mañana primaveral del año 282 d.C. todavía traían las frías brumas y el tímido sol naciente en el silencioso horizonte de la región oriental. Los esclavos y trabajadores libres de Nicomedia agitaron si podían ofrecer pronto un comercio organizado para la ciudad que despierta.

Apresuradamente, una litera se abrió paso a través del ajetreo y el bullicio del pueblo, hacia la residencia de la familia de Petronius, un fuerte romano de pelo negro, un hombre dedicado a los intereses del Imperio y los servicios públicos en el control de las finanzas, específicamente en materia relacionado con el ejército.

Cuando se detuvo frente a la entrada principal, el joven Fabio, de aspecto noble, alta estatura, rostro delgado delineado por su cabello y ojos negros, descendió rápidamente. Con cuidado, le tendió la mano a su esposa Domitila, quien se convirtió en radiante en su pura belleza que se confundía con sus grandes y vivaces ojos, estableciendo entre la pareja la expresión de una sólida unión familiar.

Un siervo les dio la bienvenida y los condujo a la biblioteca donde los esperaban Petronius y su esposa Quimeria.

Cuando entraron en el recinto, los dos hombres, a la manera típicamente romana, se saludaron con muchas demostraciones de cariño anhelante y envueltos por un amor evidenciado en un cariñoso abrazo que fue interrumpido por el pequeño Gaius, hijo de Petronius y Quimeria.

Después de hablar por unos momentos de asuntos triviales, las mujeres y el joven se retiraron. Entonces, bebiendo vino, Fabius dijo:

— Hermano, fui convocado con tanta urgencia.

¿Cuál es la razón de esta prisa?

— Por tradición, nuestra familia tiene mucho prestigio con los emperadores — Respirando profundamente, Petronius continuó:

— Sabes que confío plenamente en ti, que tengo una enorme confianza en ti. Desde que se fue a Palestina, las cosas no son iguales. De todos lados escuchamos rumores sobre conspiraciones, muertes constantes de miembros del Senado y del ejército, que ocurren sin explicación.

Desde que Diodes tomó el poder, vivimos un período de inestabilidad. Estamos obligados a estudiar en detalle los documentos que involucran cuestiones administrativas, financieras y hasta religiosas. Estamos ante una verdadera guerra entre el Senado y el Ejército. Todos quieren el poder, riqueza y, en consecuencia, nos enfrentamos a la muerte de muchos justos e inocentes. Necesito tu ingenio para ayudarme en la interpretación de estos informes que el emperador me envió. Él sospecha que las reservas financieras destinadas a los ejércitos están siendo desviados. A toda costa, tiene la intención de descubrir a los culpables.

— Muchas cosas viví durante este período en el que estuve ausente en las tierras del Este, honrando las misiones que me fueron encomendadas — dijo Fabius pensativo —. En Jerusalén conocí a un hombre llamado Eustaquio. Es miembro de una comunidad cristiana muy especial. Con él, Domitila y yo aprendimos algunas verdades que todavía no encajan en nuestra sociedad. Me dediqué al conocimiento de Jesús de Nazaret y a las obras de sus seguidores — prosiguió Fabius pensativo —. No puedo prescindir de las demostraciones de amor que presencié de aquellos que dieron su vida en nombre de una fe racional, queriendo nada más que una vida justa y digna, mientras nosotros, Senadores, generales y Emperadores, queremos ser traicionados. los destinos de la humanidad.

Nuestro Imperio y nuestras leyes se están muriendo. Pronto serán solo unas pocas líneas de una gran historia como tantas otras. Miren a nuestra gente. Están cansados de subir al Capitolio y dar sus ofrendas creyendo que así pueden acercarse a sus dioses... Sus dioses son silenciosos y distantes porque no son más que ilusiones.

— ¡Eres muy inteligente! La experiencia de estos viajes te trajo mucho aprendizaje — con cara de preocupación intervino Petronius.

— No te preocupes por mí, todavía no me considero cristiano. En sus enseñanzas, Jesús nos habla de la vida, del amor eterno y de los lazos fraternos que unen a todos los que están a nuestro alrededor. Siento que somos como viajeros en el tiempo y que estamos aquí para cumplir nuestra misión. Los días sabrán conducirnos, viajaré delante de ti, con quien me encontraré después.

Ahora creo en un único Dios; en el amor que gobierna a las criaturas y que nos hace crecer hacia una verdad mayor que aun desconocemos. No somos hijos de una sola existencia. Pertenecemos a una familia mayor que nuestra carne. Donde estuve, la gente habla de la eternidad, que la vida no termina en la tumba y que podemos vivir existencias diferentes. También conocí otras creencias que predican que volveremos a la vida. Quién sabe lo que representó el pasado. ¿Un día para nosotros? Contesta mientras estemos vivos.

Petronius tenía la mirada perdida en el horizonte:

— Tus conceptos me son muy familiares, especialmente cuando te refieres a las diferentes vidas y la posibilidad de regresar a la Tierra.

— El poder viene del Señor — dijo Fabius —. Mientras estemos atrapados por las cadenas egoístas de nuestro corazón, no podremos comprender las verdades que dirigen el curso de nuestra vida. Creo que en nuestro destino está la guía y la ayuda fraterna de Dios. Hace unos días me encontré con mi amigo, el oficial militar Diodes, en el balneario — dijo Petronius, cambiando el curso de la conversación —. Me habló de ti. Destacó tu labor en Oriente en los lugares donde estuviste. Tu ayuda fue importante en la traducción de las leyes y, sobre todo, en el control de las riquezas del Imperio. Fue él quien indicó tu nombre para ayudarme en este asunto. Me dijiste eso tu concepto con el Emperador va en aumento y necesita hombres que conozcan las necesidades de esa región para poder actuar con seguridad e implementar sus proyectos.

Fabius se levantó y, con una mirada distante, acercándose a la ventana, comentó:

— Estuve con él en Egipto y allí me ofreció un puesto de confianza para que pudiera seguir viajando e investigando, solicitar asuntos relacionados con la administración de las regiones que están bajo la protección de su ejército.

Después de una breve pausa Fabius continuó:

— Hermano mío, quiero seguir conociendo a todos los pueblos, religiones y, especialmente, cómo el cristianismo se ha expandido a nuevas regiones. Acepté la propuesta de Diodes y después de cumplir mi tarea aquí, pretendo irme. Regresé para cumplir la orden imperial y tu pedido y para que Domitila pueda dar a luz a nuestro hijo con la protección necesaria, pero no tengo intención de quedarme aquí. Te unes a mí con Eustaquio en Palestina.

— Sé que no servirá de nada contradecir tus propósitos. Cada vez que tomó una decisión, nunca pudimos cambiar la dirección de tu corazón. Prométeme que cuidarás bien de ti y de tu familia. Creo que nuestros destinos se encontrarán, pero siento que aun no es el momento de partir de aquí. Siempre estaré contigo como tu hermano mayor, amigo y hasta como padre, porque somos una familia —. Tratando de romper la emoción momentánea, Petronius dijo:

— Es mejor descansar del agotador viaje.

— No te preocupes, no estoy cansado. Dejemos de hablar y pongámonos manos a la obra.

El día amaneció en paz. Los hermanos continuaron intercambiando impresiones sobre el sombrío proceder del Senado que, en esa ocasión, perdió el poder ante el ejército, haciendo que el escenario político presentara una opresiva expresión de horror y codicia.

✳ ✳ ✳

Al día siguiente, las estrellas del cielo anunciaron la llegada de la noche.

Quimeria, una romana dedicada a la familia, con su semblante luciendo tranquila y segura, se sentó en un diván, mientras su hijo Gaius, acompañado por una sirvienta joven y amable llamada Adira, jugaba inocentemente.

Compartiendo ese ambiente alegre, Domitila y su cuñada entablaban una amena conversación, cuando la esposa del senador, pensativa, dijo:

— Pienso en el niño que traigo conmigo y su destino. Me sentí segura y feliz lejos de los asuntos imperiales. Haber regresado despertó inevitable angustia. Aprendí que debemos comprender y aceptar con resignación todos los desafíos que la vida nos impone como un aprendizaje, pero estoy muy preocupada.

No podemos ignorar la agitación política que nos rodea, y ciertamente despierta a los enemigos de nuestro marido — Nada emocional, continuó Domitila:

— Me casé con Fabius e inmediatamente nos presentaron con el hijo que esperaba. Siento que estoy a su lado de paso, porque mis sentimientos y pensamientos se confunden y no puedo razonar. Doy gracias a Jesús por haber conocido sus leyes, y en ellas me sustento.

Quimeria la escuchaba atenta y, tratando de romper su tristeza momentánea, la animó:

— Cuñada, no debemos cultivar el pesimismo en ningún momento de nuestra vida. Mi hijo, el pequeño Gaius, me necesita mucho y por él y por el amor de Petronius encuentro fuerza y alegría en la vida ¿Qué sería de mí si me dejara llevar por mis preocupaciones?

— Bien sabes cuánto te admiro y respeto, porque te considero una mujer fuerte y admirable — prosiguió Domitila pensativa—. No sabemos mañana y te confieso que tengo miedo. Yo creo que algo muy fuerte une el corazón con el de Fabius es el niño que llevo en mi vientre y que me alegra y reconforta mi alma llena de miedos.

— En Palestina aprendimos de un amigo llamado Eustaquio creer en el único Dios. Conocemos los conceptos de la renovación del cristianismo. Es esta fe la que me fortalece para aceptar los planes de Dios. Debemos permanecer confiados; aunque los caminos parecen oscuros, la luz siempre nos acompañará.

— A pesar que está alejado de los hechos sociales por propia decisión — intervino Quimeria, enjugándose una tímida lágrima—, sigo a través de Petronius el desarrollo del cristianismo en aquella región. La mayoría del personal de esta residencia son cristianos, especialmente Adira, y de ella he aprendido mucho sobre Jesucristo.

Domitila, conmovida, tomó las manos de su cuñada, se las llevó al pecho y suspiró:

— Querida mía, sean cuales sean los designios del Señor, que se cumpla su voluntad. Olvidaré mis miedos porque mi amor por nuestra familia es soberano. Quiero que sepas este pasaje[6] que Eustaquio, antes de irnos, me presentó:

"Alzo mis ojos a los montes: ¿de dónde viene mi socorro? Mi socorro viene del Señor mi Dios, que hizo los cielos y la tierra. Sí, la guardia de Israel no duerme ni siesta.

El Señor mi Dios es tu guardián, tu sombra, el Señor mi Dios está a tu diestra. De día no te hará daño el sol, ni la luna de noche.

El Señor mi Dios te guarda de todo mal, él guarda tu vida.

El Señor mi Dios guarda tu salida y tu llegada, desde ahora y para siempre."

— Siempre fuiste alguien muy especial — dijo Quimeria, emocionada —. Me consuelo ante tu amabilidad y tus palabras.

Se abrazaron, reafirmando una unión fraternal en sus corazones. Con los ojos húmedos contemplaron el firmamento depositando en las estrellas las esperanzas de su propio destino.

---

[6] Salmos, 121. (N.A.E. Ferdinando)

2.—
ELECCIONES Y MUERTE, DIFÍCIL REALIDAD

Habían transcurrido treinta días desde la llegada de Fabius a Nicomedia. Los hermanos se dedicaron al arduo trabajo solicitado por el Imperio, con el objetivo de contener las sospechas de corrupción y conspiración.

Cada día la fuerza del Senado se debilitaba, dando paso al ejército. Fabius, con total implicación y conocimiento, se ganó la confianza de la mayoría de los patricios.

Algunos miembros del Senado apoyaron a Guillermo Fabricius, uno de los senadores más influyentes, perteneciente a una organización imperial. Era conocido por su conducta turbia y la frialdad y morbosidad de su bella esposa Limea.

Aquella tarde, luego de finalizada una reunión en la sede del Senado, los hermanos caminaban, conversaban felices, en el salón principal cuando fueron sorprendidos por Guillermo, quien con ironía les preguntó:

— Bueno, bueno, ¿quién está entre nosotros? Entiendo que ahora quieras traicionar a los nuestros. Todo me lleva a creer que te aliaste con el ejército.

— ¡Vamos! Estamos apurados porque tenemos mucho que hacer — dijo Petronius, tratando de romper con el nerviosismo del momento. Ignorando esas palabras para no causar confrontación, los hermanos siguieron caminando sin decir nada cuando Guillermo, completamente fuera de control, agarró agresivamente el brazo de Fabius para llamar su atención:

— En vez de proceder a nuestro favor, nos debilitas más por aliarte con la escoria militar. No entiendo por qué el Emperador tiene tanta confianza en ti. Seguramente, debes tener algún valor que yo desconozco. Quiero nombres fuertes a mi lado y que quieran recuperar fuerza en el Senado. Únete a nosotros.

El ejército es nuestro enemigo y no tiene nada que ofrecerte. A mi lado tendrás poder, riqueza y protección para todos los tuyos.

Los hermanos escucharon en silencio; lo que dijo Guillermo. Fabius no pudo contenerse e, indignado, retiró la mano y reaccionó:

— ¿Cómo te atreves? ¡Ni siquiera me conoces! Mi trabajo, hasta entonces, está en la región de Palestina y siempre he vivido en otras regiones. ¿Cómo entonces tienes el coraje de acorralarme así? No queremos tu poder y mucho menos formar alianzas con nadie. Quiero cumplir mi deber en la organización de la ley y hacer que la justicia, por ti olvidada, sea la base de nuestra sociedad.

— No creo en los hombres sin dignidad. Cuando un hombre pierde su honor, no es digno de ser miembro de la humanidad. No estoy aquí para defender los intereses personales de nadie. Preferiría morir antes que perder mi integridad o corromperme por deseos efímeros. Siento pena por tu egoísmo y tu falta de ética. Un día despertarás a la verdad.

Petronius, inquieto, admiró la actitud de su hermano, quien ni siquiera mostró un gesto de agresión contra ese hombre. Guillermo, incapaz de disimular su argumento, intervino:

— Quieren desmoralizarme y no lo soportaré. Una vez fui un hombre como tú, pero la vida me llevó a elegir otros caminos. ¿De qué sirve una conducta inmaculada si no podemos conquistar lo que queremos, riquezas, poder y gloria?

Entonces Petronius, atónito, se retiró y, tratando de comprender lo sucedido, comentó:

— Mi hermano Guillermo era un hombre solitario, honesto, amable y respetado. Siempre se preocupó por la gente, brindando condiciones para una vida digna a quienes vivían en las tierras bajas. Decían que los magistrados le temían y que no había desvío de las riquezas del Imperio, todo estaba destinado a los fines que le correspondían.

Lamentablemente, llegó aquí la hermana de un edil[7], llamada Limea. Una mujer de rara belleza, pero totalmente degradada por las pasiones y lujurias de nuestra sociedad. Interesada en su enorme riqueza, lo sedujo y, en poco tiempo, logró casarse con él. Hay rumores que ella busca pasiones ardientes en otros brazos, ignorando su presencia. Desde entonces, notoriamente, hemos notado su declive. Esta es la razón de su transformación.

— El poder y las pasiones corrompen a los débiles. Fabius continuó pensativo —. Quiero conocerlo, así como a todos los que están involucrados con él. Están empezando a creer que estamos muy cerca de terminar nuestra misión.

Está influenciado por Limea y está obsesionado con alcanzar un alto cargo en el gobierno. Estemos atentos, después de todo ignoramos el mañana.

---

[7] N.M. "[Del lat. edil.] Antiguo magistrado romano que estaba a cargo de la inspección económica de los edificios públicos." Diccionario Aurelio Eletronico, Siglo XXI, versión 3.0.

✳ ✳ ✳

Habían pasado días desde ese encuentro. Guillermo aun llevaba consigo la amargura y el miedo de perder su puesto y, sobre todo, que Fabius descubriera sus acciones.

En su residencia, como de costumbre, su mujer organizaba fiestas en las que se reunían amigos y enemigos que buscaban las facilidades de una vida superficial y vacía para mantener las apariencias.

La belleza ligera, seductora y juvenil de Limea envolvió a todos. Sabía utilizar los atributos íntimos de su personalidad distorsionada para conquistar lo que deseaba. Guillermo, movido por una intensa pasión, hizo todo lo posible por mantenerla a su lado. Ignorando sus actitudes infieles y personalidad desviada, hizo todo lo posible para que no le importaran las pasiones que su esposa mostraba por otros hombres.

Esa noche, antes que llegaran los invitados, Guillermo, ya borracho, estaba sentado en el porche, perdido en sus pensamientos dispersos. Limea estaba ajustando los últimos detalles para la fiesta que estaba por comenzar. Al observar a su marido allí solo, se acercó:

— ¿Qué haces aquí? — Disimulando, continuó:

— Debes estar exhausto. Creo que es mejor retirarse antes para descansar. Yo mismo recibiré a los invitados. no te preocupes

— ¿Quieres que me vaya de aquí? Estaba pensando en lo que me he convertido para merecer un poco de tu amor. Cometí muchos errores en la búsqueda de riquezas fáciles, quería alcanzar el poder y la evidencia solo para no perderte. Ahora soy consciente que todo lo que he hecho no tiene valor.

— No tengo tiempo para esta charla tonta. Ahora entiendo quién eres y lo que quieres —. Secándose el sudor de la cara, Guillermo continuó:

— Si te dijera que estamos en peligro y que podríamos perder la condición de ofrecer fiestas como esta, ¿seguirías a mi lado?

— ¿Qué estás diciendo? ¿Estás loco? ¿Cómo podemos vivir sin recibir a nuestros amigos? ¿Cómo puedo vivir con un hombre decadente? No hay amor sin riqueza.

— Por ti cometí muchos crímenes para mantener tus futilidades. El emperador, desconfiado, trajo de Palestina a Fabius, un hombre de su confianza para descubrir el origen de las deudas de las finanzas. Pronto descubrirán el plan.

— No podremos vivir una vida restringida sin lujos — dijo Limea con los ojos ardiendo de egoísmo —. Solo la riqueza nos hace conquistar glorias eternas.

— Estás más interesada en el poder que ejerzo que en mí. Para conservarte y ofrecerte toda la ostentación, perdí hasta la dignidad. Las palabras de Fabius me despertaron a esto. Todavía no puedo entender el poder que tenían para mí en un solo encuentro. Me silenciaron hasta la médula. Es un hombre de integridad y honor. Frente a él, parece que desperté de la pesadilla que me convirtió en el despreciable hombre que soy ahora —. Guillermo, visiblemente perturbado, continuó:

— Me pregunto si debo continuar con mis propósitos.

— No podrás abandonar tus planes — intervino Limea, visiblemente desesperada —. Nunca me quedaré al lado de alguien sin poder o pobre. Si este Fabius es un obstáculo para ti, ¿por qué no sacarlo? La dignidad sin poder no es nada, son los sueños de las mentes honestas.

— No puedes mirar más allá de tu egoísmo. Estaba buscando una respuesta a mi mente confundida. Por primera vez en mi vida no procederé en la oscuridad. Necesito paz, algo que hace mucho que no siento. Esto lo sabes muy bien, porque fue la desgracia de mi existencia. Todo lo que hice fue por amor a ti, pero con Fabius no lo haré. Él y su hermano tienen algo que no he sentido por nadie en mucho tiempo: respeto y admiración. Me intimidan con una simple mirada y me recuerdan a un hombre que está muerto dentro de mí. Estoy avergonzado de lo que me he convertido, alguien egoísta y ciego por el amor de una mujer que no merece ni un blanco recuerdo de mí.

Entonces, ¿quieres que perdamos nuestras posesiones por una repentina crisis de honestidad? Sé más prudente y actúa como debes actuar, de lo contrario, yo misma actuaré por ti.

Enfurecido, Guillermo se levantó rápidamente y la agarró agresivamente por los brazos. Gritando, le dio una violenta bofetada:

— Tú siempre hiciste lo que quisiste y yo no hice nada para intimidarte. Te prohíbo para actuar contra Petronius y Fabius o cualquiera que esté relacionado con ellos. Acepté todo de ti, incluso los muchos niños que mataste en el útero. Hijos que concebiste en adulterio. Esta vez ya no permitiré tus malos caminos.

Limea fue arrojada al suelo por la fuerza de Guillermo. Enojado, la sentenció sin piedad:

— Infame. Nunca poseerás nada de mí que no sea mi desprecio. Quiero tu muerte. Que los dioses te concedan el castigo eterno.

Yo tampoco quiero tu desprecio. Rescataré al hombre que una vez fui y espero estar lejos de ti, que ya no habitas mi corazón como una vez lo hiciste.

Guillermo siguió tambaleándose hacia las habitaciones, mientras Limea se recuperaba del momentáneo conflicto.

* * *

Mientras tanto, un sirviente se acercó y anunció la llegada de los primeros invitados de la velada.

— Al cabo de unas horas, la fiesta trajo a colación impresionantes imágenes de hombres y mujeres borrachos utilizando sus habilidades personales para alcanzar una felicidad fugaz, y eso ya no convencía a Limea.

Esa noche, se mantuvo alejada del ajetreo, observando los movimientos y amargando todo su odio por el espacio.

Entre pensamientos de venganza, saboreó el vino que le ofrecían las manos de Flaminius, un joven perteneciente a la guardia, que estaba enamorado de ella. Al notar su inquietud y la mirada fría en sus ojos, preguntó:

— Pareces tan lejana. ¿Hay alguna razón para este comportamiento?

— Guillermo, ese desdichado debe estar enfermo, porque decidió presentar repentinas crisis de hombría — con una mirada fría e impasible, continuó:

— Fabius, ¿alguna vez has oído hablar de él?

— Es un hombre respetado, inteligente y justo. Vino de Palestina a petición de su hermano Petronius, el magistrado a cargo de las finanzas y el propio Emperador.

— ¿También quieres hacerme creer en conceptos morales? Suficiente por esta noche. Necesito tu ayuda. Dime todo lo que sepas sobre estos hombres, sin omitir detalles, sé que tendré que actuar pronto.

Flaminius pasó la noche detallando lo que sabía sobre la vida de los hermanos, dejando en manos de Limea poderosas armas que articularía en su beneficio y evitaría la transformación personal de su esposo.

✳ ✳ ✳

Veinte días pasaron rápidamente.

Después de días de arduo trabajo, los hermanos habían reunido pruebas suficientes para desmantelar la cadena de corrupción que se había establecido. Se levantaron muchos nombres y entre ellos el de Guillermo.

Llegó el gran día, Fabius y Petronius informarían de sus conclusiones a los presentes.

En el interior, el revestimiento de mármol no ocultaba el lujo que se fusionaba con la seriedad del entorno. Los patricios se acomodaron y el representante del Emperador, el militar Diodes, se presentó con refinamiento y ocupó el lugar de protagonismo y liderazgo.

Los hermanos, tratando de ajustar sus propias ideas, se dirigieron hacia el portal de entrada. Sorprendidos, se detuvieron ante Guillermo que estaba sentado en un sofá de la antesala, con un pequeño paquete y varios informes en las manos. Fabius, sintiendo tanta infelicidad en él, se acercó con calma. Con rostro agotado, Guillermo levantó la cabeza y les dirigió un saludo:

— Nobles amigos, que los dioses estén con vosotros, pues están lejos de mí — Secando el sudor continuó:

— Toda mi vida fue solo una imagen creada por mí para satisfacer el corazón frío de la mujer a quien le di mi alma. Después de nuestro encuentro, algo inexplicable me tocó, me llevó a reevaluar mis propósitos y ahora me siento en la obligación de ayudarlos.

— Traté de averiguar sobre ti y encontré el reflejo de lo que fui una vez un hombre honesto. Mis reservas financieras se acabaron y necesitaba mantener los antojos de Limea. Como los ejércitos recibían cantidades muy altas, creí que nadie sospecharía. Hoy soy consciente que la mentira no prevalece y la verdad siempre es soberana —. Entregándole los documentos a Fabius, continuó:

— Soy el hombre que estás buscando.

Aquí están las pruebas de todas las malversaciones de dinero que sospecharon y quieren dejar en su poder. Eres un hombre íntegro. Sé que los usé de la mejor manera. Con el poco coraje que aun me queda entraré en esa habitación. Primero, me gustaría que supieras que cualquier cosa que me pase después de este día no tiene nada que ver contigo. Gracias por la oportunidad que me diste de revisar mi vida. Quiero volver a ser lo que era y rescatar mi dignidad y honor y estoy dispuesto a asumir las consecuencias de mis actos, aunque tenga que morir por ello.

— A menudo cometemos errores y nuestros errores nos dificultan establecer nuestras metas en la vida — dijo Fabius compasivo —. Es importante que sepamos dirigir nuestra mente al pasado, pero no debemos apegarnos demasiado a él. Podemos empezar de nuevo si creemos que hay fuerzas sobre nuestras vidas que nos impulsan hacia el verdadero reino de la luz y la pureza.

— Tuviste el coraje de asumir tus faltas, necesitas fuerza como para levantarse. No podemos seguir culpándonos infinitamente por lo que pasó. Las leyes y sentencias humanas pertenecen a la Tierra y las leyes sabias pertenecen a una sola fuente de amor, llamada Dios. el único Dios, que ha dado la humanidad su hijo Jesucristo que nos dejó un imperio de sabiduría y perdón.

— Por el tono de tu voz y por tus palabras, entiendo que conocías el cristianismo — intervino Guillermo consternado —. He oído hablar de algunas leyes de ese credo. Te digo, tu Señor, no, tu Dios, no podía creer que un desafortunado conspirador fallido como yo.

— Él tiene a todos sus hijos — continuó Fabius.

Incluso en un estado de error, nunca abandonaría a alguien que busca la verdadera resignación. Debemos creer en todo el amor que nos ha otorgado. Permite que tu corazón y su mente prueben un poco de esa bendición llamada fe. Perdónate, porque solo así podrás seguir viviendo.

En ese momento, un miembro del Senado interrumpió la conversación, diciendo que Diodes estaba impaciente esperando a esos hombres. Fabius miró a Guillermo, sintiendo pena por él:

— ¡Vamos! Enfrentemos la verdad para que la sombra de la mentira no nos haga sucumbir en la oscuridad.

— ¡Qué noble eres! A través de tu verdad encontré la mía. Espero que vuestro Jesús, viendo que realmente existe, me comprenda.

Los hombres entraron al salón de audiencias e inmediatamente comenzaron la sesión. Luego de varias conjeturas sobre el advenimiento que involucraba las riquezas del ejército, Guillermo, aun siendo atacado en varias ocasiones por sus amigos en el Senado, permaneció silencioso y distante.

Después de la necesaria argumentación oral, Fabius entregó las pruebas, tratando de entender las acusaciones vertidas, pero no podía dejar de contemplar al frágil hombre que estaba frente a esa tribuna. Humillado y profundamente consternado, Guillermo intervino:

— Señores, no es necesario que pierdan el tiempo en descubrir lo que ya todos saben. Agradezco a Fabius y Petronius que me hicieron valiente para comparecer ante esta asamblea y confesarles que fui yo quien desfalcó las riquezas del ejército.

Se armó un gran alboroto y Diodes enojado se levantó gritando:

— ¡Perro desgraciado! ¿Así que fuiste tú? ¿Querías dañar al ejército robándonos? ¡Ahora tendrás la merecida muerte y yo tendré el placer de ejecutarte!

A pesar del revuelo momentáneo, Guillermo, sin tanta vacilación, desenvolvió un pequeño paquete, sacó el puñal que portaba y, con sorprendente serenidad, dijo:

— No se preocupe. Yo mismo me encargaré de desahogar mi conciencia.

Fabius, dándose cuenta de la importancia del momento, corrió hacia él, tratando de contener su ímpetu, el último acto, el suicidio.

Completamente seguro de sí mismo, Guillermo se cortó las venas. Fabius lo acunó en sus brazos y lo tumbó en el suelo, pidiendo ayuda a gritos. Guillermo, frágil y turbado, permaneció en silencio. Mientras tanto, el jefe de la guardia, obedeciendo las órdenes de Diodes, ordenó que sacaran a Guillermo del recinto para que la muerte pusiera fin a la lenta tortura.

Diodes, satisfecho, antes de irse, miró a los hermanos y dijo:

— No se preocupen por este bueno para nada. Los dioses lo guiarán a penas eternas. Ustedes hicieron un excelente trabajo —. Descansando su mano en el hombro de Fabius, continuó:

— No olvides mis planes para ti. Esperaré tu respuesta a la brevedad para dedicarte a mis asuntos.

Tras la retirada de Diodes, el ambiente empezó a vaciarse.

— ¡Vamos! — dijo Petronius —. Es hora de salir de aquí. A pesar de este triste escenario, nuestra misión fue cumplida, no podemos hacer nada más.

— Hermano, Guillermo no era un mal hombre. Todos los que se hacían llamar sus amigos y lo ayudaron en su crimen lo abandonaron. Por sus escasos momentos de lucidez, ruego al Señor misericordia de ese corazón. Cada uno puede permanecer en el error por cierto tiempo, pero no por toda la eternidad. Despertó, pero no tuvo la paciencia para soportar las consecuencias de sus oscuras acciones. Que Jesús lo apoye. Yo no lo condeno, simplemente tengo piedad —. Fabius, respirando hondo, continuó:

— La codicia, cuando no mata, sedimenta el egoísmo en el corazón del hombre. Su pesar me sorprendió. En nuestra sociedad, las actitudes morales y resignadas ya no tienen valor. Nadie le daría otra oportunidad. No estamos acostumbrados a perdonar, pero si sentenciar sin piedad.

Se dirigieron hacia la residencia de Petronius, tratando de deshacerse de los sórdidos recuerdos de los episodios vividos momentos antes.

* * *

El mismo día, horas después, por orden de Diodes, dos guardias se dirigieron a la residencia de Limea, para notificarle la muerte de su marido. Ella, sin ninguna muestra de piedad, escuchó fríamente la noticia. El oficial, en un tono serio, continuó:

— Señora, debido a su postura ante el Senado, él fue condenado por conspiración. El Emperador ordena la supresión de los títulos nobiliarios de la familia. Ha decidido, también, que confiscará todas las propiedades que le pertenecen, pero como muestra de clemencia, le dará tiempo suficiente para que abandone esta residencia.

Limea palideció, eso no podía ser cierto.

— Maldito Guillermo, me quitaron todo. Me vengaré de todos aquellos que estuvieron conectados con este hecho. Me iré, pero prometo volver y ocupar la tribuna de honor. Llama a Flaminius ahora mismo.

Los guardias se retiraron. Mientras tanto, una Limea enfurecida mostraba desesperación y odio en su alma atormentada.

* * *

Esa noche, mientras Limea se preparaba para salir de Nicomedia, llegó Flaminius a su residencia.

Insatisfecha con los acontecimientos de su vida y envuelta en una ira desenfrenada, se mantuvo entre oscuros pensamientos de sanguinaria venganza:

— Me vengaré de todos los que participaron en esas sesiones, especialmente de Fabius, aunque lleve tiempo. Seré paciente.

Donde quiera que esté, haré que se arrepienta de haber entrado en mi vida. Encontraré una manera de volver a la nobleza. Oh, créeme, no seré complaciente.

El joven trató de reducir el peso de las palabras pronunciadas:

¿Por qué el odio contra Fabius? Además, tendrás que irte de la ciudad pronto.

— Cuando conocí a Guillermo, era prácticamente un hombre abominable sin ninguna expresión política. Lo hice un hombre ambicioso, un conquistador. Me hizo desear ser lo suficientemente rica para mantener mis caprichos. Con la llegada de Fabius todo se hizo más difícil. Especialmente cuando su hermano lo llamó para ayudar con la investigación.

Esa noche – confesó Limea, envolviendo a Flaminius en sus encantos – a pesar de amarte, busqué a Fabius y traté de seducirlo. Creí que si lo traía a mi lado estaría protegida. Me equivoqué — Enojada, continuó:

— Odio a los hombres inteligentes que se visten con las mantas de la justicia, la honestidad y la fidelidad. Nos dan mucho trabajo para seducirlos. Él me rechazó — dijo Limea, humedeciéndose los labios con vino —, nunca había sido rechazada antes, despreciada así. Créame, nunca olvidaré ese acto. Pagará muy caro lo que me hizo, porque ningún hombre ha rechazado mis encantos. Juré que se arrepentiría de haberme rechazado, si no puedo descansar en sus brazos, ninguna mujer así lo hará. Ahora estoy devastada económicamente y humillada socialmente — concluyó con visible nerviosismo.

Flaminius, viviendo una intensa pasión por esta mujer, escuchó esas palabras con cierto celo, pero, en el calor de su juventud y los intereses personales, encerraron este sentimiento en su corazón, aceptando la actitud descontrolada de esa alma salvaje y a veces enferma.

Mientras la noche seguía su curso, Limea compartió con el joven sus oscuros planes contra la familia de Fabius, demostrando la sordidez de un corazón al amortajado por la ignorancia y la necedad.

3.—
LLEGADA Y PARTIDA, LA LEY ES CONTINUAR

Diez días habían transcurrido desde la muerte de Guillermo. Esa mañana trajo especialmente un color diferente, y el aroma de las flores invadió la casa de Petronius. Finalmente, Domitila sintió los primeros dolores para dar a luz al niño tan deseado por todos.

Ansiosos y felices, los patricios vieron a los sirvientes cumplir las órdenes de Quimeria y del doctor Cornelius, amigo de la infancia de los hermanos.

Fabius, nervioso, no ocultaba su angustia y preocupación por Domitila que, entre el sufrimiento y la alegría, permanecía en una valiente batalla por superar el dolor del momento.

Adira, a toda prisa, solicitó la presencia de los hermanos en las habitaciones, ya que la situación de Domitila era la peor.

En ese momento, los sorprendió un débil grito, escuchado como una melodía cantada por la bandada de pájaros que cantaba en esa mañana de primavera.

Fabius, conmovido, caminó lentamente hacia su esposa y encontró a Quimeria llorando, mientras acomodaba y calmaba al recién llegado en una cama.

— Amigo mío — dijo Cornelius, visiblemente abatido —, lo siento, pero Domitila no pudo soportar el difícil parto y yo no pude hacer nada para salvarla.

Fabius, desesperado, sin ocultar su tristeza, se sentó junto al cuerpo inerte de su esposa. Respirando hondo, se vio rodeado de un inmenso coraje y, buscando fuerzas, entre lágrimas oró:

— Señor, aquí estamos suplicándote misericordia. Enséñanos a aceptar, para que tengamos el coraje de vivir; tener fe, para que nuestra mente no se desprenda de la razón; para entregar a esta hija de Dios en vuestras manos. Te damos gracias por la vida que has puesto en nuestras manos como guardianes de tus amores. Recibe en Tu luz a esta que amamos y con quien compartimos la felicidad de un día conocer juntos tus leyes. Ayúdame a enfrentar la difícil soledad y encontrar en mi hija la razón de mi continuar. Hazme padre, pero hazme más bien tu discípulo, para que pueda ser más que un necesitado, pueda ser un hijo de Dios.

✳ ✳ ✳

En ese momento, mucha paz comenzó a reinar en esa habitación. En medio de una luz intensa, la imagen de un emisario celestial, Apolonius Copérnicus, estuvo presente, acompañado de otros amigos de su mundo.

Domitila, ya liberada de los sufrimientos de la carne, escuchó la voz de su esposo con el corazón conmovida por un sentimiento de alegría y a la vez de tristeza. Emocionada, reconoció a su amigo celestial y, con un afectuoso abrazo, permitieron que los recuerdos del pasado unieran sus corazones en un amor real y soberano. Contemplando su rostro claro, Apolonius acogió con cariño a su antigua compañera:

— Cariño mío, ¡vamos! Jesús espera tu regreso. Por ahora tus sufrimientos han terminado. Sígueme para que nuestros seres queridos completen sus tareas.

Mientras Domitila estaba envuelta en un suave letargo y acogida de intenso amor, Apolonius se acercó a Fabius, Petronius, Quimeria y Cornelius, besó sus su frentes y luego se encaminó hacia la recién nacida, repitiendo el gesto. En medio de la grandiosa luminosidad, abandonaron la habitación en devolviendo a todos a una gran acción fraterna.

✳ ✳ ✳

Fabius absorbió la luz dejada por los amigos del invisible y levantándose lentamente, se acercó a la cama de su hija y la acurrucó amorosamente contra su pecho:

— Hija mía, a pesar del dolor que llena mi alma, las bendiciones del cielo caen sobre nosotros. Eres hoy mi amor eterno. Pase lo que pase, estaré contigo. Si un día la vida te hace cometer un error, estaré allí para calmar tu corazón al mismo tiempo te levantaré de las sombras del camino, mostrándote el camino recto que nos lleva a Dios. Nuestra vida está ahora en las manos del Señor.

En la habitación se podía sentir el aroma de un perfume sublime, que se manifestaba en una brisa tranquila que invadía el corazón de todos, calmándolos en una paz placentera.

El día transcurría para aquellos corazones que se mantenían unidos, aferrando sus afectos y esperanzas en torno a la inocente niña , mientras se preparaban los funerales de Domitila.

✳ ✳ ✳

Después del entierro de Domitila, Fabius se detuvo frente a un gran portal y permaneció en silencio durante mucho tiempo. Con mirada contemplativa, admiró la fuente que brotaba cristalina, donde los pájaros se bañaban entre cantos y juegos; su cansancio revelaba su semblante abatido. Petronius y Quimeria se acercaron:

— Hermano, comparto tu dolor. La ley de la vida a menudo nos sorprende. A pesar de todas las ocurrencias que hemos vivido, se nos presentó a alguien muy especial, tu hija. Por ella, tendrás que superar su sufrimiento y encontrar la razón para continuar.

— Con Domitila viví poco tiempo, pero todo lo que aprendí sobre la continuidad de la vida ahora me reconforta.

Jesús prometió que el amor entre los hijos de Dios nunca sería quebrantado por la muerte. Sé cuánto vale ahora — Emocionado, Fabius continuó:

— Aprendí que no somos hijos de una sola existencia. Si esto es cierto, entonces afirmo que tener a mi hija en mis brazos es como tener a alguien muy querido que ya compuso, de alguna manera, las líneas de mi pasado. Ella es una joya de la que no puedo prescindir. Por ella podré enfrentar los desafíos más severos del mundo.

— ¿Qué nombre le pondrás a mi sobrina?

— La llamaré Lucrecia por nuestros orígenes, pero entre nuestros amigos cristianos será conocida como Marta, porque creo que llevará la luz de la esperanza en sus ojos y la fuerza de la fe en su corazón. Además, no quiero que mi hija crezca entre verdugos, prejuicios e intolerancias religiosas. Quiero que ella posea los valores nobles de la vida, en especial la ley más grande, el amor.

— ¿Qué piensas hacer ahora?

— Siento que ha llegado el momento de encontrar mi verdadero camino. Todo lo que propuse aquí, lo cumplí. Así que he decidido seguir trabajando para Diodes, que me permitirá viajar a lo largo y ancho del Imperio — Suspirando Fabius continuó:

— Pronto conocerás a Eustaquio, porque mandé llamarlo. Es un hombre honorable y digno. A su amor por Cristo y por los hijos de Dios necesitados, dedica toda su vida.

— Hermano mío, bajo nuestra protección, tu amigo Eustaquio estará a salvo y sin peligro —. Petronius continuó con un suspiro:

— Estoy impresionado con el poder de Cristo. ¿Cuáles serán los medios que usó para que tantos corazones se inclinaran ante sus lecciones?

— Jesús trajo su sabiduría con sencillez, haciendo que los hijos de Dios no murieran por el poder, sino por amar al nombre de Cristo y por difundir libremente la fe enraizada en los cimientos del Señor. Los dioses de nuestros orígenes están muertos. La vida es mucho más grande que lo que aparece ante nosotros.

Morimos todos los días porque siempre queremos más, ya sea riqueza, poder o incluso una pasión que hunda profundamente en el corazón de los hombres. Cada uno tiene una tarea, y la mía, estoy seguro, no está en las mansiones del Imperio. No niego mis orígenes. La sangre que corre por mis venas es romana, pero no tengo ninguna duda que mi corazón es cristiano.

— Todo lo que dijiste no es nuevo para mí, — dijo Petronius —. Parece que conozco perfectamente estas máximas. Sigue tu destino, espero que a lo largo de tu camino podamos encontrarnos.

Quimeria, envuelta por una fuerte emoción, contempló en silencio a su cuñado. Mirándola profundamente, Fabius dijo:

— Quiero pedir algo muy especial. Por favor, prométeme que, pase lo que pase, cuidarás de Lucrecia como si fuera tu propia hija.

— Cree siempre que contarás con nuestro apoyo — dijo Quimeria —. Me dedicaré a ella como yo a mi Gaius.

* * *

Habían pasado sesenta días desde la muerte de Domitila. En la vía pública de Nicomedia, la gente comentaba la partida de Limea hacia Oriente. Mientras la tristeza aun marcaba los rostros de Fabius, trató de animar a la familia para que la fe no fuera destruida por esa inesperada muerte.

Esa tarde, Fabius estaba solo en la biblioteca cuando Adira anunció la llegada de Eustaquio. Después de los saludos y demostraciones describió brevemente los hechos relacionados con Domitila. Revelando la compasión de Eustaquio en su mirada, Eustaquio dijo:

— Querido, tu rostro expresa tristeza, incluso si tratas de ocultar tu dolor.

— Mi corazón está triste, pero la fe que me enseñaste me consoló en mi mayor momento de agonía. La muerte de mi Domitila marca mi alma con sentimientos de angustia que no puedo contener.

— Seamos fuertes y sepamos aceptar la muerte como si ella fuera un portal a una nueva vida. Jesús dejó en sus enseñanzas la certeza que esta vida, comparada con la eternidad, no es más que meros segundos de existencia. Que esta verdad consuele nuestra alma y creamos en el futuro. Tengamos perseverancia, coraje y dignidad para enfrentar nuestros propios desafíos. La muerte significa otra batalla que debemos ganar nosotros, tan necesitados de la misericordia divina.

En ese momento, Eustaquio fue interrumpido por la presencia de Petronius y Quimeria, quienes sostenían graciosamente a Lucrecia en sus brazos. Fabius, sin ocultar su emoción, se acercó a su hija y cariñosamente la tomó de los brazos de su cuñada.

— Aquí está mi niña. Para nuestros códigos romanos recibió el nombre de Lucrecia y, para nuestra fe cristiana, se le conocerá como Marta.

Eustaquio, con sencillez, envuelto en una fuerte emoción, se acercó a la niña y, sin más explicaciones, dejó que las lágrimas corrieran por su rostro.

Removiendo los diminutos velos que la cubrían, pudo ver los pequeños ojos y lo sostuvo cerca de su pecho, como si sostuviera un frágil pájaro. Todos contemplaban aquella escena en silencio y con respeto, cuando conmovido Eustaquio comenzó una profunda oración:

— Jesús de Nazaret, seas alabado por siempre, porque te doy cánticos de gratitud por confiar a esta hija de Dios a nuestros corazones. Sin querer traducir este momento en recuerdos desgarradores, levántanos para que estemos siempre seguros de tu amor. Finalmente, Señor, te imploro: recibe y bendice a esta pequeña, porque sin la fuerza de tu luz y de tu paz, no podremos seguir adelante.

El ambiente estaba impregnado de una fuerte emoción. Quimeria se acercó a Eustaquio y le besó la mano. Después de un breve silencio, Fabius intervino:

— Debido a hechos recientes, tuve que cambiar mis planes de vida. A petición de Diodes, entregaré mi cargo en el Senado y ejerceré un cargo de confianza que me permitirá permanecer aquí y, periódicamente, viajaré al cuartel general del Imperio. Así que estaré al lado de mi hermano y mi cuñada hasta que mi hija tenga la edad suficiente para comprender mis intenciones de apoyarlos en la difusión de las leyes cristianas. Entonces estaremos listos para partir.

Emocionado, Eustaquio entregó a la niña a Quimeria, secándose las lágrimas:

— Pongamos en manos celestiales el futuro que no conocemos. Cada uno trae tareas intransferibles que no se pueden desatender. Somos conscientes que estamos en un régimen temporal de convivencia y de nosotros depende aprovecharlo para crecer juntos. Entiendo tu actitud. La vida no es inerte y nos lleva por diferentes caminos. Debemos estar preparados para entender y aceptar su propósito. En el momento oportuno nos reuniremos en el nombre del Señor, pero amigo, cambiando de tema, la casa de Samir, querido amigo de la causa cristiana, puede ser la primera base de cristiandad para tu familia, aquí en Nicomedia.

Durante el resto del día, Eustaquio involucró a todos con un gran amor paternal, trazando las esperanzas del mañana y la alegría de encontrar en Jesús la vela encendida para el fundamento de sus vidas.

* * *

A los pocos días después de la llegada de Eustaquio, quien con humildad consiguió mantener firme el ánimo para que ningún adepto abandonara la causa cristiana y trató de hacer que se iniciara una gran amistad entre Samir y la familia de Fabius.

Esa mañana, él, Samir y Fabius estaban hablando sobre el futuro. Al anochecer, Eustaquio haría su primera actuación pública, cuando Samir le dijo:

— Amigo mío, temo por tu salud, porque veo el cansancio en tu rostro. Desde que llegaste aquí has estado visitando nuestras fundaciones y ayudándonos sin un solo momento de descanso. Muchos anhelan escucharte, pero confieso que me preocupo por ti. ¿No sería mejor si cancelamos la reunión de hoy?

— Estoy aquí en nombre de Maestro y con él no hay nada que temer. No debemos dejar para mañana el trabajo que nos espera hoy. Confiamos en la providencia divina y, como somos instrumentos del Señor, no podemos dejar que el miedo o la inercia invadan nuestra alma. Tenemos la fuerza del bien, que nos dará suficiente valor para llevar a cabo nuestra tarea. Y el amor que nos hace dignos de la misericordia celestial. Estemos donde se necesita el resplandor de la luz de Jesús.

Estamos aquí para ejercitar el amor que hemos aprendido por Jesús, compartiéndolo universalmente. ¿Qué diría un buen maestro si sus discípulos guardaran para sí la sabiduría que les transmitió en medio de esfuerzos y pruebas; lamentos, agonías y martirio? Ciertamente, la sabiduría sería se perdería y prevalecería el egoísmo, propaguemos el amor sin restricciones; manifestaciones de vacilaciones. Confiemos y sigamos con fe, pues no será en vano."

— Comparto la preocupación de Samir — dijo Fabius —, después de todo, eres importante para la causa cristiana y para nuestro corazón.

— Amigo, todos somos de especial importancia para el Señor. Cada uno en su tarea ejerciendo con amor lo que le estaba reservado. No importa cuál sea la misión, lo que importa es que tenemos una tarea y ha llegado el momento de hacerla realidad. No podemos olvidar la promesa del Maestro Jesús: *"No os dejaré huérfanos. Vendré a vosotros.*"[8] Si él mismo está con nosotros, ¿por qué nos hemos de sentir solos? Siempre estaremos unidos por el amor, porque así nos llamó Jesús a ser sus trabajadores. No debemos abrigar ansiedades sobre el mañana, que está en las manos de Dios.

Después de escuchar a su amigo, Samir y Fabius permanecieron en silencio y, preocupados, continuaron durante todo el día ajustando los detalles de la reunión vespertina.

* * *

En ese momento, la familia de Petronius ya se había convertido y el cristianismo ya formaba parte de sus vidas.

La tarde llegó con un color especial. En el humilde pueblo llegaron muchos y se concentraron allí para escuchar a Eustaquio. Los presentes manifestaron sus necesidades más íntimas a través de la oración. Muchos buscaron aclarar sus dudas y animarse a consolidar sus esfuerzos ante sus dificultades y limitaciones. En el momento apropiado, Samir pronunció la oración abriendo la sesión y luego leyendo las Escrituras:

— *"Jesús es el 'Siervo de Dios' — Al enterarse de esto, Jesús se apartó de allí. Muchos lo siguieron, y los sanó a todos. Y les prohibió severamente que lo manifestaran, para que se cumpliera lo dicho por el Profeta Isaías: Ciertamente oiréis, pero no entenderéis. Ciertamente habrás de ver, y nunca verás. Porque el corazón de este pueblo se ha vuelto insensible. Y ellos escucharon de mala gana, y cerraron sus ojos, para que no vean con sus ojos, y ¡ay!; con sus oídos oigan, y con su corazón entiendan, y se conviertan, y así los sane."*[9]

---

[8] Juan 14:18. (N.A.E. Ferdinando)
[9] Mateo, 13:14—15 (N.A.E. Bernard)

Eustaquio, envuelto en una paz intensa, prosiguió:

— Que el Maestro Jesús esté presente con nosotros, acompañando nuestra vida y nuestras actitudes. Somos hijos de Dios y creemos que estamos solos, olvidando a los que vivieron antes que nosotros y que murieron para que hoy podamos escuchar las leyes del amor que Jesús profesó años atrás. ¡Cuántas luchas siguieron y cuánta sangre se derramó para imponer el amor universal! Somos masacrados por nuestro propio pensamiento, porque siempre queremos algo a nuestro favor. Afirmo, en el nombre de Jesús, que es hora de dejar el egoísmo y abrir nuestras almas para sedimentar nuestra transformación en acción. Si queremos la paz, seamos la paz. Si queremos amor, amemos. Si queremos salud, trabajemos.

Y ha llegado el momento de demostrarle al Señor que somos mejores de lo que éramos ayer y que puede confiar en nosotros, porque estamos convencidos de nuestra fe. En el dolor, alegrémonos y sigamos fielmente los caminos de la vida, conscientes que la cruz de Jesús fue más grande.

Finalmente, no debemos temer a la muerte. Mayor muerte es la que sucede en nuestro corazón cuando abandonamos nuestra fe. La cruz renueva, y si fuimos llamados a experimentarla y por qué aun llevamos el corazón al cautivo las oscuras raíces de nuestro propio pasado. Liberémonos de nosotros mismos, del egoísmo que aun envuelve nuestra alma, para que recibamos del cielo la certeza que no sufrimos solos, porque el Señor siempre nos sostiene...

Después de la conferencia, Eustaquio saludó a algunos de los presentes y luego el grupo se disolvió rápidamente.

✷ ✷ ✷

A altas horas de la noche, la familia de Petronius se encontraba en casa de Samir donde Eustaquio permaneció en completo silencio escuchando las impresiones del encuentro. Hablaron de los éxitos y de la intensa protección que permitió que todo transcurriera sin problemas. Con cariño, se acercó a Quimeria, que sostenía a Lucrecia en sus brazos. Contemplando su rostro sonrosado, dijo:

— Mis amados, mi tiempo aquí ha llegado a su fin. Me dirigiré a Palestina temprano en la mañana. Fabius, todavía está comprometido aquí; por ahora es necesario que se quede por el bien de su familia y de sus funciones públicas. Todos reciben enseñanzas cristianas a través de Samir. Estaremos siempre unidos aceptando los designios celestiales para realizar, en las esferas santificadas de la vida, nuestra propia redención.

— Si es así, acepto — intervino Fabius—, pero en cuanto mi hija sea un poco mayor, sin requerir tantos cuidados, podré ofrecerle mis servicios y viajaré a su lado llevando a Cristo por todo Oriente.

Mientras el viento de la noche invadía la humilde casa, se quedaron entre despedidas y conjeturas sobre el porvenir, esperando en el porvenir paz para su vida, afirmando en los infinitos cimientos del amor la unión santificadora que se rompería con la partida de Eustaquio, cuando aparecieron los primeros rayos del sol.

✳ ✳ ✳

Los días seguían su curso. Entre la familia de Petronius y Samir se estrechó un gran lazo de amistad, afianzando el amor por el cristianismo en el corazón de todos.

Esa noche, ya estaban reunidos en el salón principal, cuando Fabius comenzó su discurso:

— La venida de Jesús es el hito para la humanidad. Todos los que vengan después de nosotros sabrán tu nombre. Será necesario que volvamos a la Tierra muchas veces para consolidar sus enseñanzas. Habrá muchos caminos por recorrer, pero su amor jamás nos será arrebatado. Experimentaremos muchas existencias, en las que los sufrimientos y las alegrías nos harán tomar conciencia que somos hijos de Dios y transformarán nuestro corazón.

— Aun conociendo las lecciones que nos dejó el Señor — intervino Samir —, aun llevamos el apego al conocimiento efímero que acumulamos a lo largo de nuestros caminos. A veces el miedo visita nuestro corazón y somos frágiles ante él, frágiles. Es decir, nos entregamos a la inacción y olvidamos que en nosotros la luz es una realidad de la que no podemos prescindir, una luz sostenida por la instrucción celestial que Jesús, valientemente, frente a las tinieblas del mundo, nos dejó vivas. No cultivemos el miedo; la fuerza de Cristo, su historia y, sobre todo, su vida nos sostendrá. Por tanto, por su bien, recordemos su lección:

¡Cese de turbarse vuestros corazones!
Creed en Dios, creed también en mí.
En la casa de mi Padre muchas moradas hay.
Si no fuera así, os lo hubiera dicho:
porque voy a preparar un lugar para vosotros, y cuando vaya y os prepare un lugar,
Vendré otra vez y os llevaré conmigo,
para que donde yo esté, vosotros también estéis.
Y a donde voy, conocéis el camino.
Tomás le dice: 'Señor, no sabemos adónde vas. ¿Cómo podemos saber el camino?
Jesús le dice: Yo soy el Camino, la Verdad y la Vida. Nadie viene al Padre sino es por mí.
Si me conocéis, también conoceréis a mi Padre.

Desde ahora lo has conocido y lo has visto."[10]

Entonces Samir cerró los ojos y, envuelto por una inspiración superior, oró:

— Señor Jesús, danos un momento de reflexión para que liberemos nuestros corazones de las cadenas de nosotros mismos. Haznos comprender que el Señor es el camino que debemos seguir; la verdad con la que debemos entender la vida que debemos vivir.

Sé para nosotros la conciencia de nuestros días y de tus enseñanzas. Déjanos sentir el perfume de tu amor y ayúdanos a fortalecer nuestra fe.

El ambiente fue invadido por una paz intensa, fortaleciendo esos corazones con fe racional. Así permanecieron unidos entre los estudios cristianos, buscando en la instrucción el fundamento de su propia vida.

---

[10] Juan, 14:1—7. (N.A.E. Ferdinando)

4.—

El Retorno sobre Láureas, del Viaje al Reencuentro con lo Inesperado

En el año 284 d.C, Diodes ya había cambiado su nombre a Dioclecianus como se le conoció a lo largo de su vida y fue aclamado Emperador del gran Imperio Romano. Este hecho marcó el rumbo de nuestra historia. Diez años pasaron rápidamente después del nacimiento de Lucrecia; estamos en el año 292 d.C.

Esa noche, suntuosas caravanas desfilaron por las calles de Nicomedia, destacadas personalidades que formaban parte de la estructura política del Emperador.

Dando continuidad a las reformas que marcaron su gobierno, Dioclecianus los convocó para tratar asuntos relacionados con la administración del Imperio.

— Entre otros estaba el poderoso Maximianus Hércules, el hombre responsable del Mediterráneo occidental y el padre de Maxentius y Fausta.

En este escenario, el nombre de Limea aparece majestuoso en las redes sociales, después de tantos años de silencio. Durante este tiempo, usando su belleza y atributos seductores, vivió en concubinato con Maximianus Hércules, quien no se molestó en ocultar su agitada vida personal.

Al llegar al palacio, preparada para recibir a Maximianus, Limea mandó llamar cuidadosamente a Flaminius, que aun formaba parte de la guardia del Emperador. Cuando Flaminius entró en sus aposentos, el pasado no tardó en hacerse presente. Envuelto en una pasión ardiente y fulminante, el soldado se vinculó espontáneamente a la voluptuosidad de ese momento y a la mente enferma de Limea:

— El tiempo no ha podido quitarte tu encanto. Cuando supe que habías regresado, mi corazón se llenó de esperanza. Pero tengo miedo, porque conozco a Maximianus y él nunca permitirá que otro hombre esté contigo.

— Regresé como prometí. Regresé para cuidar a los que me sacaron de aquí, pero primero me ocuparé de Maximianus. No te preocupes, esta noche me desharé de ese inútil. Mi la vida a su lado es un calvario— Mostrándole un vial, continuó —. Pondré este veneno en el vino que se le sirva.

— ¿Estás segura de eso?

— No tengo ninguna duda, sabes muy bien que siempre lucho por lo que quiero, cueste lo que cueste.

En medio de votos de pasiones eternas, los cómplices quedaron envueltos en los detalles del oscuro plan sobre el destino de quienes compartieron las páginas de sus vidas.

✳ ✳ ✳

Había llegado la noche. Mientras escuchaba el alboroto de las fútiles conversaciones de la fiesta, Limea, con frialdad y exageración, interrumpía el animado diálogo de Maximianus con otro patricio, que llevaba en las manos un vaso de bebida.

Maximianus, desconfiado de esa actitud, se quedó frío analizando los gestos de Limea. Con astucia, destruyó sus planes, dominando la situación:

— Querida, ¿qué traes? ¿Qué tiene este vino para hacerte tan dulce conmigo? Si mal no recuerdo, lo único que me ofrece son tus encantos femeninos. Nunca has demostrado ser una esposa amorosa o una madre servicial. Comparte conmigo la bebida. Bebe primero, luego beberé yo.

Los ojos de Limea brillaron de vergüenza y furia. Tratando de escapar de la situación, chocó deliberadamente con Maximianus, dejando caer la copa. Maximianus, al darse cuenta de su intención, la tomó violentamente del brazo y la condujo a un rincón del salón. Con desprecio y agresión, la intimidó:

— No tengo idea de lo que había en ese vino, pero lo que importa es mi disgusto por ti. Nunca más me dejes solo. Si quieres que muera, hazlo bien. De ahora en adelante, estaré cuidando de ti y haciendo de tu vida un verdadero mar embravecido. No creas que te daré la libertad, este regalo no lo merece, porque es de mi propiedad.

— Querido mío — dijo Limea, pensando rápidamente y disimulando —. Yo jamás conspiraría contra ti. Sabes muy bien lo especial que eres para mí.

Limea caviló toda la noche en su rabia, consciente que su plan había fracasado.

* * *

Mientras el ambiente político estaba agitado por la presencia de Maximianus, la vida de Fabius continuó serena. Cuando no estaba de viaje, quedándose en Nicomedia y pasando un solo momento con su hija dedicándose a su educación y enseñándole conceptos cristianos. También se quedó al lado de su hermano realizando su trabajo, ya que ambos se convirtieron en hombres de confianza de Dioclecianus.

Petronius y Quimeria se convirtieron al cristianismo y buscaron el equilibrio de sus vidas en las enseñanzas de Jesús, siempre guiados por la bondad de Samir.

Limea no escatimó tiempo. Aun sintiendo una gran frustración, trató de enterarse de todos los detalles que involucraban la vida de Fabius. Su rechazo del pasado todavía pesaba mucho sobre sus hombros. Incapaz de explicarlo siguiendo las líneas de la razón, de alguna manera había tocado su alma.

En medio de recuerdos del pasado, odiándolo, preocupándolo y queriéndolo aun para ella, esa tarde se dirigió a la sede de gobierno, pues sabía que Fabius todavía estaba trabajando:

— Sabes muy bien que siempre te quise a mi lado. Cuando me fui, traté de deshacerme de su imagen en mis pensamientos, pero fue imposible. Estoy encantado de saber que estás aquí. Entonces, ¿por qué no dejar que la pasión se apodere de nuestros corazones?

Déjame llenar el vacío de tu viudez. Si quiero, hasta puedo ser como tu Domitila...

— No hay dos personas iguales —. Quitando los brazos de Limea que serpenteaban alrededor de su cuello, continuó:

— El vacío de mi vida está lleno de trabajo y amores reales.

El amor es más amplio que la pasión: es bondadoso, sereno y eterno. Desgraciadamente lo hemos desfigurado con nuestros deseos. Cuando dejamos que el ego herido hable por nosotros, llevamos resentimientos para toda una existencia —. Decidido dijo:

— Siempre has sido una mujer muy atractiva, pero no pienso descansar en tus brazos.

— Perro miserable — dijo ella completamente enfadada —, una vez más, me desprecias como a un animal. Tu hiciste tu decisión; entonces, entiende: lo pagarás caro.

Sin decir una sola palabra, Fabius se retiró, llevándose consigo la amargura de aquel encuentro.

✳ ✳ ✳

Unos días después que Limea y Fabius se encontraron.

Esa mañana, antes de partir hacia la sede de gobierno, los hermanos conversaban en el porche, mientras admiraban a la distancia a Lucrecia, que jugaba alegre al cuidado de su tía y sirvienta Adira.

— Gracias a Jesús por el regalo que me ha dado, hija mía — dijo Fabius —. Junto a ella siento paz en mi corazón. Todos estos años te he estado preparando, enseñándote todo lo que sé sobre filosofía, religión y nuestra historia y ella, que a pesar de su corta edad, responde con tal soltura que me sorprende. Ruego a Dios que tenga fuerza y valor, porque no pretendo convertirla en alguien frío, para recibir las disciplinas de la vida sin perder su franqueza. Así estará preparada simplemente para vivir.

— Escucho al típico padre orgulloso hablar de sus descendientes – dijo Petronius sonriendo —. Tienes razón, tiene sed de sabiduría, lo cual, para una mujer, sobre todo una niña, es admirable. Este es el reflejo que siempre estamos dirigiendo nuestras conversaciones a los problemas del Imperio o a las cuestiones cristianas.

— Me preocupa el futuro — dijo Fabius, cambiando el curso de la conversación —. Sé que debemos dejar nuestro destino en manos de Dios. Pronto seré transferido a Palestina. Estoy feliz porque me instalaré cerca de Eustaquio. Por otro lado, tendré que separarme de mi Lucrecia. Aquí, junto a Quimeria, recibe el amor maternal que tanto necesita. Solo la llevas conmigo unos días para que podamos pasar tiempo juntos, aun sabiendo que después estaremos lejos el uno del otro.

— Considero una bendición tu presencia en esta mansión – dijo Petronius —. Gaius, mi amado hijo irá a estudiar los oficios militares con los ejércitos de Dioclecianus; Lucrecia había compensado la ausencia de Gaius. Es una hija adorada para nosotros. Además, ¿qué te puede pasar? Nuestros enemigos son silenciosos o distantes. Como me enseñaste, si tenemos fe, no tenemos nada que temer, porque estaremos bajo la protección de Jesús. De hecho, influenciamos mucho a Lucrecia — dijo Fabius respirando hondo —. Le prometí que nunca la dejaría y que siempre estaría con ella. Quiero que tenga una vida digna y para eso necesita nuestro apoyo. En mi ausencia, dirígela siempre al corazón de Jesús y no permitas que se desvíe del camino cristiano.

— Lamento no poder acompañarte en este momento — dijo Petronius —. Tanto Quimeria como Gaius me necesitan mucho. Tan pronto como logre cumplir con mis obligaciones, continuaremos reuniéndonos contigo. Pero no te preocupes por el viaje, que ya he solicitado una escolta para protección. Philippus es un comandante de mi total confianza, te llevará a salvo a tu destino.

Siempre fuiste más que un hermano, un amigo sin el cual nunca podría vivir. Agradezco tu cariño y, sobre todo, la comprensión que siempre tuvo conmigo.

En un abrazo fraterno, demostraron el cariño que unía ambos corazones. Por unos momentos más, hablaron sobre los sueños de su vida.

* * *

Esa misma noche, en los jardines del palacio donde se alojaba, visiblemente nerviosa y ansiosa, Limea hablaba con Flaminius:

— Escuché que Fabius será transferido a Palestina. ¿Ya se confirmó el viaje?

— Sí. Pero pensé que ya lo habías olvidado; después de todo, ha pasado tanto tiempo. ¿Todavía piensas en él?

— ¿Cómo podría haber olvidado la humillación de vivir años en la pobreza extrema y tener que soportar el repugnante Maximianus, un hombre rico, pero ignorante? — Dijo disimulando —. Si Fabius no hubiera llegado en ese momento, estaría donde merezco estar, entre la nobleza, brillando en los salones de honor. En cuanto a Guillermo, yo mismo habría ejecutado a ese despreciable tonto. Por culpa de Fabius lo perdí todo, no volveré a pasar por eso. Ahora necesito saber todo sobre este viaje familiar.

Flaminius, incluso celoso, le contó todos los detalles y concluyó:

— Fui convocado para participar en la escolta que había llevado a Fabius a su destino. Estaré bajo el mando del comandante Philippus.

— Así que los dioses conspiran a mi favor – dijo entre risas —. No te será difícil contratar algunos hombres para atacar la caravana de Fabius. Los guiarás adecuadamente para ejecutarlo y a todos los que te acompañen. Harán que parezca un accidente casual, cometido por ladrones en la carretera. Trate de no dejar ninguna señal que pueda incriminarlo. Nadie sospecha nada. Si haces lo que quiero, serás muy bien recompensado.

Cegado por la pasión, Faminius aceptó la propuesta de Limea y se despidió de ella, quien se quedó hablando sola:

— Si Fabius no es mío, no será de nadie más. Solo su muerte calmará mi alma afligida y tendré la certeza que él mismo muerto me pertenecerá solo a mí...

✱ ✱ ✱

El día amaneció algo agitado en la residencia de Petronius, donde él y Quimeria estaban organizando los últimos detalles para la partida de Fabius.

En el salón principal, conversaba alegremente con su amigo Samir, cuando Quimeria los interrumpió:

— Cuñado mío, sé lo importante que es para ti este viaje y los nobles propósitos que envuelven tu corazón. Sabes lo importante que eres para nosotros y cuánto te amamos, pero no debemos olvidar los peligros en el camino. Confieso que estoy preocupada. Temo por tu seguridad.

— No pierdas el tiempo preocupándote. Confiemos en los designios del Señor, pues voy camino de una nueva vida, rumbo definitivamente a Palestina. No te preocupes, estaremos a salvo.

— Desgraciadamente, muchas obligaciones me impiden acompañarte. Me quedaré en oración. Entregaré mis temores al

Señor — Quimeria, cambiando el rumbo de la conversación, continuó:

— Escuché que Limea está aquí en Nicomedia. Ruego al Señor que haya ablandado su corazón. Después de todo, el sufrimiento es el mejor argumento para aprender de nuestros errores. También sé que ella es la pupila de Maximianus. Es una mujer con el alma enferma que necesita apoyo y compasión

— ¿Qué importa el pasado?— dijo Fabius avergonzado —. No se puede modificar. Que los que nos hieren con la espada del egoísmo sigan los tortuosos caminos de las sombras y esperen que enciendan las linternas de la fe que iluminarán sus destinos. Recordemos que nosotros también somos errantes y no debemos juzgar. Permanezcamos en silencio y en la oración, así comprenderemos las actitudes de los demás y las que practicamos.

Aprendamos la difícil lección de perdonar, olvidar y seguir nuestros caminos, sin guardar el lodo del dolor en nuestras almas. Tenemos obligaciones que cumplir ante Dios. Si esperamos que los demás cambien y no responden a nuestro llamado, cambiémonos nosotros mismos, dirigiéndonos hacia la luz. Así estaremos honrando nuestra misión – concluyó Flavius, pensativo, y agregó:

– Quiero que sepas que te estoy eternamente agradecido por todo lo que has hecho por mí y por mi hija. Tienes un corazón noble. Entrego mis amores en las manos de Jesús. Hágase la voluntad del cielo y no la mía.

Emocionado, Samir intervino:

— Amigo mío, el Señor te protegerá en tu camino. Mirándote, recordé las palabras de Jesús: *"He aquí, el sembrador salió a sembrar. Y al sembrar, una parte de la semilla cayó junto al camino, y vinieron las aves y se lo comieron. otra parte cayó en pedregales, donde no había mucha tierra. Pronto brotó, porque la tierra era poco profunda. Pero cuando salió el sol, se quemó y, como no tenía raíz, se secó. Otro más cayó entre los espinos. Las espinas crecieron y la ahogaron. Otra parte finalmente cayó en buena tierra y dio fruto, unos cien, unos sesenta y unos treinta. ¡Quien tenga oídos, que oiga!"*[11]

Dondequiera que estés, sé que cuidarás las semillas de sabiduría que recibiste, haciéndolas germinar en los corazones de quienes cruzarán tus caminos. Ante ti, muchos caminos surgirán, pero resérvate para el Señor esperando y construyendo positivamente la unidad espiritual que Jesús te ha confiado. Recuerda siempre que la escalera de la evolución es eterna ya cada uno se le da la oportunidad de experimentarla en cada nueva existencia. Sigue tus objetivos, pero no olvides los tesoros que te han confiado.

El semblante de Fabius brilló de emoción cuando Petronius, interrumpiendo la conversación, se acercó:

— Hermano, todo está listo para tu partida.

Con deseos de un viaje tranquilo, se despidieron. Quimeria sintió lágrimas correr por sus mejillas, mientras Lucrecia abrazaba a sus tíos con cariño y respeto.

Lentamente, aquellas personas desaparecieron entre las suntuosas avenidas, dejando tras de sí una estela de incertidumbre bañada por la fe en su corazón.

---

[11] Mateo, 13:4—9. (N.A.E. Bernard)

5.—
DE LA SEPARACIÓN, NUEVO DESTINO, Y GRAN ALEGRÍA

El viaje fue difícil y agotador. Durante este período, se estableció una fuerte amistad entre Fabius y Philippus.

Al llegar a Jerusalén, en la región de Palestina, la caravana de Fabius se dirigió inmediatamente a la nueva residencia romana que le había sido asignada. Después de instalarse, Fabius ni siquiera descansó, se presentó en la sede del gobierno para asumir las nuevas tareas que le esperaban y, con orgullo, presentó a su hija a todos.

Al día siguiente, preocupado por la seguridad de Lucrecia, le pidió a Philippus que los acompañara al pueblo donde vivía Eustaquio, ya que quería que viera a su hija antes que regresara a Nicomedia.

Flaminius, al recibir la nueva tarea, no perdió el tiempo. Solicitar la ayuda de otro soldado que reside en esa región, contrató a algunos hombres para llevar a cabo el plan que él y Limea habían firmado.

A última hora de la tarde, la escolta estaba lista para partir. Flaminius actuó con discreción para no despertar sospechas. La marcha continuaba serenamente cuando, de repente, fueron atacados violentamente por malhechores. Entonces comenzó una confrontación inevitable. Fabius, al darse cuenta del peligro, inmediatamente ordenó a Philippus:

— Huye de aquí y llévate a mi hija contigo. Regresa a Nicomedia y entrega a Lucrecia a mi hermano Petronius.

— Señor, perdóname, pero estoy en el ejército y estoy más preparado para enfrentar a estos malvados. Me preocupo por ti.

— Y por eso quiero que te vayas. Tu preparación para el entrenamiento salvaré a mi hija porque no me creo capaz de esa hazaña. Me quedaré e intentaré retenerlos. Así ahorraremos tiempo. No te preocupes conmigo. Te suplico que la protejas y te encargues que llegue a Petronius sana y salva.

— Como soldado y amigo tuyo y de tu hermano, te prometo que honraré tu petición. Protegeré a tu hija con mi propia vida, si es necesario.

Lucrecia, desesperada, tomó las manos de su padre, rogándole que se quedara con él. Fabius, con cariño y angustia, acarició sus cabellos, diciendo:

— Nunca te dejaré sola. Ve con él y espera en oración nuestro reencuentro. Lleva contigo mi amor eterno porque tu corazón late en mi pecho —. Besándola en la frente continuó:

— Ahora vete.

Sin ser vistos, Philippus y Lucrecia se refugiaron entre los arbustos. En medio de la confusión, Flaminius fue golpeado y fingió estar herido, mientras que el otro soldado murió sin piedad.

Ahora sin ninguna protección, Fabius finalmente fue acorralado. Dos hombres, enfurecidos, se abalanzaron sobre él, golpeándolo, propinándole golpes despiadados, sin compasión. El senador, inconsciente, fue colocado sobre uno de los caballos.

Philippus y Lucrecia, desde donde estaban, vieron tal brutalidad sin poder hacer nada. La joven llorando fue sostenida por los fuertes brazos de su amigo, el comandante, al analizar la escena hostil, infirió que Fabius había muerto debido a la agresión sufrida. En medio del polvo y el silencio, esos hombres se perdieron en esos caminos sinuosos.

Esperando el momento oportuno, Phillipus se acercó al soldado para asegurarse que realmente estaba muerto, pero notó que Flaminius estaba herido superficialmente; lo ayudó, entonces, a levantarse y cuando comprobaron que todo estaba tranquilo, regresaron a la ciudad e iniciaron la marcha en buscando ayuda y misericordia.

* * *

Antes de llegar a la nueva residencia de Fabius, Philippus y Lucrecia, exhaustos, se detuvieron en la modesta posada de Matías, quien los acogió con entrega y compasión.

Philippus le relató brevemente los hechos. Lucrecia, asustada, recibió la atención del hombre generoso y cariñosamente la alimentó. Lleno de compasión, le pidió al oficial que la dejara pasar esa noche allí donde pudiera ayudarla para que pudiera emprender la difícil búsqueda de Fabius.

El oficial no rechazó la solicitud y, sin escatimar esfuerzos, buscó la ayuda de las autoridades romanas y convocó a Lucius Cassius, responsable de la guardia local. Después de los saludos, describió brevemente las ocurrencias:

Fabius resultó gravemente herido en el enfrentamiento con los malhechores. Por favor, ponga a todos los hombres disponibles para encontrarlo.

— Querido, te confieso que lo que pides es algo muy difícil. Desafortunadamente esta región es muy violenta. No es el primer caso que tenemos registrado de patricios victimizados por verdugos. Estos hombres son astutos, desaparecen con sus víctimas y es imposible encontrarlas.

— Tengo un gran respeto por Petronius y, aunque su hermano esté muerto, deseo que se encuentre su cuerpo para darle un entierro digno de nuestros orígenes. Tengo la intención de regresar a Nicomedia lo antes posible, a primera hora de la mañana si es posible, ya que me preocupa la seguridad de la joven.

— Desafortunadamente, mis hombres han sido llamados para una campaña y debemos partir por la mañana y no podremos iniciar la búsqueda. Pero como eres un hombre de influencia en el Imperio, tendrá una escolta para garantizar su regreso a salvo.

Por unos momentos más, esos hombres permanecieron ajustando los detalles de la seguridad del viaje de regreso a Nicomedia, la organización de la escolta y el inicio de los allanamientos.

✳ ✳ ✳

Al día siguiente, en la madrugada, Philippus y Lucrecia se acercaron a Matías para despedirse:

— Estoy agradecido por la bienvenida. Nunca me olvidaré de lo que hiciste por esta niña. Aquí está el pago por tus servicios.

— Perdóname, pero no puedo aceptar este dinero. Desde que llegaste aquí, he seguido las dolorosas noticias sobre el ataque al noble romano a través de la niña. Entonces llegué a la conclusión que era alguien que conocí a través de las palabras de un gran amigo, llamado Eustaquio. Todo lo que hice por ti fue por consideración a los dos. Eres un hombre generoso, pero te confieso que no entiendo tu gesto. Por razones de seguridad, mantén nuestro viaje confidencial.

Matías, acercándose a Lucrecia, le acarició suavemente el cabello:

— Que el Señor esté siempre contigo, te bendiga y te enseñe a vivir con el dolor de la separación, apoyándote y dándote fuerzas para vivir.

Lucrecia, en silencio, sin entender nada, dejó brillar los ojos de emoción. Devolviendo voluntariamente la muestra de afecto, besó la mejilla del hombre y, muy espontáneamente, lo abrazó cariñosamente.

Obedeciendo las órdenes de Philippus, partieron.

✳ ✳ ✳

Después que Philippus y Lucrecia se fueron, Matías fue a encontrarse con Eustaquio para informarle de los últimos hechos.

Organizaron una caravana para buscar en la región en un intento de encontrar a Fabius.

Buscaron noche y día. Al anochecer, desalentados por el fracaso de la búsqueda, regresaron a la residencia del anciano israelí. Agotados, se estaban refrescando en el porche cuando los sorprendió un niño, quien, desesperado, gritó:

— Señores, cerca de aquí encontré a un hombre muy herido tirado en un barranco. Él puede ser a quien buscan.

Sin perder tiempo, esperanzados, fueron al encuentro del desconocido. Cuando llegaron, los dos hombres bajaron la colina. Eustaquio, reconociendo a Fabius, evaluó rápidamente su estado:

— ¡Alabado sea Jesús! Sigue vivo. Tenemos que darnos prisa.

Sacándolo del lugar, se dirigieron a la residencia de Eustaquio y allí procedieron con los auxilios necesarios para intentar salvarlo.

* * *

El sufrimiento de Fabius despertó la piedad en todos. Con gran dificultad, luchó por seguir viviendo. Ya no había ninguna esperanza de verlo levantarse.

Esa noche, su estado empeoró y Eustaquio, sin dejar a su amigo, rezó. Mientras tanto, Fabius, temporalmente liberado de los sufrimientos de su cuerpo, se encontró en medio de un gran y colorido jardín con muchas flores que exhalaban un perfume desconocido para él.

Sin saber dónde estaba, vio aparecer una luz frente a él y, en ella, entre otras, estaba la cándida imagen de Apolonius y Domitila. Envuelto por una inmensa luz azulada, se bifurcaba. Con cariño, el emisario celestial se hizo oír:

— Que Jesús rodee tu corazón de valor y de paz. Soy Apolonius. No se acordará de mí, porque sobre su conciencia yace el manto del olvido del pasado. En este momento te saludo con el amor de un padre que nunca pudo olvidar a su amado hijo. Vengo, en el nombre de Jesús, para que entiendas que fuiste llamado por el Señor para servir y despertar los dones divinos que posees.

Fabius, al notar que las lágrimas rodaban por sus mejillas, preguntó con dificultad:

— ¿Cómo podría el Señor elegirme? Llevo en mi alma las marcas de un hombre angustiado y triste.

— Jesús llamó a muchos y te eligió a ti. Ha llegado el momento que haya claridad en las mentes para recibir las enseñanzas celestiales. La renovación es necesaria, pero pocos entienden las leyes invisibles que gobiernan a los hijos de Dios.

Muchos regresaron a la Tierra con la misión de la paz y para hacer que el cristianismo no se calle. Todos aquellos que un día dieron su vida por la causa cristiana fueron llamados. Entre ellos están los apóstoles y discípulos de ayer. El Señor nos llamó nuevamente a buscar los destellos de esperanza para sedimentar nuestra fe, no permitas que pensamientos de falsa justicia se apoderen de tu alma.

— Amo mi creencia, pero no podemos ignorar eso. La lucha será genial.

— *"Vis adjuvat aequum"* [12] Dios nunca pondría en suelo terrenal a niños insipientes, abandonados a su propia suerte. Suficiente que cada uno tenga fe para alcanzar los objetivos trazados por el Señor.

— Las lágrimas marcan voluntariamente mi alma — intervino Fabius —. De alguna manera soy consciente que no estoy muerto, pero no quiero despertar. Temo sucumbir a las debilidades de la carne y olvidar mis responsabilidades ante el Señor.

— Hijo mío, el Señor te ha enviado a Eustaquio para que juntos luchen por el nombre Eterno de Jesús. Le había enseñado el

---

[12] "La fuerza protege a la justicia." (N.M.)

valor de la perseverancia en la fe y lo amaba con la fuerza del sentimiento de un padre. Jesús ora para que reine la paz entre los que siguen el cristianismo, sin masacres ni crucifixiones. Ha llegado el momento que el amor supere los límites del egoísmo. Para esto, muchos obreros del Señor regresaron a la Tierra.

— Perdóname, pero ¿cómo puedo vivir sin mi hija, mi hermano y todos los que amo tanto?

— Entrega tus preocupaciones en manos celestiales, pues el Señor, que todo lo sabe y todo lo ve, protegerá tus amores y tus días. Que se haga la voluntad de Dios y no la nuestra.

— Vuestra familia estaba preparada para hacer cumplir esta voluntad celestial — dijo Apolonius, quien sonriendo prosiguió:

— Con amor y disciplina, esta agrupación cristiana en la que os encontráis, suscitará dudas en los corazones endurecidos del poder, haciendo que el cristianismo se consolide entre los hombres.

Lucrecia tiene la huella de la esperanza en su corazón e iluminará con su amor los oscuros horrores a los que muchos serán sometidos por vivir en el nombre de Cristo. No atormentes tu corazón.

Domitila, como una madre amorosa y devota, se acercó al cuerpo físico de Fabius y, con su mano derecha, arrojó una luz azulada sobre las heridas abiertas. Recuerdos lejanos invadieron su mente. Fabius se arrodilló como un hijo resignado, para recibir esa afectuosa bendición de una amada madre. Ella besó en silencio su frente y caminó serenamente hacia Apolonius y juntos expandieron una luz radiante. Apolonius, con afecto, continuó:

— Domitila y yo nunca abandonamos nuestro amor. Son para nosotros parte de nuestro corazón. Créame, somos hijos de un pasado remoto y la mayoría de las veces traemos las limitaciones que serán vencidas por el trabajo y por la renovación de nuestra alma. Muchos han dado su vida para poder darnos la luz, pero esos mismos amores continúan intercediendo por nosotros. Por ahora, basta saber que el que amamos no muere por la vida eterna.

Fabius no ocultó las lágrimas emocionales frente a esos emisarios de Dios. Apolonius, con su amabilidad característica, continuó:

— Nuestros ojos deben estirarse a través del tiempo para encontrar las razones de nuestros sufrimientos, el tiempo enciende faroles para guiar nuestro corazón: no permitas que el amor se destruya con el egoísmo. Renovad vuestras esperanzas, aceptad la soledad apostólica y volved a la Tierra, que tanto necesita de paz y merced. Todas las buenas obras son importantes a los ojos del Señor.

Hagamos nuestra parte y, mientras estemos unidos en el nombre de Jesús, nuestros corazones siempre estarán atados y fortalecidos. Deja el retrato de Lucrecia en tu mente como ella lleva el tuyo en su corazón y regresa a tu misión, porque de ahora en adelante estaremos trabajando juntos y nunca te dejaremos. Despertarás llevando las impresiones de paz de este encuentro. Por ahora, levántate y sigue trabajando por el bien común. No entreguemos nuestras expectativas a las sombras del pasado, hagamos luz y dejemos que brille sobre toda la humanidad.

Esos benditos emisarios desaparecieron lentamente, reafirmando en el corazón de Fabius el coraje para comenzar de nuevo.

✷ ✷ ✷

Horas más tarde, Fabius mostró una mejora sorprendente. Eustaquio inició una oración silenciosa de acción de gracias, mientras los presentes trataban de acomodarlo de la mejor manera posible. Fabius, con un esfuerzo, buscando alivio en el aire, dijo:

— ¿Dónde estoy? ¿Dónde está mi hija y el comandante Philippus?

— Ten por seguro que estás entre amigos. Regresaron sanos y salvos a Nicomedia — respondió Matías.

Tras conocer todos los hechos y saludar a Eustaquio, Fabius habló:

— Mis amigos, siento que he renacido, a pesar de creer que no soy digno. Traigo una inexplicable impresión de paz y mucho coraje en mi alma. Después de mi recuperación, asumiré mis funciones y enviaré un mensajero para notificarle a mi hermano que estoy bien. Pido a Jesús que me dé valor para soportar vivir apartado de Lucrecia.

Eustaquio, feliz por la recuperación de Fabius, oró humildemente:

— Señor, bendice a este amigo. Despierta los oídos de la humanidad para que cada uno descubra la fuerza interior que mueve el rumbo de la vida y la esperanza en la transformación íntima de los hijos de Dios.

Despierta la certeza en nuestras mentes para saber hollar con disciplina y trabajo los caminos iniciados por tus pies y sedimentados por los apóstoles de ayer; el coraje para transformarnos en ejemplos vivos de tus leyes; nuestra alma a la realidad del futuro, hacer hoy el camino cristiano será más que un recuerdo y será efectivamente una construcción solidificada en vuestras manos.

Señor, finalmente, despierta nuestros corazones y con tu protección seguiremos por siempre luchando y aprendiendo, olvidando y amando, perdonando y viviendo para ser más que vivos en la Tierra, pero amigos e hijos de Dios.

* * *

Los días corrían rápido. Honrando su promesa, Philippus regresó de Palestina y entregó a Lucrecia sana y salva al cuidado de su tío.

Aquella fría mañana, en su residencia, Petronius, amargado e inconformista, se encontraba en el salón principal acomodado en un cómodo asiento, cuando Lucrecia fue a buscar el calor de su regazo.

Petronius, acariciando sus cabellos, describió los últimos hechos a su esposa Quimeria, quien trató en vano de consolar su dolorido corazón. Mientras tanto, Samir lo escuchaba en silencio:

— Hace unos días Philippus y yo pedimos apoyo al Senado y al ejército para continuar con las búsquedas en la región de Palestina, pero confieso que no lo conseguimos. Philippus ha sido un gran amigo y nos ha puesto bajo custodia a Lucrecia. Doy gracias al Señor por haberme encontrado con ese hombre llamado Matías, quien mostró cariño y respeto ante tan espantosa situación.

— Querida, sé lo difícil que es para nosotros aceptar esta situación, pero debes recuperar tus fuerzas. Si Fabius está vivo, algún día lo sabremos. No dejemos que el dolor y la desesperación se apoderen de nuestro corazón. Confío en Jesús y creo que el Señor nos ofrecerá protección a todos. Tranquilicémonos, para no empeorar la situación.

— Quizás tengas razón, pero nunca me resignaré a esta pérdida. Entreguemos el futuro a las manos celestiales, que ciertamente nos conducirán con seguridad por los caminos de nuestra vida. Tenemos que enfrentar los hechos con valentía y resignación, pero en mi corazón creo que mi hermano nos sorprenderá.

— Confiemos en el Señor — intervino Samir —. Mientras hablabas — prosiguió — me acordé de las palabras que nos dejaron los que nos precedieron[13]: *"Echa tu pan sobre el agua porque después de muchos días la encontrarás. Comparte con siete y aun con ocho, porque no sabes qué desgracia puede venir sobre la tierra. Cuando las nubes llenas de verano derraman lluvia sobre la tierra; y cuando un árbol cae, ya sea al sur o al norte, en el lugar donde cae, allí permanecerá. El que mira al viento nunca cosechará, el que sigue mirando las nubes nunca cosechará. Como antiguo conoces el camino del viento o el del embrión en el seno de mujer, no conoces la obra de Dios, que hace todas las cosas. Por la mañana siembra tu semilla, y por la tarde reposa en el medio, porque tú sabes cuál de ellas prosperará: si esto o aquello, entonces si ambas cosas serán buenas."*

No te preocupes, la derrota de hoy será la victoria de mañana si sabemos aplicarnos y esperar. Seamos fuertes, sigamos adelante, porque el Señor siempre nos reserva lo mejor. No podemos perder la esperanza, porque es el cimiento que sustenta nuestra fe, por eso busquemos las respuestas en la oración, el tiempo es un emisario celestial y tiene sus leyes, esperemos a que llegue la comprensión.

---

[13] Eclesiastés, 11:1—6 (N.A.E. Bernard)

Mientras tanto, fueron interrumpidos por un sirviente que traía una carta que acababa de llegar.

Petronius, sin perder tiempo, comprobó que era de su hermano. Después de leerlo, la felicidad se apoderó del ambiente y de esos corazones. Abrazándolos con emoción, dijo:

— ¡Queridos míos, debemos dar gracias al Señor, porque hemos sido bendecidos! — Respirando profundamente, continuó:

— Está bien y nos pide que no nos preocupemos. Está residiendo en el lugar designado por el Imperio y ya ha asumido sus funciones públicas. Allí pudo ayudar a Eustaquio con el trabajo cristiano. También nos pide que cuidemos a Lucrecia y no escatima palabras para su hija.

— Alabado sea Jesús — dijo Quimeria —. Efectivamente, mi cuñado nos sorprendió.

Tan pronto como sea posible, organizaré un viaje para asegurarme que Fabius está realmente bien.

Las mejillas de Lucrecia se destacaban por el brillo de sus ojos que no ocultaban la dulzura de su ingenuidad y la alegría de saber que su padre aun vivía.

✳ ✳ ✳

Tiempo después, la noticia que Fabius había sobrevivido llegó a oídos de Limea, quien, enfurecida, ordenó a un sirviente que llamara a Flaminius de inmediato. Cuando el soldado llegó allí, Limea ya estaba irritada y completamente alucinada.

— ¿Cómo pudiste fallar? Ese bastardo sigue vivo. ¿Alguien sospecha de algo?

— ¡No te preocupes! Philippus no sabe de mi participación, ni la tuya. Sabía montar muy bien. Desafortunadamente, ante esa situación, no pude hacer nada.

El comandante era astuto. Sacó a la niña del lugar sin que nadie tuviera tiempo de actuar. Los hombres que contraté trataron de encontrarlos, pero todos los esfuerzos fueron en vano. Ten calma.

Con sarcasmo, Flaminius le besó las manos:

— No podemos olvidar que tú también fallaste en tus planes...

— No me doy por vencida fácilmente en mis propósitos. Maximianus obtendrá su merecido tarde o temprano. Descubrió el veneno, pero algún día me desharé de él. Pero por ahora, necesito a ese miserable para mantenerme en sociedad. Tendré paciencia y esperaré el tiempo que sea necesario.

Mientras tanto, la familia de Petronius celebraba la noticia que Fabius había sobrevivido, desconociendo por completo el motivo de los hechos, dejando sus vidas bajo la fortaleza de las manos de Jesús.

6.—
EN LOS PORTALES DEL TEMPLO Y LAS MARCAS DE LA TRANSFORMACIÓN

Se veían, en los rostros de nuestros personajes las marcas dejadas por el paso de seis años. Llegamos al año 298 d.C.

En esta ocasión, bajo las leyes promulgadas por Dioclecianus, Roma, a pesar de seguir siendo la capital, instituyó una nueva sede del Imperio en Milán.

Con el objetivo de resolver los problemas económicos y militares, dividió el Imperio entre las cuatro regiones de Oriente y Occidente, pero mantuvo el poder centralizado en su manos. Así quedó bien definida la política bajo las órdenes de los tetrarcas.

En materia religiosa, Dioclecianus era muy conservador. En cuanto a la preservación de los cultos a sus antepasados, firmó la ley máxima denominada *"dominus et deus"*, que determinó que la gente debería adorar a los cuatro emperadores como dioses.

Sin embargo, para desgracia de Dioclecianus, su esposa, Prisca y su única hija, Valeria, se convirtieron al cristianismo debido a la estrecha amistad que entablaron con Quimeria, Lucrecia y Samir.

Lucrecia se había convertido en una hermosa joven, poseedora de una belleza especial. Su larga cabellera delineaba su fino rostro y sus suaves líneas eran realzadas por sus grandes ojos negros, brillantes y expresivos. Parecía una escultura griega, tallada por las manos de un noble artista.

Su educación estuvo a cargo de su tía, quien le dedicó un gran amor maternal, supliendo la ausencia de su madre y transformándose en una amiga fraterna en quien podía creer y confiar.

Petronius tampoco ocultó su afecto por su sobrina, dedicándole un amor puro y acogedor, que lo llenó en ausencia de su hijo Caius, que siguió una carrera militar en los ejércitos de Dioclecianus, lejos del corazón de su padre.

En ese período, muchas mujeres jóvenes, olvidando sus responsabilidades familiares, se involucraron en cuestiones de pasiones humanas, consecuencia de una sociedad degradada. Lucrecia estaba fuera de sintonía con el modelo de mujer joven de su tiempo.

Permaneció dedicada a su familia sin involucrarse con círculos sociales, sin amistades vacías y sin influencias nocivas. Creció e inclinó su vida a los estudios. Leyendo los escritos cristianos que Fabius había dejado a su familia, encontró en ellos una manera de estar cerca de su padre. El anhelo de Fabius fue olvidado en los rápidos y escasos viajes a Nicomedia, cuando los visitaba, quedando ligado a su familia, mediante el intercambio de numerosas cartas.

La familia de Petronius entabló una sincera amistad con Samir, basada en el amor y la esperanza. Samir, con paciencia y dedicación, les explicó los conceptos cristianos en los que Lucrecia, con aplomo, mostró gran interés.

Esa tarde, Petronius, sin ocultar su alegría, entró en la biblioteca donde estaba Quimeria, llevándole la buena noticia:

— ¡Mi amada esposa, te traigo buenas noticias! Nuestro hijo regresa y con él, Flavius Valerius.[14] Pronto estarán en Nicomedia.

Lucrecia entró a la habitación, sosteniendo una bandeja con un ánfora de agua para su tía en sus manos. Petronius, como de costumbre, besó la frente de su sobrina. Al escuchar las palabras de su tío, la joven intervino respetuosamente:

— Tío, ¿quién es este amigo de Gaius?

— Querida, Flavius ha sido amigo de mi hijo durante muchos años y estuvieron juntos en el ejército. A pesar de su juventud, es un hombre muy respetado en nuestro Imperio. Tiene ideas y capacidades avanzadas que muchos líderes de nuestro ejército a lo largo de la historia no han tenido. Es hijo de Constantius, jefe de la administración de la Galia. Todos saben que no tiene una buena relación con el hijo Solo mantienen las apariencias. Flavius hizo carrera aquí en el Este para alejarse de su padre.

— Perdóname — intercedió Lucrecia—, Constantius, a pesar de ser un buen administrador, es un hombre severo y también conocido por su codicia. ¿El hijo no será igual?

— Entiendo tus reflexiones, pero no seamos intolerantes — respondió Petronius —. No debemos juzgar a los desconocidos, porque estaremos siendo iguales a los que tanto rechazamos — suspirando, continuó —. Quiero que conozcas a este joven, para que puedas compartir mis altos conceptos sobre él.

---

[14] Caius Flavius Aurelius Constantinus (N.M.)

— Tienes razón, fui severa en mis observaciones, nunca juzgué a nadie, no haría eso ahora. Deja que el tiempo hable por sí mismo.

— Ojalá estuviera aquí mi hermano para ver lo inteligente y perspicaz que es mi sobrina – dijo con una sonrisa en los labios —. Sufro por su ausencia. Sin él me siento perdido, pero aprendí a vivir con la añoranza que ya se ha convertido en mi compañera.

— Amo a mi padre con toda mi razón y entendimiento, un amor que reina como si fuera parte de mi alma. En mi corazón cultivo la esperanza de poder vivir un día a su lado. Aunque vive lejos de nosotros, está en mis pensamientos, y estos recuerdos se confunden con imágenes de un pasado lejano. Lo veo cuando cierro los ojos, cuando rezo al Señor o cuando simplemente respiro.

Petronius, al notar las lágrimas en las mejillas de su sobrina, la abrazó con ternura.

— No debemos permitir que el anhelo y las aflicciones se apoderen de nuestro corazón —. Rompiendo la emoción al momento comentó:

— Volvamos nuestra atención a mi hijo. Además, traigo más novedades. Nuestro Caius se va a casar con Dioclecia, media hermana de Flavius Valerius. Se conocieron cuando Flavius estaba en España. Ahora debemos establecernos como una familia.

— ¿Y qué vamos a hacer con nuestras reuniones cristianas mientras estén aquí? — Preguntó Quimeria.

— Continuaremos asistiendo al servicio en la iglesia fundada por Samir. ¿Quién sabe lo que nos depara el mañana a todos nosotros?

— Hace mucho tiempo que no veo a mi primo querido — dijo Lucrecia.

Estoy feliz con su regreso y con la triste noticia de su matrimonio. Encontrar de nuevo a mi hermano de corazón es una felicidad de la que no puedo prescindir.

En ese momento, la joven abrazó a su tía y a su tío y se fue, mientras ambos conversaban:

— ¿Notaste que nuestra chica habla igual que mi hermano? Por minutos pensé que estaba escuchando la voz de Fabius de sus labios.

— No se parece a las niñas de su edad. Mostraste muchas de las cosas que le gustaban a mi cuñado y ella siguió fielmente los pasos de su padre. Se sumerge en la lectura durante horas, sueña con la igualdad en nuestro Imperio y la libertad para las religiones. Empiezo a temer por su futuro.

— Confieso que en mi silencio se aflige mi corazón — dijo Petronius — desde el día que Fabius abandonó su vida pública para dedicarse a la obra cristiana con Eustaquio — suspiró preocupado —. Espero que su elección haya sido la mejor. Además, Dioclecianus no aceptaba muy bien que amante de las tradiciones de nuestro origen y, a pesar de tolerar otras religiones, cada vez que alguien cercano a él se convierte al cristianismo, o a cualquier otra religión, se siente agraviado. He estado con él durante días. Se refirió a nosotros con cierto descontento religioso. Me dijo que su esposa, Prisca, y su hija, Valeria, fueron influenciadas por nosotros, y la actitud de Fabius lo demostró. Tomó el acto como una afrenta personal.

También me preocupa mi cuñado, pero hay que recordar que él, desde que llegó a esa región, se involucró con el grupo cristiano de Eustaquio. Solo sería cuestión de tiempo antes que escuchara su corazón. Siento porque la vida elegida hasta ahora lo ha separado de su hija y también de nosotros. Fabius nos dejó un precioso legado en nuestros corazones: la fe. Me viene a la mente este pasaje de los Evangelios: "... *echad todas vuestras preocupaciones sobre él, porque él es quien os cuida. ¡Sed sobrios y vigilantes!*"[15] No nos preocupemos demasiado por el mañana. No dejemos que las angustias consuman nuestra vida, el Señor está con nosotros y todo lo que tiene que pasar es porque necesitamos las lecciones del mundo para crecer y encontrar nuestra paz.

— No conozco a este joven como su hermana, que será parte de nuestra familia, pero le pido a Jesús que aceptemos sus deseos, sean los que sean— dijo Quimeria —. Espero que esta unión no perturbe nuestro credo; Después de todo, somos cristianos y hemos mantenido esta condición en secreto todos estos años. Nos unen lazos que no conocemos. Jesús ilumina nuestros caminos con amor y esperanza, fortaleciéndonos con valentía para enfrentar los desafíos de nuestra existencia.

* **

En la residencia de Petronius, los días transcurrieron agitados. Quimeria y Lucrecia gestionaban el trabajo doméstico. Se las arreglaron con delicadeza y prontitud y ajustaron todos los detalles para recibir a Caius, mientras Petronius estaba en la sede del gobierno esperando la llegada de los militares.

Nicomedia se había adornado para honrar a esos soldados, vencedores de una gran batalla.

Las vías públicas eran coloridas y estaban decoradas con flores y laureles, colmada de una multitud que esperaba ansiosa la entrada de los soldados.

---

[15] Pedro, 5:7—8. (N.A.E. Ferdinando)

Antes de llegar a la ciudad, el grupo encabezado por el joven Flavius Valerius[16] se detuvo en un pueblo cercano.

Flavius Valerius, que había sido herido en la batalla, estaba tratando de recomponerse para continuar su viaje. Tenía un semblante serio y firme, de tez dorada, pelo y ojos negros, rostro ancho y mandíbula bien definida, que asemejaba a un dios mitológico tallado en mármol.

Dirigiendo a los soldados con firmeza y coraje, Gaius, un joven alto y delgado, con su rostro delgado y rubicundo, cabello oscuro negro que, incluso debajo del casco, brillaba con el viento, resaltando los pequeños ojos negros que brillaban con cada gesto.

De repente, la voz de Gaius resonó con firmeza, ordenándoles que se detuvieran, obedeciendo las órdenes de Flavius. Con voz ronca y doliente, llamó a su amigo y le pidió que trajera su caballo. Al darse cuenta de lo que pretendía, Gaius dijo:

— Perdóname, pero estás herido, no es recomendable entrar a la ciudad a caballo.

— Querido, no entraré cargado a la ciudad, mi orgullo no me lo permitiría. Quiero entrar de pie y con la frente en alto, como se debe hacer con un militar.

Sin lugar a dudas, sus órdenes se llevaron a cabo. Su rostro sufría. El dolor en su abdomen le cortó la respiración. La lanza había hecho un corte profundo. Su rostro estaba lavado con el sudor causado por la fiebre.

Aun así, se montó en el caballo, ajustándose la ropa, el casco que brillaba al sol y el escudo que portaba imponiéndose en el brazo, donde estaba impresa la figura del dios de su creencia: *"Sol Invictus."*

---

[16] En estar parte de la obra trataremos a Constantinus por su nombre original Flavius Valerius. (N.A.E.)

Tomando las riendas, lo siguió al trote lento, entre gritos de aclamación y, al son de los cuernos, se anunció su llegada.

Mientras tanto, Quimeria y Lucrecia observaban la procesión que desfilaba frente a su residencia.

Después de horas de solemnidad, el dolor de Flavius era evidente. Gaius y su padre se acercaron a él con preocupación.

— Me parece que no estás bien. Te ofrezco mis servicios y mi residencia para hospedarte. Allí estarás con tu familia y podrás recibir la atención que necesitas. Así como, mantendremos discreción sobre tu estado de salud. Seré muy feliz si aceptas quedarte con nosotros.

— Acepto tu bienvenida. Por misericordia sácame de aquí sin alboroto, fui herido en la batalla y ahora siento que los dioses no se apiadarán de mí – luchando por mantenerse erguido, continuó —. Sepa que su hijo es un hombre valiente, nato y justo. Me salvó la vida varias veces —. Apoyando su mano en el hombro de su amigo, continuó:

— Por este acto tuyo, te estaré eternamente agradecido.

Sin perder tiempo, salen de ese recinto. En la residencia de Petronius, Quimeria corrió a socorrerlos, recibiendo a su hijo con extremo cariño de madre. Flavius Valerius, con respeto y dificultad, la saludó rápidamente y fue conducida a sus aposentos.

✱ ✱ ✱

Flavius fue colocado en una cama. Lucrecia, con todo su encanto, apareció en la puerta con unas telas limpias. Frente al joven, se congeló, incapaz de apartar la mirada.

Sintiendo fuertes dolores que masacraron su cuerpo sin piedad, con lo que le quedaba de su fuerza hercúlea, no ocultó su sorpresa y admiración y dirigió sus ojos hacia ella como si estuviera ante una diosa viviente y como si una suave llama se encendiera. y envolvió tu corazón.

Incluso antes que la joven pudiera manifestarse, el doctor Cornelius, que acababa de llegar, pidió a todos que se retiraran para poder examinarlo. Flavius Valerius, intoxicado por la mirada de Lucrecia, éste agarraba con fuerza el brazo del doctor y preguntaba, desesperada e incesantemente, por Patricia:

— ¿Quién es la joven que estaba aquí? ¿Quién es ella? Por favor, no me digas que estaba alucinando.

— ¡Calma! No vi a nadie aquí aparte de la familia de Petronius. Estás delirando de la fiebre.

Incapaz de decir una palabra más, llegó al final de sus fuerzas. Pasaron las horas y, casi de la noche a la mañana, Cornelius salió de la habitación y Petronius le preguntó sobre el estado del joven:

— La herida es delicada, pero ya no corre peligro. Su estado requiere cuidados y el descanso será fundamental para que se recupere.

— ¿Qué podemos hacer para aliviar su sufrimiento? — preguntó Quimeria, preocupada.

— Tienes una gran tarea. Necesita apoyo y, si conozco la bondad de tu corazón, bajo tu cuidado tendrá la disciplina necesaria para recuperarse.

El médico se despidió dejándolos comprometidos con el cuidado del paciente, que requería cariño y dedicación.

✳ ✳ ✳

Pasaron dos días después de la llegada de Flavius Valerius. Quimeria y su sobrina se dedicaron al paciente, que, entre delirios y fiebres suplicaba la presencia de la joven que había visto.

Esa tarde, las dos mujeres estaban en las habitaciones del joven. Quimeria, ayudada por su sobrina, con cariño hizo los vendajes necesarios recomendados por Cornelius. De repente, la mano de la joven fue sujetada con fuerza por Flavius, quien lentamente abrió los ojos y murmuró algunas palabras.

Quimeria se acercó a Lucrecia, feliz por la sorprendente mejoría, y le pidió que fuera a buscar a su tío y a su primo. Flavius, al ver alejarse a la joven, no pudo contener su impulso:

— ¡Ten piedad de mí! ¿Dónde estás? No te vayas. La diosa se apartó de mí. Oh, dios del sol, déjame verte una vez más.

— Ten calma. Todavía delira por la fiebre.

— Perdona mi locura. Creí ver a alguien que tocó mi corazón. Esa mirada me era familiar. Soy consciente que cuando estamos heridos o enfermos somos más vulnerables a las preguntas del corazón. ¿Será que estoy delirando?

— Tienes razón, cuando estamos enfermos somos más sensibles. Debemos dejar que nuestro corazón hable un poco más, para que suframos menos.

— Por favor, el tamaño considera la acción. Tu familia y la mía. Su hijo es un hombre valiente, muy honorable y de mi honor.

Ten confianza. Lo respeto y lo admiro. Es un amigo muy digno y le debo la vida. Que los dioses siempre pasen por estos portales.

Mientras tanto, Petronius y su hijo entraron en las habitaciones. Flavius, con rostro sereno, dijo:

— Me siento mucho mejor. Me atrevo a decir que estoy casi recuperado. Nunca podré devolver el cuidado y la amabilidad que recibí en esta mansión.

Antes de terminar la oración, levantó la vista y vio que Lucrecia estaba justo detrás de su tío y lo contemplaba en silencio. Incapaz de contener su emoción, Flavius se dirigió a Quimeria:

— Señora, ¿recuerda nuestras palabras hace un momento?

— He aquí, ante mí, la diosa de la que hablé.

Quimeria, buscándola por el brazo, orgullosamente la presentó:

— Bueno, querido, esta es mi sobrina Lucrecia.

Ella, envuelta en una fuerte emoción, se acercó a la cama y, con un gesto dulce, lo saludó con reverencia. Con visible alegría y sorpresa, como si el pasado y el presente unieran aquellos corazones, conmovidos, continuaron con sus miradas profundas. Cómplices en ese instante, no se atrevieron a interrumpir el sentimiento que invadía sus corazones.

Permanecieron en silencio, contemplándose y sintiendo el perfume de las bengalas, que traían a aquellos hijos de Dios la certeza de las bendiciones de una vida desconocida, bañada en esperanza, fe y valentía.

7.—
PRIMERO AMOR, ESPERANZA ETERNA DE MUCHAS VIDAS

Flavius Valerius vivió días de recuperación pacífica y armoniosa junto a Lucrecia y bajo el cuidado dedicado de la familia Petronius.

Entre los dos jóvenes se desarrolló una fuerte y serena amistad. Cada día, en sus paseos, no ocultaba su interés por la joven, tan diferente a las mujeres que había conocido a lo largo de su vida.

De todas las batallas libradas, estaba enfrentando el gran desafío de su vida. Lentamente, entregó su corazón a Lucrecia, quien con su inteligencia encantó su mente y su corazón. Se veía que, día a día, los lazos de amor y afecto entre aquellos hijos de Dios se hacían más estrechos.

Esa tarde, Gaius y el primo hablaron de los recuerdos blancos, las ingenuidades de la infancia y las historias de las batallas vividas por él. En el porche se colocó un diván a pedido de Flavius para que pudiera observarlos, de lejos, mientras caminaban por el jardín:

— Sepa que tengo el amor puro de un hermano por ti y que ofrecería mi vida para verte feliz. A mi regreso, esperaba encontrar a la niña marchita que dejé aquí, pero me encontré con una rara belleza. No podía imaginar que Dios pudiera transformarla en esta hermosa mujer —. Sonriendo continuó:

— Si no me equivoco, hay otra persona que también está empezando a despertar un amor por ti diferente al mío.

— Flavius Valerius es un hombre brillante y de buen corazón. Siempre que tenemos la oportunidad, me ha preguntado por ti. Sus ojos brillan de amor cuando estás cerca. Nunca se había comportado así antes de los amores que descansaban sobre sus brazos. Ninguna mujer ha sido capaz de tocar su alma como tú.

Lucrecia, hundiendo la cabeza entre las manos, empezó a llorar. El primo, tratando de consolarla, la abrazó y la acurrucó contra su pecho:

— Cuando nos encontramos con el amor, sentimos miedo e inseguridad. No quería verla triste. ¿Por qué luchas tan duro contra tu propio corazón?

— ¿Cómo puedo amarlo? No creo en los que usan la fuerza para hacer valer sus propios ideales. Creo en el amor como nos enseñó Jesús, en la vida bajo cualquier circunstancia, en la libertad sin imposiciones. Lucho por contener este amor y en oración entregué mi vida en las manos de Jesús. Temo por este sentimiento que crece dentro de mí día a día. Me temo que no puedo tener las fuentes para contarlo.

— En cuestiones de amor no he tenido muchas experiencias — dijo Gaius —. Cuando estoy en la batalla, mis manos también están manchadas de sangre. Sé que tendré mucho que hacer para limpiarlas. Mis actitudes son sin pretensiones, pero mi vida se ha trazado por los mismos caminos que la suya y siento un amor fraternal por él.

— No entiendo, pero cada vez que él está en alguna dificultad, me hago presente. No para obtener méritos, sino como si viviera para dejarlo vivir. La dignidad la aprendí de mi padre y ahora comienza a entender cosas que hasta entonces no podía. Creo que el destino te está llevando el corazón al encuentro del amor de este hombre. ¿Quién sabe por qué el Señor nos ha unido?

— Nos unen tareas que no sabemos — dijo Lucrecia —. Que se haga la voluntad de Dios y no la nuestra. Espero siempre poder contar contigo en mi vida.

— Créeme, siempre estaré en tu corazón. Nunca lo dudes. Pronto me casaré con Dioclecia. Pronto llegaría para arreglar los detalles de nuestra boda. Hablé mucho sobre ella y expresó mucho interés en conocerte.

.Entre abrazos, el cariño respetuoso e inocente de hermanos, fueron a la veranda. La joven, limpiándose rápidamente la cara, entró para encontrarse con su tía, mientras Gaius era llamado por Flavius Valerius:

— Amigo, noté que tu prima derramaba lágrimas mientras hablaban. quiero que seas honesto conmigo en la pregunta te haré: solo dime la verdad, porque sabré aceptar y respetar tu posición. En nombre de nuestra amistad y en nombre de mi hermana Dioclecia, ¿estás enamorado de ella?

— Realmente la amo — dijo, sonriendo —, como a una hermana.

Ofrecería mi vida por ella, si fuera necesario, pero mi corazón, como hombre, está entregado a tu hermana. Además, las lágrimas que estaba derramando no eran por mí, sino por otra persona.

Gaius dijo con firmeza:

— Seré capaz de arrancarle el corazón al hombre que la hace sufrir, sea quien sea.

— Puedo ver el gran afecto que le tienes. Permíteme decirte ahora como amigo, nunca mi corazón áspero dio paso a tales sentimientos por una mujer —. Flavius Valerius, con una mirada contemplativa, continuó:

— La amo, esa es la única verdad. En muchos brazos he descansado, pero ninguno ha poseído aun el poder que ella tiene sobre mí. Siento que la conozco. Su encanto me hace feliz con solo mirarla. Si fuera digno de ese amor, sería capaz de cambiar mi vida. Moriría, sin duda, por ella. Quisiera saber el nombre del dueño de estas lágrimas. Quería poder secarlas y esperar que el amor despertara en su dulce corazón. Siento que me estoy volviendo loco, los pensamientos van y vienen, trayendo su rostro iluminado sin piedad a mi alma.

— Siento que tus sentimientos son ciertos. Estamos unidos unos a otros por leyes mayores que nuestra inteligencia. Sé que vivo para protegerte a ti y a mi familia. Si realmente la amas, te sugiero que conozcas el credo que ella sigue en silencio.

Si eres capaz de amar verdaderamente a su Dios sobre todas las cosas, tendrás su corazón.

En el porche, los dos continuaron hablando de los sueños de los corazones jóvenes, depositando sus esperanzas de vida en las líneas del mañana.

* * *

Esa misma noche, Lucrecia, Samir, Quimeria, Gaius, Adira y otros servidores cercanos realizaron las oraciones nocturnas y estudiaron las enseñanzas de Jesús. El silencio invadió la habitación y Samir, lleno de inspiración, comenzó la oración:

— *"Sed paciencia, pues, hermanos, hasta la venida del Señor. Mirad cómo el labrador espera el precioso fruto de la tierra, dándoselo con paciencia hasta que vengan las lluvias temporales. Así también vosotros, esperad con paciencia y fortaleced vuestros corazones..."* [17]

Sufrimos la mayor parte del tiempo cuando somos llamados a renunciar a la propia vida, en favor del bien común. Encontramos en la fe la única fuente que nos estructura para afrontar con dignidad el sufrimiento, como lo demostró el mismo Maestro en su paso por la Tierra. Es necesario esperar la transformación de cada uno a la vida bajo el eterno reino de la luz prometido a nosotros.

Seamos pacientes en el Señor para saber recibir la luz en nuestra propia transformación. Aunque signifique cerrar la esperanza de vivir con los que amamos en nuestro corazón. Si Jesús está vivo en nosotros, vivamos también nosotros en el corazón del Maestro, acogiendo los designios de la vida, obrando con fe y esperanza.

Los presentes, emocionados, tenían los ojos húmedos, mientras Samir, demostrando una fe inquebrantable, cerraba las oraciones de la tarde. Se retiraron en silencio. Lucrecia se despidió de sus tíos y se dirigió a su habitación. Inesperadamente, Flavius la agarró del brazo y la interrogó:

— ¿Así que eres cristiana? Prefiere amar a Jesús y hacerlo sucumbir nuestro amor en las entrañas de nuestra alma? Amor que llora tristemente, porque se siente impedido de crecer y germinar.

Asustada, Lucrecia dejó brillar sus ojos, resplandeciendo con la luz de la esperanza y de un profundo amor:

— Sí, soy cristiano como viste. Por el amor que llevo en mi corazón por ti, quédate con lo que acabas de presenciar.

— Confieso que, hasta hoy, no había escuchado un concepto cristiano tan profundo. Te amo mujer, comprende y recibe mi amor ¿Será tu Jesús más importante que yo? ¿Qué puedo hacer para que

---

[17] Tiago 5:7—8 (N.A.E. Bernard)

reconozcas lo que siento por ti? Desde niño me crie en un mundo pagano. Luego me dediqué al culto del dios *"Sol Invictus."*

Como soldado, estaba preparado para la guerra, nunca creí que enfrentaría la difícil batalla que comienza en las fronteras de nuestros corazones. Daría mi vida para hacerte entender. Siento como si hubiera pasado toda mi vida. luchando por encontrarlo de nuevo y ahora se me escapa. Habla, de nuevo, de tus sentimientos para que muera ahora en tus palabras o viva la verdadera felicidad.

La joven, con dulzura y serenidad, lo miró con ternura y encanto y lo calmó:

— ¿Qué palabras podría decir para expresar el amor que siento por ti? No hay nada en este mundo que se le compare. No importa cuánto lo intente, no puedo contener tu imagen en mi mente, ya se ha apoderado de mi corazón.

— No perdemos lo que no nos pertenece, somos hijos de Dios y estamos unidos por una causa justa. En mi vida, Jesús no se compara contigo ni con nadie más. Sé que está temporalmente alejado del Maestro y su camino lo llevará de regreso a su Alabanza al Dios sereno. El poder lo silenció al punto de considerar a los dioses místicos como la fuerza para sublimar nuestros sentimientos.

— Jesús fue y será siempre el mensajero de este Dios del que estoy hablando ahora. La muerte del Maestro solidificó en nosotros cristianos la fuerza del Reino iluminado de la esperanza, que nos hizo hermanos. Tienes un valor especial y puro para mí. En cuanto a Jesús, él es la razón de mi existencia. Si de verdad me amas, te darás la oportunidad de conocerlo, porque mientras yo estoy lejos de él, también estarás lejos de mí.

Envuelto por esas palabras, Flavius se sintió embriagado por el hechizo de iluminación que ella transmitía. Con cariño y amor, no contuvo su impulso, la abrazó, acostándola sobre su pecho:

— Misericordiosamente, deja que mis oídos sean agraciados por la canción que resonó en tus labios. Hazme feliz y deja que las bendiciones de este gran amor entren en tu corazón, porque mi alma ya te pertenece. Permíteme expresarte el amor que te tengo, para que el viento no te arranque de mis brazos.

— Mujer— niña, que los dioses o tu Dios dejaron bajo mis ojos, perteneces a mi vida, no sé cómo explicarlo, pero ya te conozco. Nunca he visto a una mujer con tanto conocimiento. Hazme uno de tus alumnos. Quiero conocer tu Jesús, tu cristianismo, para poder estar a tu lado para llegar hasta los límites del cielo. Recibiré en silencio todas las enseñanzas de este hombre.

Después de conocerlo, definiré las rutas de nuestra vida. Si mi mente y mi corazón no son capaces de absorber las leyes dejadas por Él, serás libre para seguir otros caminos. Pero si mi corazón es tocado por tu fe, me casaré contigo y nuestros hijos conocerán el cristianismo. Mi hermana Dioclecia acababa de llegar. Ella es para mí todo lo que sé sobre el amor familiar. Le escribí hablando de ti y, cuando llegue, ya quiero tener una posición definida dentro de mí.

— Alabado sea Jesús y en las manos iluminadas del Señor encomiendo este momento en que me presento. Querido, te mostraré el cristianismo como me lo enseñó mi padre. Entonces aceptaré estar por siempre a tu lado y en tu corazón amándote toda la vida. Si amas a tu hermana con la llama encendida que expresaste, yo también la amaré.

— Déjame conocer a Samir, el cristianismo y Jesús para que pueda entender qué tiene él que te hace amarlo tanto.

— Él tiene el amor por todas las criaturas y la bondad de aceptar nuestras imperfecciones. El amor por el Señor supera nuestros dolores y nos hace aceptar, con paz, todas las pruebas que caen sobre nuestra vida.

Con cariño y respeto, los jóvenes continuaron conversando en la noche, en medio de sueños y planes futuros. Sin darse cuenta, fueron envueltos por las bendiciones del Cielo que reverberan sobre sus corazones.

* * *

El amor de Lucrecia y Flavius Valerius era conocido por todos los que residían en la mansión de Petronius.

Quimeria se mantuvo feliz con la presencia de su hijo, pero en la posición de madre celosa, se preocupó por su sobrina.

Flavius se quedó en la residencia de su amigo Gaius y se negó a alojarse con los nobles del Imperio en esa región. Entre él y Samir se fortificó una gran amistad. Día a día él, con su ayuda y la de Lucrecia, se familiarizó con el cristianismo.

En la reunión de esa noche, envuelto por una fuerte emoción, Samir le presentó a Flavius el siguiente pasaje[18] de Cristo:

"Bienaventurados los pobres de espíritu, porque de ellos es el Reino de los Cielos. Felices los mansos, porque ellos heredarán la tierra.

Felices los afligidos, porque ellos serán consolados.

Felices los que tienen hambre y sed de justicia, porque serán saciados. Felices los misericordiosos, porque ellos alcanzarán misericordia. Felices los de limpio corazón, porque ellos verán a Dios.

---

[18] Mateo, 5:1—16. (N.A.E. Fernando)

Felices los que hacen la paz, porque ellos serán llamados hijos de Dios.

Felices los que padecen persecución por causa de la justicia, porque de ellos es el Reino de los Cielos.

Felices sois cuando os insulten y os persigan y digan falsamente toda clase de mal contra vosotros por mi causa. Gozaos y alegraos, porque vuestra recompensa será grande en los cielos, porque de la misma manera persiguieron a los profetas que fueron antes de vosotros.

Vos sois la sal de la tierra. Ahora bien, si la sal se vuelve insípida, ¿con qué la salaremos? Ya no sirve para nada sino para ser arrojado fuera y pisoteado por los hombres.

Sois la luz del mundo. Una ciudad asentada sobre un monte no se puede ocultar. Ni se enciende una lámpara y se pone debajo de un celemín, sino sobre la lámpara, y así alumbra a todos los que están en la casa. Así alumbre vuestra luz delante de los hombres, para que, viendo vuestras buenas obras, glorifiquen a vuestro Padre que está en los cielos."

Querida — dijo Flavius Valerius —, muchas veces, al escuchar las enseñanzas cristianas, me quedo pensando y me siento derrotado. Soy soldado y traigo mis manos marcadas. En mi vida siempre he defendido las leyes del Dios Único y hoy Jesús me apoya. ¿Sería el Señor benévolo al aceptarme en Su reino?

Somos fortalecidos en el Señor, porque no abandona a ningún hijo de Dios, aun a los que están temporalmente lejos de su corazón a causa de sus preocupaciones materiales. Somos el reflejo del Señor y por eso regresamos vida tras vida para contribuir a la obra divina.

Aun reconociendo nuestra pequeñez frente a la grandeza celestial, somos importantes para la construcción de un mundo mejor. Los poderes terrenales se destruyen con la fuerza del tiempo, pero el poder de Dios resiste cualquier fuerza contraria a su amor. acceso a los placeres de la Tierra, mayor la desilusión. Amores hechos y rotos, posesiones transferidas de mano en mano, pero el Señor entiende el momento de cada uno y espera pacientemente.

El Señor es complaciente — dijo Lucrecia cariñosamente — reconoce nuestras deficiencias y nos ofrece la oportunidad de renacer. A través de otras existencias podemos empezar de nuevo, reajustando nuestros pasados, orientándonos hacia el Maestro. Querido mío, deja tus preocupaciones en manos de Jesús y cree que, como a tantos otros, el Señor te eligió a ti por un motivo muy especial. Nuestras imperfecciones no nos impiden brillar; nuestras lágrimas no nos impiden ver; así como nuestros dolores no nos impiden amar. Créeme, la espada que hiere podría convertirse también un día en la espada que corrige con la fuerza de la justicia de Dios.

Samir, con cara cándida, concluyó:

— Querida, no estamos en esta vida por casualidad. Eres un siervo del Señor, así que dondequiera que vayas, lleva contigo esta máxima: *"Aquí está mi siervo, a quien he elegido, mi amado, en quien mi alma se complace. Pondré mi espíritu sobre él, y declarará el derecho a las naciones. No peleará, ni clamará; ni en las calles se oirá su voz. No quebrará la caña quebrada, ni apaga la mecha que aun humea, hasta que lleve el derecho al triunfo. En tu nombre las nociones ponen tu esperanza."*[19]

Flavius Valerius, conmovido, tomó las manos de Lucrecia apasionadamente y así entre oraciones, aquellos hijos de Dios quedaron envueltos en una intensa luz emanada de lo invisible para Apolonius y Domitila que, en silencio, derramaban sobre ellos todo su amor.

---

[19] Mateo, 12:15—21. (N.A.E. Fernando)

8.—
VIDAS QUE SE REENCUENTRAN, FIEL AMISTAD Y ETERNO AMOR

Los días transcurrieron sin problemas. Flavius Valerius se unió a Lucrecia, quien continuó repasando las Escrituras. Ambos vivían en completa felicidad silenciosa, permitiéndose soñar y esperar en sus corazones.

Esa mañana, Caius estaba frenético, esperando ansiosamente la llegada de Dioclecia. Quimeria, junto a su sobrina, ajustó los últimos detalles para darle la bienvenida a la joven.

Al cruzar el salón principal, Adira se apresuró a anunciar que la caravana había llegado. Gaius corrió en dirección; a la amada, que se dejaba ver por la claridad de su piel y por los ojos brillantes y apasionados que admiraban al joven.

Después del nostálgico reencuentro, Caius caminó con Dioclecia, hacia su madre y prima. Serenamente, Quimeria la recibió con cariño maternal:

— Seguramente debes ser Lucrecia – dijo Dioclecia —. Las líneas escritas por mi hermano no olvidaron un detalle de él. Estoy feliz de conocer a la mujer que algún día será la esposa de mi amado hermano y mi cuñada.

— Yo también estoy feliz, ahora seremos una sola familia, sobre todo hermanas de corazón — Lucrecia le devolvió el saludo con ternura y un abrazo fraterno.

— Dentro de mí, siempre creí que la persona que se quedaría al lado de Flavius sería alguien especial. Entiendo que eres así.

— Ambas tendrán mucho tiempo para conocerse. Ahora dejemos que nuestro querido se refresque del agotador viaje para que podamos hablar en paz. Tenemos mucho de qué hablar, sobre todo de la boda que tendrá lugar en unos días.

* * *

Al anochecer, luego de sus citas con el gobierno, los patricios regresaron a su residencia. Encontraron a las tres mujeres charlando alegremente. Sin contener su impulso juvenil, Gaius se acercó a su futura esposa:

— Amada mía, solo faltaba mi padre, que está aquí.

Estamos juntos ahora.

Flavius, apasionadamente, se acercó a Lucrecia tomándola de las manos y demostrando una profunda implicación por su encanto. La familia Petronius, al darse cuenta de la necesidad que los dos hermanos hablaran, se retiró, dejándolos solos. Dioclecia, sin disimular su sorpresa, dijo:

— Hermano mío, déjame decirte que nunca te había visto tan feliz. Tengo entendido que has encontrado al gran amor de tu vida.

— De hecho, nunca imaginé que podría ser agraciado con el amor de una mujer como ella. Me siento como un hombre renovado. Mi vida ha cambiado desde el accidente que tuve. Con ella llegué a conocer las leyes cristianas que tocaron mi alma.

— ¿Qué estás diciendo? ¿Tú eres cristiano? ¿Fuiste bautizado? ¿Sabes lo que eso significa?

— Tranquila yo no me considero cristiano. Tú me conviertes cuando mi alma establece la fuerza de la fe, así estaré seguro que por el cristianismo viviré y hasta moriré. Puedo decir que algo muy especial me trajo a Lucrecia; por ella podré renunciar a todo.

— Es una joven encantadora — dijo Dioclecia sin disimular su sorpresa — pero nuestro padre nunca permitirá que renuncies a tu carrera por ella o por la causa cristiana. Temo por ti y también por ella. A pesar de las pocas horas que pasamos juntos, ya siento por ella, como por Quimeria, un cariño inexplicable. Me parece una hermana. Cuidémonos, sobre todo de la razón, de no desviarnos de nuestro propio camino.

— De ello a mí — dijo Flavius—, que conocerás el credo del que te hablo, así podrás comprender las verdades que estaban escondidas en nuestra conciencia.

— Te lo prometo, si ese es tu deseo. Nuestro padre pronto estará aquí para arreglar los asuntos del Imperio. Te pido que no digan nada sobre la causa cristiana. De esa manera, no puede interferir en el curso de nuestra vida.

Con cariño besó las manos de su hermana y permanecieron juntos, saboreando el encanto nocturno de los recuerdos del pasado.

✳ ✳ ✳

Los días pasaron rápido. Comprometidos en los preparativos para el matrimonio de Gaius, no perdieron el tiempo. Las tres mujeres estrecharon su amistad y Lucrecia poco a poco llevó las leyes de Jesús al corazón de Dioclecia.

En la mañana de la llegada de Constantius, padre de Flavius Valerius, las dos jóvenes esperaban el carruaje que las llevaría a la sede del gobierno para recibirlo y expresarle los saludos formales.

Quimeria permaneció en la residencia, mientras que las jóvenes salieron escoltadas por dos militares. El viaje transcurría sin contratiempos cuando Lucrecia notó, a lo lejos, que una mujer y un hombre estaban siendo brutalmente golpeados por soldados. Inmediatamente les ordenó que se detuvieran.

— Señora, ¿qué está pidiendo? No podré detenerme aquí, estarán en peligro.

— No podemos dejarlos morir — identificando al hombre que estaba siendo golpeado — ordenó — Por Dios, y por Cornelius. Deténganse.

— Hombres, paren inmediatamente — dijo el soldado al reconocerlos.

— ¿Qué estás diciendo? — dijo uno de los hombres con desprecio —. No puedes impedir que tengamos unos momentos de placer. Además, ¿sabes quiénes son estos desgraciados? Esta es una mujer degradada por la vida. Este despreciable hombre intentó defenderla, arrebatándola de nuestros brazos cuando estábamos aquí en el camino entre caricias de amor.

— Estamos bajo las órdenes directas de Flavius Valerius. Desde luego, no le alegrará saber que sus camaradas han olvidado sus obligaciones militares.

— Amigos míos — dijo el soldado desesperado —, no le hagas saber de este suceso, nunca nos perdonaría que le hayamos faltado disciplina.

— No diré nada, pero váyanse sin mirar atrás.

Al salir, Lucrecia se acercó a los moribundos que yacían en el camino, ordenó que los subieran al carruaje y regresaron a la residencia de su tío.

— Hijas mías, ¿qué pasó? ¿Quiénes son esas personas? — Preguntó Quimeria sorprendida.

— Cornelius, y esta pobre mujer fueron víctimas de la ignorancia de algunos soldados. Espero que se queden aquí hasta que se recuperen.

— ¡Está bien! Me preocupo porque se ven muy heridos. Le pediré a Adira que llame a un médico amigo de Cornelius. No hagas un escándalo por nuestros invitados. Cuando no fueron a encontrarse con Constantius, se puso furioso.

— No te preocupes. Mi hermano sabrá contener su ira — dijo Dioclecianus.

Los heridos fueron llevados a las habitaciones traseras. A lo largo del día las dos jóvenes se turnaron para cuidarlos.

❋ ❋ ❋

En el firmamento las estrellas anunciaban las primeras horas de la noche, Lucrecia y Dioclecia se sentaron junto a la cama de Cornelius. Con gran dificultad, abrió los ojos y, en un lenguaje claro, Cornelius preguntó:

— ¿Dónde estoy? Sé que no morí, porque no tendría visiones tan hermosas a mi lado. Jesús tuvo compasión de mí asombrado. ¡Jesús, eres la sobrina de Petronius!

Dioclecia se retiró mientras Lucrecia permanecía conversando con Cornelius:

— Querido, estás en casa de mi tío. Todo está bien ahora, perdóname por entrometerme, pero hablaste como un cristiano. No sabía que le tenías cariño a Cristo.

Querida, un hombre tiene muchos secretos. Como amigo de la infancia de tu padre y su tío, era imposible no tener conocimiento del cristianismo, porque Petronius me presentó a Samir y, manteniendo la discreción, debido a mi profesión, me mantuve reservado y no le dije a nadie sobre este hecho —. Suspirando, continuó:

— Créeme, soy alguien que lleva consigo muchas historias en su pasado.

— ¿Qué hacías ahí en ese camino?

— Me dirigía a la residencia de una persona enferma para atender una llamada cuando me encontré con dos soldados visiblemente borrachos golpeando a la pobre mujer. Así que me detuve para tratar de ayudarla, pero cuando me encontré el enfrentamiento fue inevitable. Gracias a Dios llegaste a tiempo. Me salvaste la vida y por eso te estaré eternamente agradecido – dijo acariciando su rostro —. Recuerdo el día que naciste. Y ahora, al mirarte tan cerca de mí, me doy cuenta que llevas el rostro de tu madre. Petronius no escatima palabras al describir su amabilidad. De hecho, tiene razón, tienes un corazón noble.

Siempre fuiste muy querido para nosotros. Me alegra que estés bien. Se quedará con nosotros porque necesita atención —. Sonriendo continuó:

— Ahora ya no eres el médico, sino el "paciente." Me retiro ahora para que puedas descansar.

Ella, con satisfacción, se retiró dejándolo perdido en sus propios pensamientos. Lucrecia le había tocado el corazón. Él, resignado y conmovido, oró en voz baja:

— Jesús, en varias ocasiones he experimentado tu misericordia. Me salvaste la vida muchas veces. Dondequiera que iba escuchaba tu nombre, pero solo hoy entendí tu importancia para mí. Por egoísmo, a veces no acudía a la medicina. La niña que una vez traje al mundo es la joven que me salvó de los verdugos.

Permíteme devolver el cariño que recibí, que sé que no merezco, porque en los caminos de mi vida nunca me han acogido con tanto amor. Te prometo que, de ahora en adelante, modificaré mis acciones. y acercarme a tus verdades y de esta familia que siempre ha sido muy especial para mí, representaron todo lo que no pude cultivar en mi existencia, mi ética y mi dignidad.

Soy consciente que el Señor nunca nos coloca uno frente al otro al azar. Lo que fui no lo puedo cambiar.

Qué será, no puedo decirlo, porque el futuro depende de nuestro propio presente. Por lo tanto, Señor, quédate conmigo de ahora en adelante.

Limpiándose las lágrimas, Cornelius observó a la mujer que dormía pacíficamente a la que había tratado de salvar. Reflexionando sobre su vida hasta el momento, dentro de ese corazón el firme compromiso, temido como el Señor, para afrontar el difícil desafío de perdonar las propias acciones y empezar de nuevo.

✳ ✳ ✳

A la mañana siguiente, Adira, agitada, entró en las habitaciones de Lucrecia y le avisó que la mujer que había traído el día anterior se disponía a partir.

Lucrecia dejó de peinarse y siguió a la sirvienta. En la humilde habitación, la mujer estaba de pie, preparándose para salir. Con cariño se acercó, ayudó, con humildad y espontaneidad:

— ¿Realmente te sientes mejor? ¿Por qué no te quedas un poco más? Aquí eres muy bienvenida.

— Estaré eternamente agradecido por lo que hiciste. No quiero hacerle daño, porque si me quedo aquí, pronto sabrán que proteges a una mujer impura como yo. No quiero empañar tu nombre, usted es muy valioso para mí.

Lucrecia se arrodilló para ajustar las vendas con naturalidad. El sirviente la tomó de los brazos y la puso de pie.

— Por misericordia, no te arrodilles ante mí. Soy impura y no puedes actuar así.

— No me arrodillo ante una mujer impura, sino ante una amiga.

— ¿Qué diría la sociedad si vieran a una mujer noble con una mujer como yo? Nunca olvidaré tu amabilidad. No quiero causarte problemas. Siempre recordaré tu gesto. Espero algún día poder devolverte el cariño y el respeto que me tuviste.

— También estarás en mi corazón. Que Jesús te apoye y bendiga a ti y a tu camino. Dime tu nombre antes de irte.

— Mi nombre es Drautila.

La luz penetró en ese recinto. Drautila, humildemente demente, tomó las manos de Lucrecia y las besó en señal de agradecimiento. Al despedirse rápidamente, su imagen se perdió entre los primeros rayos de sol que asomaban.

Lucrecia y Adira contemplaban la visión desapareciendo ante sus ojos, cuando Quimeria se acercó. Al enterarse de la partida de Drautila y encontrar a su sobrina con la mirada perdida, la abrazó con ternura:

— ¡Tu corazón es generoso! No hay quien, conociéndote, no se enamore de tu bondad. Cornelius se despidió de mí, deslumbrado por ti y sé que esta mujer también te lleva en el corazón. Ahora, dejemos de hablar, porque aun nos quedan muchas cosas por hacer.

Lucrecia, haciendo caso a las palabras de su tía y sin más, continuó con sus deberes.

* * *

En el salón principal del palacio, donde se alojaba Constantius, él, Petronius, Caius y Flavius Valerius estaban enfrascados en una conversación política. Constantius tenía expresiones serias, que a menudo se confundían con severidad. En el intervalo entre un trago y otro, preguntó:

— ¿Dónde están las mujeres que vinieron a verme? Hace mucho que no veo a Dioclecia, y desde que llegué todavía no la he podido ver. ¿Qué pasó que fue tan importante que no pudo encontrarme en la ciudad? ¿Y esa Lucrecia? Hago el punto de llegar a conocerla.

— Deben estar involucradas en los asuntos del matrimonio — dijo Gaius, tratando de aligerar el peso de su entorno.

— Dioclecia siempre ha estado lejos de mí, realizando varias tareas que nos distanciarían — dijo Constantius, serio.

¡No me importó! Confieso que desearía que los dioses me hubieran regalado soldados como mi hijo. Quería tener diez hijos varones en lugar de una mujer.

Desapercibida, Dioclecia estaba de pie junto a la puerta escuchando las duras palabras del padre. Lucrecia, apoyada en su tía, se dio cuenta de la difícil criatura que el señor le había puesto delante.

Con dulzura, Lucrecia acomodó a su tía en un sofá y de inmediato se colocó al lado de Dioclecia. Esta última, a su vez, dirigió a su padre una mirada fría y distante. Sin contener el ímpetu, respondió:

— Padre mío, lamentablemente tus dioses se rebelaron y me pusieron en tu camino. Pero no te preocupes, no fui creado por ti. Sabes muy poco de mí. Tus sirvientes son más mis padres que tú.

Con su habitual frialdad e ignorando la presencia de la familia de Petronius, Constantius corrió hacia su hija para atacarla:

— ¿Cómo te atreves a hablarme así delante de extraños?

Flavius Valerius trató de calmar la furia de su padre, mientras que Lucrecia trató de calmar a Dioclecia. Después de unos momentos, la tensión había sido contenida.

— ¡Padre! — dijo Flavius Valerius — En esta tumultuosa reunión no tuve la oportunidad de presentarte a mi futura esposa Lucrecia.

Constantius, incapaz de ocultar su descontento, ni siquiera saludó a Lucrecia. Entonces Constantius pidió hablar a solas con su hijo. Cuando todos se retiraron, comenzó su amargo discurso:

— Sabes que hice todo por tu carrera. Desde que llegaste aquí, te has involucrado con esta familia. Muchos amigos del ejército dicen que te vas a retirar y que ya no quiere ir a la batalla ni dirigir tropas. Eres joven y no puedes mirar hacia el futuro.

— Entiendo, pero no dejes que un simple y despreciable padre te desvíe de tu camino. Tu hermana no significa nada para mí; de todos mis hijos, ella siempre me ha afrentado violentamente. Tú sabes muy bien que reconocí su paternidad por imposición. a la tuya.

Limpiándose el sudor de la frente, continuó:

— No me importa qué destino elija ella para su vida. De ahora en adelante estará casada y no quiero oír hablar de asuntos relacionados con ella. En cuanto a ti, te veo resplandecer en nuestros corazones. púlpitos de gloria, conquistando horizontes, definiendo fronteras y, sobre todo, te veo como soberano entre todas las criaturas. Tengo muchos planes para ti.

Muy incómodo con esas palabras, Flavius no pudo ocultar su disgusto y, llenándose de coraje, respondió:

— Te respeto, pero no deseo ser tu reflejo. Quiero paz. Ya no quiero entrar en campos de guerra y mares de sangre. Quiero la justicia que nunca me enseñaste. Aprendí a mirar el mundo con otros ojos. Tengo la intención de abandonar mi carrera militar para casarme con la hija de Petronius.

— Cállate No me des estas historias, tampoco avergüences mi nombre. Naciste en un ambiente donde tienes obligaciones y no puedes eludir tus responsabilidades. No puedo concebir que esta insignificante mujer te haya cambiado al punto de querer sacarte de los ejércitos. Si fuera por mí, nunca te casarías con ella.

El joven, con su personalidad obstinada, enfrentó el frío corazón de su padre:

— Tienes razón cuando dices que muchos corazones he probado, pero ella será mi esposa. Ni siquiera la conocía para juzgarla de esa manera. Solo me alejaré de ella si por casualidad me arranca el corazón palpitante del pecho. Aun así, estaré con ella. No me importa tu deseo y no me obligues a verte como un enemigo. Siempre he seguido las órdenes codiciosas de quienes siguen tus pasos y comparten tus despreciables ideas, por perversas que sean.

Ahora me desperté a una verdad mayor, la verdad de Jesús, y con él seguiré mi vida. Tu corazón nunca podría amarme a mí ni a mi hermana Dioclecia; mis otros medios hermanos tampoco. Ama solo la potencia que te podemos ofrecer. Cuando habló de Dioclecia, también habló de mí. Tengo el amor de un padre por ella, el padre que nunca fuiste para nosotros.

Constantius, enfurecido, sin piedad, le dio una sonora bofetada. En ese momento, Dioclecia entró en la habitación y, al ver que el labio de su hermano sangraba, corrió a ayudarlo.

— Son lo mismo — dijo Constantius en un tono desdeñoso —. Dos criaturas inútiles e inservibles que lamentablemente son mis hijos. Todavía me suplicarán piedad. Hice tanto por el bien desagradecidos y para mantenernos en el poder.

— Siempre has manipulado nuestras vidas, encaminándonos hacia las sombras que envuelven tu corazón — dijo Dioclecia.

— Quieres poder. Te garantizo que no lo tendrás a nuestra costa.

— Leona sin domesticar. Pagarás por tus insultos.

— Perdiste mi respeto. El único Señor ante quien me inclino es Jesús — dijo Flavius Valerius —, porque él conducirá mi corazón al verdadero Padre, Dios, y no permitiré que nadie, y menos tú, interfiera en mis sentimientos. Mis decisiones personales me pertenecen solo a mí.

Sin escuchar a sus hijos, que demostraban fríamente el difícil proceso de maduración, Constantius partió bruscamente, llevándose en su corazón odio y muchos juramentos de venganza.

* * *

Los dos hermanos se sorprendieron con la presencia de la amada Lucrecia, quien al darse cuenta de la situación, ayudó a su amado. Mientras Lucrecia la vestía, Dioclecia regresó con Quimeria a la residencia de Petronius. Flavius Valerius, consternado, dijo:

— Quiero disculparme por la locura de mi padre. Siempre llevó nuestra vida como quiso. Ahora que te tengo — se dirigió a Lucrecia—, y juntos construiremos nuestra familia, y nuestros hijos sabrán vivir bajo la verdad del amor que Jesús nos enseñó.

— Todos hemos tenido un día difícil. Quiero pedirte que lo perdones. No lleves en el pecho el dolor de la incomprensión y mucho menos en la mente el verbo que masacró tu alma. Todos cometemos errores, juzgando a las personas según nuestro deseo. Cada uno despierta en el momento adecuado, como los pájaros, que solo vuelan cuando sus alas tienen suficiente plumaje para sostenerse en el cielo. Seamos firmes y fieles a nuestro amor y llevemos la imagen que nos une para siempre, Jesús.

Abriéndola con una firme expresión de afecto, buscando calor, Flavius Valerius suspiró:

— Nunca nos separaremos. Ni la tumba silenciará nuestro amor. Quiero unirme a ti sin que nadie lo sepa, para preservarte de mi padre. Le pediremos a Samir que organice nuestra bendición. Eso es suficiente para mí. De esa manera, me aseguraré que nadie pueda alejarte de mí. Dentro de poco mi hermana se casará con

Gaius, y al anochecer quiero estar tomándola de la mano bajo la bendición de Jesús.

¿Eres consciente de esta actitud tuya? Tu padre nunca te perdonará. Trae un sentimiento de odio hacia mí, por creer que soy responsable de tu retiro de los ejércitos.

— Temo al futuro, pero estoy preparado para enfrentarlo. Por nuestra seguridad, no podré hacer público nuestro amor. No quiero desafiar más la furia de mi padre. He sido testigo de varias demostraciones de su ira. Todos los que se opusieron a él están muertos. Solo dime que aceptarás.

— Dentro de poco, Gaius y yo viajaremos en una expedición militar. Cuando regrese y mi padre esté más tranquilo, oficiaré nuestro matrimonio ante las leyes de nuestros orígenes.

— Eso es lo que más quiero — dijo Lucrecia.

Entrada la noche, los jóvenes regresaron a la residencia de Petronius, haciendo planes y ajustando los detalles para hacer realidad sus sueños, mientras la tímida luz de la luna rompía las sombras de la noche, derramando una bendición divina sobre esos corazones.

* * *

Habían pasado dos días desde el angustioso encuentro entre Constantius y sus hijos.

Esa noche, el matrimonio de Caius y Dioclecia se llevó a cabo con sencillez en el seno de la familia de Petronius.

En el firmamento, la luz de la luna estaba presente. Lucrecia y Flavius fueron a la humilde residencia de Samir para su juramento de unión. Cuando llegaron, fueron recibidos calurosamente por su amigo:

Estoy feliz de recibirlos, pero sé que cada visita es un anuncio de algo nuevo. Siento que estás aquí por una razón muy especial.

Venimos a pedirte que nos concedas una bendición bajo las leyes de Jesús, para que Lucrecia y yo nos unamos en matrimonio — dijo Flavius Valerius.

— ¡No entiendo! ¿Quieres que lleve a cabo tu unión? Saben que mi bendición no tiene valor para las leyes del Imperio, ni soy digno de tal honor en el nombre de Jesús.

— Mi padre está en contra de nuestro matrimonio. Hará cualquier cosa para evitar nuestra unión. Para estar seguro, no puedo exponerte frente a esta sociedad hostil. Hasta que pueda oficiar nuestro matrimonio bajo el régimen romano, que es solo la bendición de Jesús. Si mi padre no sabe nada, simplemente creerá que he renunciado a la idea, y entonces estaremos a salvo.

— Por misericordia, responde a nuestra súplica — dijo Lucrecia con emoción —. Para nosotros, el valor del matrimonio está en esta bendición. Eres el único que puede concedernos este regalo. No encuentro razón en las uniones de apariencias que demuestran egoísmo y nos alejan de Dios. Quiero la sencillez, que une nuestros corazones a una fuente de amor, que solidifica nuestras esperanzas para el futuro. Bajo la luz del Señor, estoy seguro que nada nos separará. Seremos el uno para el otro pasos iluminados que sostendrán la causa cristiana mientras estemos vivos El egoísmo y la vanidad nos sorprenden todavía, porque los hombres separan corazones que se aman solo por el poder. No sabemos nuestro futuro, pero ahora permítanos perpetuar nuestro amor.

Con los ojos húmedos, los hombres contemplaron a Lucrecia como si fuera un ángel resignado del Señor. Samir la abrió y no se contuvo, diciendo:

— Desde que naciste, todos sabían que serías especial. Sé cómo se sentía tu padre cuando estaba frente a ti. Que se cumpla la voluntad de Dios. Sepan que cada uno de nosotros tiene tareas intransferibles ante el Señor. Para honrar lo que nos pertenece, como hijos de Dios, muchas veces tendremos que renunciar incluso al amor que sentimos, en beneficio de una causa noble.

— Interpreto sus palabras como si Lucrecia y yo no pudiéramos estar juntos. Me da miedo.

— No dije que no estarían juntos. Están tan unidos por Jesús que vuestros corazones se han derretido en el amor cristiano. ¿Cómo separar lo que el Señor unió? Vuestro amor nunca se romperá, porque las marcas de la vida solidifican la esperanza, haciendo que los hijos de Dios estén preparados para afrontar el futuro aun cuando se presente incierto. Sepamos entender que el amor también trae otros rostros. Entre sonrisas, no podemos olvidar las lágrimas. Superando el sufrimiento, estaremos verdaderamente amándonos como el mismo Maestro nos enseñó.

La pareja permaneció en silencio. Sus manos entrelazadas y sus ojos brillantes mostraban el amor vivo y puro de sus jóvenes corazones, llenos de esperanzas y sueños, mezclados con el temor del mañana. Samir, con humildad, procedió a la simple bendición:

— Señor, necesitamos que sigas los caminos que el mundo nos presenta. Encontramos a tus hijos que amamos y nos unimos a ellos para encontrar la fuerza para seguir sin estar ausentes de ti. Permite que tu misericordia caiga sobre nosotros y especialmente sobre estos discípulos que comienzan la vida bajo el manto de tu luz. Para que, sin trabas ni apegos malsanos, vivan a la luz de tus enseñanzas, sin renunciar a tus bendiciones y respetando la fe individual de cada uno, así como la razón y el amor que habita en cada cristiano.

Bajo tu protección están estas almas benditas, para que la fortaleza de tu amor se expanda en sus corazones que luchan.

Finalmente, Señor, no oro por mí, sino por estos niños por los que mi corazón tiene un profundo amor. Que juntos hagan cumplir tus leyes. Dales fuerza, para que tengan el coraje de enfrentar las sombras en el momento de los verdaderos testimonios, sin dejar que las marcas del mundo, la vanidad y el egoísmo consuman sus mentes.

Los jóvenes quedaron completamente envueltos por la franqueza de Samir. La sencilla habitación llevaba un suave aroma y una brisa serena, junto con una paz singular.

Tarde en la noche, entre despedidas, la pareja de enamorados perdida en la niebla nocturna, mientras Samir, desde la entrada principal de su residencia, mantenía una mirada preocupada y distante.

9.—
DEL NACIMIENTO A LA DESPEDIDA

Siguieron algunos meses. Los miembros de la familia de Petronius estaban aprensivos, pero la unión entre ellos se fortaleció con el paso del tiempo.

Flavius y Lucrecia notificaron el matrimonio solo a la familia y, por temor a las represalias de Constantius, lo mantuvieron en secreto absoluto de su unión. Para felicidad familiar, Lucrecia llevó en su vientre a un niño que esperaban pronto.

Durante este período Quimeria enfermó, el hijo de Lucrecia era la esperanza silenciosa que mantenía viva a la venerable, luchando contra la grave enfermedad, que no perdonaba su piel, estaba a punto de experimentar el paso a otra vida.

Cornelius se acercó a Lucrecia, entablando una gran amistad con ella y convirtiéndose en una especie de guardián, debido a su embarazo, siguiendo sus pasos y absorbiendo las lecciones de cristianismo que ella y Samir le transmitían.

Aquella mañana, Lucrecia y Dioclecia paseaban por el jardín, mientras los hombres iban a cumplir con sus deberes. La esposa de Gaius se acercó a la fuente y, entristecida, dijo:

— En estos días se dará a luz al niño que lleva — Llorando, continuó:

— Desde el día en que me uní a Gaius, he tratado de darle un hijo. Sin embargo, fui a ver a Cornelius para entender lo que estaba pasando y me dijo que no podía darle un hijo a mi esposo. Lloré mucho, pero no puedo hacer nada, porque ya dejé mi destino en manos de Dios.

— Dejemos de estar tristes, todo es posible cuando estamos en manos de la protección celestial. No debemos olvidar que somos padres, bajo tutela temporal. Todavía no hemos aprendido a amar con desapego, queremos nuestra sangre en las venas de los que amamos. Nuestro corazón para poder recibir a los niños del mundo, solo necesitamos tener el coraje de entregarnos a la voluntad de Dios. Por todos estos meses que llevo esperando a esta niña, me he sometido a que me escondan para que los verdugos no nos la quiten. El amor que le tengo a Flavius es soberano y me hace fuerte para recibir lo que la vida tiene para ofrecer, ya sea felicidad o tristeza, créeme, por él resisto todo.

— Me avergüenzo de mi debilidad. De hecho, eres una reclusa y no te atreves a decir una palabra de queja. Te admiro por eso y por amar tanto a mi hermano, que hoy es un hombre diferente, gracias a ti.

— Mis tíos fueron los padres que siempre necesité — dijo Lucrecia —. Me tenían un cariño tan tierno que muchas veces creía de verdad que era su hija. Viví el período más feliz de mi vida junto a Flavius, él me entendió y pronto se convirtió al cristianismo. Un período de paz nos está bendiciendo, pero me preocupa. Constantius es un hombre que honra sus juramentos. Sé que nunca aceptarás mi unión con Flavius o nuestro hijo —. Continuó pensativa:

— Lo que me consuela es que Helena, madre de Flavius, esté de camino hacia aquí. Ella está deseando conocerme, así como a su próximo nieto.

— Mi padre es un hombre duro — intervino Dioclecia—, pero le doy a Dios mis miedos. Confío en Helena y sé que nos ayudará a contener su ira.

— Tu hermano te ama con la pureza de su alma — dijo Lucrecia tomando su mano—, te suplico que no lo abandones y no permitas que se aparte de la causa cristiana, como Gaius, que te tiene un amor soberano.

— Querida mía — prosiguió Dioclecia, secándose una tímida lágrima—, nunca dejaré a mis amores.

✳ ✳ ✳

Habían pasado tres días.

En aquella tarde inolvidable, cuando el malva y el violeta le dieron al cielo un color especial, transformándolo sobre un lienzo vivo pintado por las manos del gran artista, Lucrecia sintió por fin los primeros impulsos de dar a luz al niño esperado. En ese momento, un eterno amigo volvió a la Tierra como hijo de Lucrecia y Flavius Valerius para despertar en él los valores de un alma paternal.

Flavius Valerius, a su lado, intentaba en vano transferir su fuerza para que ella pudiera soportar la aflicción temporal.

Mientras tanto, Dioclecia y Adira siguieron las instrucciones de Cornelius. En medio de fuertes dolores, la hora del nacimiento se acercaba sin piedad.

Quimeria, sobre una diva, imposible por salud delicada, vigilaba todo y observaba la acción de Cornelius.

Finalmente, algún tiempo después, Cornelius tomó en sus manos al recién nacido y, con calma, buscó una sábana blanca para envolver al niño. La familia, visiblemente conmovida, miraba todo con admiración, el médico acomodó al hijo en los torpes brazos del padre y dijo sonriendo:

— ¡Amigo, es un niño y es perfecto!

Flavius Valerius, emocionado, agradeció al doctor. Este último, a su vez, después de los procedimientos finales, se retiró en silencio.

Feliz, Flavius se acercó lentamente a la cama de su amada, abrazándola con amor. Sosteniendo a su hijo, se dio cuenta que las lágrimas ruedan por sus rostros. Todos los presentes escucharon su ferviente oración:

— Señor, no podía dejar de compartir contigo la alegría que sentimos. Estoy agradecido por Tu amabilidad. Nunca había experimentado tanta felicidad, sobre todo por esta mujer, que es la luz que se encendió en mi vida. Ella me introdujo en tu imperio y despertó en mí el amor por ti. Ahora tengo en mis brazos la confirmación de nuestra unión eterna y de nuestro amor, que tiene sus raíces en nuestro hijo.

Lucrecia lo miró con admiración. Después de unos momentos de silencio, Flavius continuó:

— Querida, no hay mayor orgullo u honor que podría haber recibido. Permítanme llamarlo Flavius Aurelius Constantinus. Mi hijo mayor, el primero entre muchos otros de mi linaje.

Todos vieron a los jóvenes confirmar su amor por Lucrecia. Quimeria, con dificultad, pidió que la llevaran a sus aposentos, mientras los demás compartían la alegría de aquel momento.

* * *

Sesenta días pasaron rápidamente después del nacimiento del pequeñito Flavius Aurelius Constantinus, quien, ahora con dos meses de edad, ya encantaba a todos.

Helena, madre de Flavius Valerius, vino a conocer a su nieto recién nacido y pronto entabló un afectuoso vínculo de amistad con Lucrecia y Quimeria.

Esa noche, en la residencia de Petronius, todos prestaron atención a Quimeria que, aun con aparente mejoría, aun requería cuidados. Tratando de brindarle un poco de consuelo, la tomaron y la colocaron en un sofá en el salón principal para que pudiera participar en la reunión cristiana que comenzaría en breve.

Lucrecia y Flavius Valerius permanecieron junto a la pequeña cama donde su hijo dormía plácidamente. Petronius, al lado de Quimeria, estuvo atento a las peticiones de su esposa. Mientras tanto, Helena, sonriente, no perdió el tiempo viviendo con el nieto. Cornelius, en esa misma habitación, estaba disfrutando de ese momento familiar. Mientras tanto, Samir, muy inspirado, se disponía a comenzar las oraciones[20]:

— *"El Señor es mi pastor, nada me faltará.*

En verdes pastos me hace descansar.

Por aguas de reposo me conduce y me da fuerzas; me guía por sendas de justicia, por amor de mi nombre.

Aunque camine por el valle más tenebroso, no temo mal alguno, porque tú estás conmigo, tu baluarte y tu cayado me dan tranquilidad. Ante mí prepara la mesa, delante de mis opresores;

---

[20] Salmo, 23. (N.A.E. Fernando)

unge mi cabeza con aceite, y mi copa rebosará.

Sí, la felicidad y el amor me seguirían todos los días de mi vida;

mi morada es la casa del Señor mi Dios

por días interminables."

Creemos que siempre después de la tormenta destructiva, el Señor nos ofrece una nueva oportunidad para empezar de nuevo. No importa el sufrimiento de ahora, sino la fe con la que combatamos el pesimismo y el desánimo. Nada es más grande que el amor de Jesús por los hijos de Dios. Ni siempre es la medicina más dulce y la que tiene el poder de curar nuestras enfermedades.

No somos ajenos a los procesos reparadores que corrigen nuestros pasos.

¿Qué sería de la semilla si huyera de las tinieblas cuando lanzada a la tierra solitaria? Debemos enfrentar nuestros miedos y angustias y seguir adelante. Bienaventurado el que reserva en su corazón la herencia del saber que viene del Cielo.

Observemos el ejemplo de Jesús, que sufrió solo los martirios de la cruz, pero nunca abandonó su fe en nosotros. Conservemos nuestros dolores, angustias y dudas, porque el momento presente requiere atención. No permitamos que nuestro corazón se rinda, porque el Señor nuestro Dios nunca se rindió con nosotros cuando un día le dijimos que no. Se quedó a nuestro lado y nos elevó hasta el cielo. Dejemos por un momento nuestros miedos y creamos que el mañana depende exclusivamente de nosotros.

Todos se quedaron en silencio escuchando esas palabras como si fueran cantos de luz venidos del Cielo.

✳ ✳ ✳

Al día siguiente, Lucrecia estaba en su habitación cuidando a su hijo cuando Helena se acercó a ella cariñosamente:

— Hija mía, da gracias a Jesús por haberte conocido. Los días en esta casa han sido verdaderos bálsamos de renovación. Estoy feliz porque sé cuánto amas a mi hijo y cuánto te ama él. Algo más allá de mi comprensión se ha apoderado de sus corazones, y sé que el Señor los ha bendecido —. Después de una breve pausa, prosiguió:

— Me quedé sorprendido y conmovido al ver a mi Flavius Valerius orando sostenido por su amor.

— Sí, lo amo con la fuerza de mi alma. Él es mi vida, y con él me siento envuelta por un coraje que me tranquiliza. Jesús tocó su corazón, tal como tocó el tuyo ahora.

— Hija, soy una mujer que carga con un pasado caído —. Dejó que una tímida lágrima marcara su rostro, y, mientras sostenía a su nieto en brazos, continuó:

— Tomé muchas decisiones en mi vida, y en cada una de ellas tuve que pagar un alto precio. Muchos pecados pesan sobre mis hombros, pero siento que no estoy aquí por casualidad. La convivencia con esta familia, especialmente con Samir, me ha hecho reflexionar sobre mi vida. Tu credo se ha hundido profundamente en mi alma. Cada palabra que o me impulsa a continuar y cambiar lo que soy.

— Aprendemos a vivir poseyéndolo todo y al mismo tiempo sin tener nada. No te impongas un yugo pesado a causa del pasado. Acérquense a Jesús todos los días, porque él acogerá sus dudas y temores, transformándolos en paz. No somos hijos de una sola vida y, en cada una de ellas, encontramos la oportunidad de cambiarnos a nosotros mismos. Por tanto, no tortures tu corazón, centra tus pensamientos en la enseñanza dejada por el Señor —. Lucrecia pensativa continuó:

— Guarda contigo este pasaje del Señor:

¿Quién de vosotros, teniendo cien ovejas y perdiendo una, abandona las noventa y nueve y se embarca en el desierto y va en busca de la que se había perdido, hasta que la encuentra? A casa, llama a sus amigas y vecinas, diciéndoles: "Alégrate conmigo, porque he encontrado mi ¡oveja perdida! Os digo que así habrá más alegría en el cielo por un pecador que se arrepiente que por noventa y nueve que no necesitan de arrepentimiento."[21]

— Quiero que sepas que guardaré esas palabras en mi corazón y te prometo que mientras viva buscaré en las enseñanzas de Jesús la razón de mi vida.

* * *

Respondiendo a una petición de Maximianus para ayudarlo en un conflicto en la frontera del Danubio, Constantius dejó Tréveres y pronto viajó a Milán con parte de su ejército.

En el campo de batalla, en una tienda de campaña, los dos tetrarcas hablaban:

— Amigo mío — dijo Maximianus —, los dioses favorecen hoy a nuestros soldados. Mañana la victoria será nuestra. Estoy agradecido por tu apoyo. Nunca olvidaré que tengo muchas deudas contigo por la ayuda que nunca me negaste. Pero presiento

---

[21] Lucas, 15:4—7. (N.A.E. Bernard)

que algo te perturba más allá de esta misión. ¡Dime qué te pasa, déjame ayudarte!

— De hecho, muchas preocupaciones rondan mis días desde mi último viaje a Nicomedia. Flavius Valerius tiene un destino brillante entre los laureados del Imperio, se enamoró de la sobrina de Petronius y supe que tuvo un hijo con ella.

— He oído que la familia de Petronius es cristiana, lo cual él declara, se convirtió y perdió interés en la carrera militar. Además Dioclecia, mi hija bastarda, se casó con Caius, hijo de Petronius. Desafortunadamente para mí, ella lleva mi nombre y tiene una personalidad muy fuerte. Ojalá hubiera muerto estando aun en el vientre de su madre. De todos mis hijos, esta mujer es mi mayor desgracia.

— No puedo imaginar a tu hijo renunciando a todo por una mujer. ¿No pensaste en nada para detenerlo de tal locura?

— Un odio incontenible por la familia Petronius llena mi alma. No dejaré que lo deje todo. Tengo que deshacerme de esta mujer y su hijo. Entonces Flavius había vuelto en sí. Para ello necesito a alguien de confianza que sepa actuar con rigor, disciplina y, sobre todo, con precisión para librarme de mis desgracias solo conozco un camino, la muerte —. Después de un breve silencio, pensativo, Maximianus continuó:

— Debido a nuestra amistad ya los favores que te debo, creo poder ayudarte. Podremos contar con el apoyo de un oficial de la guardia imperial llamado Annaeus Sextus[22] para ayudarnos. Por suerte para nosotros, está en este grupo.

---

[22] Atendiendo a muchos pedidos, llamaremos a este personaje Annaeus Sextus preservando su identidad. (N.A.E. Bernard)

— Recuerdo a ese hombre — dijo Constantius —. He sido testigo de tus acciones en los campos de batalla. Sin duda es violento y sanguinario. Será la persona adecuada para este caso.

Maximianus ordenó a un soldado que lo buscara de inmediato. Poco después llegó Annaeus. Conocido por su hostilidad contra los pueblos dominados y por su vida impregnada en los vicios decadentes de la sociedad, casi siempre estaba borracho, lo que lo convertía en un hombre despiadado.

— Querido, siempre he confiado en ti — dijo Maximianus. Mi amigo y yo necesitamos tus servicios. Queremos que tomes esta misión en tus propias manos. De hecho, es un favor personal que me harás.

— ¿Cómo puedo ser de utilidad? Estaré encantado de ayudarles — dijo Annaeus, aturdido por demasiado vino.

— En Nicomedia — dijo Constantius —, hay un hombre llamado Petronius. Su sobrina Lucrecia dio a luz a un niño. Quiero que mates a la madre y al niño. Escuché que Dioclecianus convocó a Flavius y Gaius para una expedición. Entonces, como están muy involucrados en la preparación de las tropas, creo que este es el momento oportuno para actuar. Sé que encontrarás la manera de tener éxito en esta misión.

— Para esta tarea necesitaré a alguien que conozca bien la región. Un soldado llamado Gabus vino aquí hace un rato y es nativo de esos lugares. Me será muy útil.

Después de unos momentos detallando el sórdido plan, Annaeus se despidió y se fue.

Entre risas y vino se habían establecido sentencias hostiles sobre la vida de inocentes.

* * *

En la residencia de Petronius, todos estaban preocupados. Quimeria cayó gravemente enferma. Su salud se encontraba en una etapa crítica y delicada. Lucrecia y Dioclecia se dedicaron por completo al cuidado de Quimeria.

Esa tarde, Cornelius empleó todos sus recursos para aliviar a los martirios que anunciaban que la muerte no sería clemente para Quimeria.

El carisma y la bondad de Quimeria estrecharon los lazos de amistad entre Dioclecia, Helena, madre de Flavius Valerius, y Prisca, esposa de Dioclecianus que la apoyó en esa etapa de sufrimiento.

Flavius Valerius apoyó a Lucrecia, quien no pudo contener las lágrimas. Quimeria, tomando sus manos, dijo:

— Querida mía, siempre fuiste la hija que mi vientre no me regaló. Y la que el Señor ha depositado en mi corazón. Estaré contigo eternamente. Te ruego que no estés triste con mi partida, pero que se fortalezca para soportar otras lágrimas que la vida siempre nos ofrece para que seamos mejores en nuestros días...

El sufrimiento de Petronius tocó a todos. Arrodillado junto a la cama, sostenía amorosamente la mano demacrada de su esposa. Después de una breve apnea, buscando sus últimas fuerzas en el fondo de su propia alma, lo tranquilizó, compasivamente:

— Amado mío, nuestra familia está comprometida con la Tierra y, desde donde esté, velaré por nuestros amores. Muchos amigos celestiales que no son de este mundo, a los que ahora veo, nos piden valor. Jesús nos dotó y perdonó nuestros errores permitiéndonos compartir las bellezas de la vida durante tantos años.

Si pudiera volver algún día, quisiera estar a tu lado. Me libero de los dolores para renacer a una nueva vida. Si Jesús me lo permite, trabajaré por tu causa y en las formas del Señor nos volveremos a encontrar. Cree en el mañana, incluso cuando parezca sombrío. Nunca dejes de luchar con la fe, porque es lo que nos unirá eternamente. No llores por mí, no te desanimes, sé fuerte y sígueme.

Gaius, al lado de su padre, escuchaba con emoción las palabras maternas. Una sensación de serenidad envolvió la habitación. La frágil voz de Quimeria se desvanecía lentamente, como la llama de una lámpara que se apaga. Liberada de la tortura momentánea, fue recibida con cariño por varios seres celestiales, entre ellos Apolonius y Domitila, quienes sonrientes le extendieron los brazos:

— ¡Amiga mía, ven! Deja el dolor y la tristeza donde están. No te preocupes, ahora no hay nada que puedas hacer por ellos. Estaremos eternamente unidos a estos corazones. Sin embargo, necesitas ser rehecha para que pronto puedas estar lista para servirles y asistirles.

En ese momento, de repente, se apoderó de ella un fuerte entumecimiento. Aquellos amigos de lo invisible, acogiéndola con amor, la siguieron en un inmenso relámpago de paz y esperanza, dejando en aquellos corazones el coraje de continuar su camino.

✳ ✳ ✳

Diez días después del entierro de Quimeria, Dioclecia se preparaba para viajar.

Llena de esperanza, seguiría a Helena a un pueblo cercano, donde había un hombre que promovía curas. Dioclecia intentó por todos los medios darle un hijo a Caius.

— Lucrecia — dijo Dioclecia —, perdóname por dejarte aquí después de las últimas ocurrencias. Helena ya había preparado este viaje, porque dije que hay un hombre allí que puede ayudarme a entender qué es lo que me pasa y por qué no puedo darle un hijo a Gaius —. Triste, derramando una lágrima, continuó:

— Si esta vez no lo consigo, me conformo y sigo sin más desespero ni cargos.

— Entiendo tu corazón. Estaré bien hasta que vuelvas. No te dejes atrapar por las vides de amargura que esclavizan. Ni permanezcas durante mucho tiempo bajo las tormentas de la desesperación. Por razones que desconocemos, la privación de la matriz la visitó, pero no pudo aprisionarla en la vulnerabilidad de sus sentimientos. No existen los accidentes, así que mantén tu fe, porque el Señor suplirá tu sufrimiento y llenará tu vida de otras alegrías que ahora no conocemos.

— Eres virtuosa y la bondad de tus palabras me hace fuerte —. Cambiando el rumbo de la conversación, Dioclecia continuó:

— Mi hermano ha decidido que esta será la última misión militar en la que participará. Gaius me dijo que esa actitud no le sentaba bien a nadie, ni tampoco a Helena. Te apoyaré en cualquier camino que tomes. A su lado y a su hijo, es feliz. Cuando te mira, sus ojos se envuelven en un brillo especial. Me atrevo a decir que nunca lo había visto tan feliz.

— Todos los días doy gracias al Señor por compartir mis días con él y nuestro hijo. A pesar de la tristeza por la ausencia de mi tía, también llevo la alegría de tenerlos en mi familia. Sé que Jesús nos bendice y con él no tenemos nada que temer.

— Estoy de acuerdo con las palabras de Dioclecia cuando dice que eres especial. Helena aproximándose interviene —. Ejercitó un poder sobre Flavius que lo convirtió en otro hombre. Sin embargo, confieso que siempre soñé que ocuparía las tribunas imperiales. No traigo un linaje noble, así que Constantius me dejó por Teodora —. Suspirando, continuó:

— Después de esa traición, comencé a temer los días por venir, pero cuando conocí a esta familia, y en especial a Lucrecia, mi corazón salvaje se ablandó un poco. Principalmente con el nacimiento de mi nieto, siento que el Señor ha renovado mis esperanzas.

Con ternura, Helena abrazó a Lucrecia. Gaius interrumpió la conversación anunciando que todo estaba listo para partir.

10.—
SUFRIDA REALIDAD, NECESARIO RECOMIENZO

Habían pasado unos días desde la partida de Dioclecia y Helena.

De acuerdo con el plan de Maximianus y Constantius, Annaeus llegó a Nicomedia, acompañado por sus hombres. Durante dos días se enteró de los pormenores de la familia de Petronius y, sobre todo, de sus costumbres.

En aquella fría mañana de otoño, una repentina tristeza se apoderó del corazón de Lucrecia y Flavius Valerius.

Flavius estaba revisando la silla de su caballo, asegurándose que estuviera lo suficientemente seguro para viajar con sus comandos. Convocados por Dioclecianus para inspeccionar las tropas antes que siguieran marchando, Flavius y Caius estarían fuera por unos días. Lucrecia, con los ojos brillantes, se acercó a su esposo, quien, emocionado, la abrazó con cariño:

— Amada mía, estar lejos de ti y de nuestro hijo, aunque sea por unos momentos, es una tortura para mí. Muchas aprensiones me abruman.

— Mantengámonos fuertes para no rendirnos en la fe. Nunca estaremos ausentes el uno del otro. Pase lo que pase, seamos valientes y de buen ánimo. Demos gracias por todo lo que hemos recibido del Señor.

— Eres todo lo mejor en mí. Quiero ser el destinatario de tu amor. No me creo digno de tantos honores celestiales. Solo recibiré el bautismo cuando me juzgue digno de esta bendición. Entrego mi vida en las manos de Jesús, porque esta será mi última empresa para los ejércitos de los hombres.

Lucrecia, sacando un pañuelo de su cabello, lo colocó en las manos de su esposo:

— Cariño, llévatelo contigo como un recuerdo mío. Cuando llegaste a nuestra residencia, no esperaba que despertaras en mí un amor tan grande y precioso. Mi corazón está ligado al tuyo y nuestra vida al Señor. Siempre serás mi eterna amado y adorado, vives en mi alma como el aire que respiro. En mi corazón tu rostro está impreso para siempre. Mientras esté fuera, cuidaré de nuestro pequeño y lo esperaré toda la vida.

— Nunca te dejaré, nunca te desampararé[23] — dijo Flavius, abrazándola apasionadamente —. Aquí está la promesa de Jesús a los hombres y el mío antes que a ti. Te amo tanto que apenas puedo articular mis pensamientos como hombre público. Prométeme que en mi ausencia no estarás expuesta, todavía temo la venganza de mi padre.

— No te preocupes. Sigue con Jesús, estaremos en paz y tendremos de ti los mejores recuerdos.

Con amor, Flavius atesoró el regalo como una joya preciosa. Gaius abrió a su padre y montó su caballo. En un gesto de despedida, Lucrecia y Petronius vieron a los jóvenes perderse en el

---

[23] Pablo. Hebreos: 13:5. (N.A.E. Bernard)

polvo que dejaba la estela de los caballos, mientras en sus mentes quedaba la serena imagen de momentos de felicidad.

* * *

Esa tarde en la veranda, Lucrecia se dedicó al pequeño, brindándole los cuidados que requería, mientras su tío, cumpliendo obligaciones oficiales, estaba ausente en la sede de gobierno. El resto de los siervos estaban en la ciudad buscando las condiciones mínimas de subsistencia mientras dos sirvientes se dedicaban a la rutina diaria de ese hogar.

De repente, se escucharon voces en la habitación. Las mujeres asustadas trataron de entender lo que estaba pasando. Annaeus y Gabus invadieron repentinamente el ambiente.

En una escena indescriptible, sin permitirles actuar, Annaeus fue presa de una furia incontrolable. Violentamente, agarró a Lucrecia del brazo. Adira, desesperada, intentó liberarla sin éxito. Sin dudarlo, con el puño cerrado, Annaeus asestó varios golpes a Lucrecia.

De repente, sin piedad, se quitó un puñal de la cintura, caminó hasta la cama donde dormía plácidamente el pequeño, se inclinó sobre él y desató su inexplicable ira sobre el inocente. Desesperada, Lucrecia se lanzó a la batalla contra él, tratando en vano de contener su ímpetu y salvar a su hijo.

Como si estuviera envuelto por la fuerza de un ejército invisible y por una furia sanguinaria, la golpeaba alucinantemente con tal crueldad que Gabus, después del sombrío espectáculo, la levantó, inconsciente y herida, en sus brazos, y la tumbó en el carruaje.

—Antes de irnos — dijo Annaeus con frialdad—, prenderemos fuego a este lugar.

Cuando terminó la misión, se retiraron rápidamente. Adira, astutamente, sostuvo al pequeño inerte y sin vida en sus brazos y logró escapar.

* * *

Mientras tanto, en la sede del gobierno, Petronius fue sorprendido por Philippus:

— Amigo, te estaba buscando desesperadamente. Tú bien sabes cuánto te tengo en consideración y en cuánto te aprecio. Nos sorprendió una noticia abrumadora. Los militares están ansiosos porque la expedición de Dioclecianus fue severamente atacada por sorpresa. Lamentablemente las noticias no son buenas. Muchos murieron en combate y se dice que entre ellos se encuentran Flavius Valerius y su hijo Gaius. No tenemos nada concreto, pero debemos esperar lo peor. Me voy hoy con la tropa, pero me pongo a vuestra disposición disponible para ayudarte.

Al recibir esa noticia, Petronius no contuvo el ímpetu, se arrodilló tapándose el rostro con las manos mientras las lágrimas del sufrimiento marcaban su alma. Momentos después, recuperado, dijo:

— Señor, Señor, ten piedad de nosotros. Lo que dijiste me aplastó el alma —. Abatido, continuó:

— Mi hijo muerto, mi hijo... ¿Qué será de mi sobrina cuando se entere de la muerte de Flavius Valerius?

— Ánimo, son rumores. Sabes muy bien que no faltan en estas vías públicas.

Petronius, devastado, se dirigió a su residencia. Al llegar, se enfrentó a la sórdida escena de la destrucción. Los otros sirvientes que intentaban preservar sus vidas huyeron, mientras que Adira se mantuvo a salvo y escondida sin que él supiera su paradero.

* * *

Annaeus estaba conduciendo a Lucrecia a un destino desconocido.

Antes de completar la misión, el carruaje se detuvo frente a una taberna, donde entraron. Después de las primeras rondas de vino, Gabus dijo:

— Perdone mi impertinencia, pero ¿qué vamos a hacer con esa mujer? Está muy herida, me temo que no lo soportará.

— No seas tonto, deja estas preocupaciones. Nuestra tarea es hacer que desaparezca —. Sin piedad, Annaeus continuó:

— Te ordeno que termines el trabajo por mí, la ejecutes y desaparezcas con ella.

Mientras el oficial bebía sucesivas copas de bebida, Drautila entró en la taberna. Saludó a unos amigos y, al percatarse de la presencia de Gabus, se acercó:

— Querido, no te he visto desde que te transfirieron aquí —. Después de una conversación rápida, intervino:

— Porque somos amigos con mucho tiempo me atrevo a decir que parece afligido ¿Qué te pasa?

— Confío en ti. Por eso me siento libre de contarte la situación en la que me encuentro. Annaeus es mi superior y no me atrevo a cuestionar su conducta. Fuimos a la residencia Petronius, y cuando llegamos allí, hizo un montón de cosas locas. Golpeó a una mujer casi hasta la muerte y le quitó la vida a su hijo inocente. Confieso que estoy acostumbrado a la muerte, pero cuando presencié esa horrible escena, me asusté. Cuando llegamos aquí, dijo que estábamos cumpliendo una orden, pero me ocultó los detalles —. Suspirando, continuó:

— Ahora me has encargado que la mate.

— Créeme, hace mucho tiempo que no vengo a este lugar, pero un repentino e inexplicable deseo ardió en mi pecho llevándome hasta aquí – dijo Drautila —. Vamos, llévame con ella.

El soldado no dudó y condujo a su amigo hasta Lucrecia. Drautila se estremeció:

— ¡Por Dios! No puedo dejarla en este estado, es una amiga. Te ruego que me ayudes, necesito salvarla. Te prometo que nadie lo sabrá. Déjala a mi cargo. Llévala a mi casa y de allí te prometo que nadie más sabrá su paradero. Te suplico, sin que nadie te vea, informa los hechos a un hombre llamado Cornelius, y pídele que venga a mi encuentro.

— Si Annaeus descubre que la ayudé, me matará.

Me atrevo a decir que ni siquiera recordaba sus hazañas ese día. Ese hombre sucio está tan borracho que probablemente se dormirá y se despertará solo por la mañana. No necesitas saber que está viva, solo di que hiciste lo que te ordenó.

Soy un soldado, no un mercenario. He aprendido lecciones sobre el honor y la moral de las que no puedo prescindir. Tú ayúdala, no perdamos más tiempo, necesitamos sacarla de aquí lo antes posible.

✱ ✱ ✱

Petronius enfrentó las últimas llamas que destruyeron su residencia, sus sueños y sus amores...

Solo y abatido, se sentó cerca mirando los escombros y, desesperado, lloró. Tiempo después fue interrogado por Cornelius, quien le contó los hechos de Lucrecia, la muerte de la pequeña inocente y luego se dirigieron a la residencia de Drautila:

— No podré devolverte tu generosidad — dijo Petronius —, después de todo, mi familia sufrió calamidades que yo no pude evitar. Lo perdí todo, nada me retiene aquí. Me preocupa Dioclecia. ¿Qué será de ese corazón?

— Amigo mío — intervino Cornelius — Respeto tu preocupación por tu nuera, pero lamentablemente tendrás que elegir, ya que no puedes esperar a su regreso. No olvides que cuenta con el apoyo de Helena, quien nunca la abandonará. Piensa en Lucrecia.

— Tienes razón, no tengo tiempo que perder, algún día nos encontraremos, pero necesito salir de aquí lo antes posible y llevaré a mi sobrina conmigo.

— Déjame ir contigo — dijo Drautila —. Ya sabes el tipo de vida que tengo aquí. Después de conocerla, encontré el coraje para comenzar mi transformación interior y luché por cambiar mi comportamiento. No tengo ataduras en esta ciudad, me resta ahora extender mis manos al que me trató sin prejuicios.

— Créame, mis razones para irme son similares a las de ella — dijo Cornelius —. Estoy cansado de toda esta locura. Tengo un amor especial por tu familia, quiero estar contigo hasta que el Señor designe.

Si está dispuesto a abandonar su vida por estos lares, entonces iremos a Palestina a encontrarnos con mi hermano y un amigo que se llama Eustaquio. Seamos cautelosos. Vendré por ellos más tarde. Hagamos todo en secreto por nuestra seguridad.

Esos corazones se unieron para enfrentar los desafíos de un destino desconocido. Esperarían que las brumas nocturnas partieran al encuentro de una vida que fortificara en sus almas la esperanza de una nueva vida.

Mientras tanto, Annaeus, creyendo que Gabus había cumplido sus órdenes y que Lucrecia estaba muerta, regresó con él para notificar a Constantius y Maximianus del éxito de su misión.

✳ ✳ ✳

El tiempo ha pasado rápido desde los acontecimientos que le sucedieron a la familia de Petronius. En ese momento se desmintieron los rumores sobre la muerte de Flavius Valerius y Gaius, pero se iniciaron otros. Sin saber el origen de estas habladurías, la muerte de Petronius, Lucrecia y su hijo se habló en todos los canales públicos en las llamas de su residencia.

Mientras tanto, Dioclecia regresó con Helena con el corazón triste, ya que no pudo tener éxito en sus intenciones de poder concebir un hijo.

Prisca, llena de compasión, los acogió temporalmente en su palacio. Dioclecia, abatida, trató de afrontar con valentía los oscuros acontecimientos y envió una misiva a Caius informando detalladamente de los hechos.

En el camino a Nicomedia, Flavius y Gaius fueron sorprendidos por el mensajero y se dieron cuenta de los hechos.

A la entrada de la ciudad, inmediatamente fueron a recibir a Dioclecia a la residencia de Prisca, atónitos.

Encontraron a Dioclecia y Helena con Samir, que intentaba consolar sus corazones.

Una vez más les fueron informados los detalles de los últimos incidentes, el valiente militar sintió que sus fuerzas se le encerraban en el pecho de manera ofensiva. Adira, después de haber enterrado a la pequeña, fue a buscar refugio en esos corazones y con valentía les contó los pormenores de aquel terrible día.

Flavius, exhausto, llorando como un niño desesperado, se acomodó en un cómodo asiento, bajó la cabeza entre las manos, apretando sus cansadas frentes en busca de alivio, mientras su creciente barba lo deprimía aun más...

— Jesús, concédeme, ayúdame a contener este sentimiento de venganza que lucha ciegamente en mi pecho. Quiero cazar a este desgraciado que hizo esto. De alguna manera siento que mi padre está involucrado. Algo dentro de mí contiene este odio que me transforma, me manda, en un cobarde.

— No eres un cobarde — intervino Samir con lástima—, sino alguien que permite que las fuerzas de Cristo actúen a través de ti, conteniendo tu desesperación, ofreciéndote calor y fuerza para continuar. La venganza no traerá de vuelta a Lucrecia ni a tu hija. Levántate, levántate por encima de la verdad sufrida y, como luchadora por el bien, lucha con las armas de la esperanza y del perdón para que no seas igual a lo que tanto repudias.

— Nunca amé a nadie como Lucrecia, por ella estaba dispuesto a cambiar mi destino – dijo Flavius —. Estábamos atados por este amor; con él me hizo fuerte para transformarme en cristiano y luchar por el cristianismo hasta el final de mis días. Ojalá hubiera muerto a su lado, para que al despertar, sin la muerte pudiéramos encontrarnos, haciendo eterno nuestro amor.

Qué difícil es para nosotros enfrentar la guerra en nuestros corazones. Prefiero pelear ejércitos, frío, hambre, que enfrentar el dolor que ahora me ulcera el alma. Piedad, Señor, arranca el corazón de mi pecho para que no pueda sentir más este dolor y aprender a vivir con la ausencia de mis seres queridos. Enséñame a vivir de nuevo, porque yo morí en vida.

Samir escuchó toda la angustia de Flavius y el triste silencio de Gaius, con el respeto inherente a su personalidad. Suspiró y buscó inspiración del cielo para consolarlos:

— No debemos temer ni siquiera vengarnos o juzgar las leyes que no conocemos, aun cuando nos condenen a la soledad o a la nostalgia. Seamos fuertes sin importarnos con el pasado, pero viviendo el presente que transforma el futuro. Nadie muere, porque no hay muerte para los hijos de Dios. Todos están vivos en nuestros corazones. Si amamos de verdad, no dejemos que se apague en nuestra alma la llama de la esperanza del reencuentro.

Aprendamos a amar con desapego, fortaleciendo nuestra fe en Jesús, sin convertirnos en muertos vivientes, esos que solo se quejan y olvidan que el Señor nos llamó a trabajar y no a vivir mirando los dolores íntimos, como si no tuvieran solución, seamos soldados del bien, luchando, viviendo, venciendo en el don de la vida la certeza de permanecer vivos por el tiempo que el Señor determinó, conformémonos hoy, para que nuestro mañana no esté lleno de dolor, agonía o desesperación.

Gaius, conmovido por las palabras de su amigo, lo abrazó cariñosamente:

— No lloraré la muerte de mi familia. Jesús nos calmará para que podamos encontrar nuestros caminos.

Flavius Valerius, mirando profundamente a su cuñado, hizo el juramento que lo hizo conocido en la historia de la humanidad:

— Viviré mis días sin comprender todas estas ocurrencias. En mi corazón llevo la imagen de Lucrecia y con ella me consolaré hasta el final de mis días. Nunca amaré a otra mujer como la amé.

Ninguna otra mujer entrará en mi corazón. Estoy muerto, pero vivo —. Sollozando, continuó:

— Solo me queda esperar la muerte. Si al menos mi hija se quedó. Representó mis días más felices, que nunca volverán.

Dedicaré mi vida a cuestiones políticas y nada más. Y prometo que de ahora en adelante dominaré el Imperio y lo tendré en mis manos, cueste lo que cueste, ya no me importa lo que llegue a ser o lo que haga para alcanzar mis metas.

— Hijo mío — dijo Elena emocionada —, recuerda: "Muchos son los llamados, pero pocos los elegidos"[24] Por alguna razón fuiste llamado a vivir esta prueba en los caminos de tu vida. Comprendo lo difícil que será para tu alma joven comprender las enseñanzas que estos hechos traerán para tu futuro. Nada de lo que hablemos ahora podrá unir tu alma angustiada y nadie podrá quitarte el dolor, pero no tendrás más remedio que seguir adelante. Había vivido y tomado a Lucrecia ya su hijo entre sus mejores sentimientos y los guardaba como un tesoro precioso. Sepa que siempre estaré a su lado, siguiendo sus pasos y apoyando sus decisiones. Sin embargo, sé un hombre público y, sobre todo, sé un hombre verdaderamente justo. Pase lo que pase, nunca olvides los aprendizajes que recibiste bajo la protección de la familia Petronius. Nada puede apartarte de tus propósitos. Vencerás porque sé que Jesús vive en tu corazón y él guiará tus pasos...

Mientras Flavius besaba la frente de su madre, Gaius puso su mano en su hombro y dijo:

— Cuñado mío, donde tú decidas ir, iremos Dioclecia y yo. Hasta donde yo sé, Samir también está dispuesto a ir con nosotros.

---

[24] Mateo, 22:1—14. (N.A.E. Bernard)

— Mi fiel amigo — dijo Flavius Valerius — no lo dudes, iremos todos. Estas tierras no me traerán a Lucrecia y a mi hija ni a tu padre a ti, sino que le restituiré la justicia para que no haya más muertes en vano.

Pasaron unos días y la caravana partió para otra región del Este, en busca de una nueva vida.

En manos de Samir, el Señor puso la tarea de ser apoyo en tiempos de dura prueba; la balanza para que prevaleciera la justicia y la perseverancia en la fe para que, ante los distintos caminos del mundo, encontraran los caminos que los llevaría a Jesús.

11.—
RUMBO A NUEVAS VIDAS

Después de un viaje difícil y doloroso, Petronius y sus amigos llegaran a Palestina. Lentamente, la caravana se abrió camino por las estrechas calles de Jerusalén. Lucrecia se había recuperado de las agresiones sufridas, pero una inesperada fiebre golpeó su frágil cuerpo, agravándose a cada momento.

Agotados y buscando aliviar el sufrimiento de Lucrecia, se detuvieron en una posada para descansar y comer. Preocupado, Petronius pregunta a una anciana por el paradero de Eustaquio. Algún tiempo después, Petronius partió para encontrarse con su amigo, dejando a Cornelius y Drautila a cargo de Lucrecia.

Al llegar, Eustaquio lo abrazó paternalmente. Entre saludos de agradecimiento y afirmaciones de amistad, los dos hombres conversaron sobre todos los hechos ocurridos.

Entraron en esa casa desnuda que acogía a enfermos de todo tipo y donde se celebraban reuniones cristianas. Petronius observó cada detalle. Una habitación amplia y sencilla acogía en sus camas a hombres, mujeres y niños que eran ayudados por conversos que allí llegaban, estableciendo un vínculo con el trabajo voluntario que realizaban los seguidores de Jesús. Esos corazones, con rostro de paz y alegría, llamaron su atención.

Instalados en una habitación reservada, Eustaquio pidió que llamaran a Fabius y a los demás a la posada. Mientras tanto, escuchaba atenta y respetuosamente las historias que relataba el entristecido patricio. En conclusión, Petronius dijo:

— Nuestra vida se ha convertido en agonía. Ruego su ayuda para que podamos instalarnos aquí. Todo el mundo cree que morimos.

— Amigo — dijo Eustaquio—, viviste un verdadero calvario, no podemos llorar la muerte de la niña, pero fortalece nuestra fe para seguir viviendo. Jesús es el conocedor de nuestra alma y la fuerza para nuestra vida. Anímate, sigues vivo y tu sobrina necesita ayuda.

— No tengo derecho a quejarme — dijo Petronius conmovido—. Solo el Señor tendrá misericordia de nosotros, pero si solo mi hermano estuviera aquí, sería más fuerte para soportar esta amargura.

En ese momento, una voz fuerte y decidida resonó desde la habitación:

— Hermano, aquí estoy. Dame un abrazo. Tendremos mucho tiempo para hablar del pasado.

Petronius, sorprendido, reconoció a aquel hombre que tenía las marcas del tiempo expresadas en su rostro, ocultas por una espesa barba.

Los hermanos, que no ocultaban su alegría, se conmovían, lloraban de añoranza. Eustaquio, alegre y discreto, presenció aquel reencuentro, cuando Matías se acercó diciendo que los nuevos amigos habían sido traídos y debidamente acomodados.

Sin perder tiempo, se dirigieron a la sala de asistencia. Cuando llegaron, encontraron a Cornelius y Drautila quienes, serviciales, rodearon con cuidado a Lucrecia, que aun estaba desmayada por la fiebre alta. Emocionado y casi sin fuerzas, Fabius caminó lentamente para abrazar a su hija. Sin decir nada, sus ojos brillaron como si un ángel del Señor hubiera vencido las sombras para aparecer vivo ante él.

Sufriendo las consecuencias de los martirios, que no pudieron arrebatarle su belleza, quedó envuelta en una inmensa paz y en un resplandor que parecía acentuar su amor y su esperanza. Se arrodilló, tomó su frágil mano, la besó y comenzó a orar:

— Jesús, Maestro de nuestro corazón a los discapacitados, grande y emotivo a lo que siento. Estamos aquí para abogar por los que sufren. Encomendamos a esta joven a tu protección para que hagas cumplir tu ley, tu amor reinando sobre nuestra alma. Contigo nos fortalecemos y encontramos la certeza que la vida transcurre más allá de las fronteras de nuestra voluntad.

Te suplico compasión para verla de nuevo en pie. Otorgaría mi propia existencia para que ella volviera a la luz, porque mi espíritu ya te pertenece. En tus manos encomiendo a Lucrecia, la fuerza que me impulsa a vivir. tu voluntad es llevarla a su mundo, donde nuestra alma endeudada aun no puede entrar, consuélame y haz que no nos detengamos de nuevo en la fría desesperación que nos ha alejado de ti.

Tomando firmemente la mano de su hija, la besó, diciendo:

— Mi amada hija, o está la voz de este hombre que siempre lloraba en su ausencia, pero también está la voz del Maestro Jesús llamándonos a trabajar en nombre del amor y de la causa cristiana.

Ese momento sirvió de consuelo a toda la gente desesperada que lo escuchaba en el salón.

Luego del emotivo encuentro, Petronius se quedó al lado de su hermano detallando los hechos pasados mientras Drautila no se apartaba ni un momento del lado de su amiga, tratando de aliviar su sufrimiento.

La noche avanzaba. Cornelius estaba de pie junto a Lucrecia cuando Fabius se acercó:

— Amigo, te estaba buscando porque quería agradecerte todo lo que hiciste por mi hermano y mi hija. Por nuestra amistad de muchos años, sepa que serás bienvenido y tus conocimientos médicos serán de gran utilidad. Pero dime, ¿por qué decidiste dejar Nicomedia?

— Tu hija tiene un corazón indulgente y puro. Me alegro de haber podido ser de ayuda. Me cansé de la vida que llevaba. Involucrado en las instalaciones de nuestra sociedad, me desvié de mi compromiso, misión con la medicina. No hice más que satisfacer la vanidad de unos pocos. Aunque lo conozco desde hace mucho tiempo, acabo de conocer a Lucrecia. Con ella aprendí a conocer las enseñanzas de Jesús. Logró tocar mi corazón y me incliné ante tanta sabiduría celestial. Sabes muy bien que nunca tuve un hijo ni formé una familia, así que aquí estoy listo para empezar de nuevo y espero poder contar con la ayuda de todos.

Eres un hombre nato ¿Qué te importan las impresiones del país saliente? Aquí habrá mucho trabajo.

Y así siguieron hablando de los hechos pasados, de la región y de las costumbres de aquel pueblo.

∗ ∗ ∗

A la mañana siguiente, cuando aparecieron los primeros rayos del sol, Lucrecia mostró una mejora asombrosa. Despertándose con dificultad, identificó la presencia de su padre y le acarició el rostro. Frágil con dificultad, lo abrazó cariñosamente:

Mi amada hija, estamos juntos de nuevo. Te ruego que perdones mi ausencia —. Conmovido, Flavius continuó:

— Inmediatamente después de recuperarme del calvario que viví, busqué a las autoridades y desempeñé mis funciones públicas durante años. Por razones políticas ya no encontré el apoyo que necesitaba para seguir ejerciendo mis obligaciones. Así, durante este período, Eustaquio enfermó y no había nadie que lo ayudara con su trabajo.

Como ya no había un entorno favorable para mí en el Imperio, renuncié a mi puesto y me quedé aquí. La conciencia no me permitía abandonar en esas condiciones. Luego, cuando se recuperó, yo ya estaba tan metido en las obligaciones cristianas que no podía relegarlas y ya no podía viajar como antes. Durante todo este tiempo anhelé volver a encontrarlos y nunca olvidé ese deseo, solo esperaba el momento oportuno para ello.

Entre demostraciones de fe y reconocimiento, aquellos hijos de Dios, unidos bajo la luz de la santa cruz que fortaleció su vida. Lucrecia, consciente que su hijo no había sobrevivido a los martirios provocados por Annaeus, añoraba tener noticias de su familia. Petronius le relató brevemente los tristes sucesos:

— Querida sobrina, antes de salir de Nicomedia, me informaron que Flavius y Gaius también habían muerto en acción.

Se llevó las manos a la cara y, llorando, oró:

— Señor, vuelve a la vida y complace tu preocupación por mí. Calma mi corazón para que no me muera solo. Hazme un instrumento de tu amor. Permíteme amar de nuevo con desapego y seguridad y sintiendo solo tu voluntad y no la mía. Callé cuando quise culpar a alguien por la separación de mis amores. Me dieron un regalo unos amigos y encontré al que siempre amé: mi padre. Hazme tu sirviente, pues mientras viva te serviré y pagaré cualquier tributo en tu nombre o por la causa cristiana. Envuélveme con el manto del coraje, haciéndome fuerte para no desfallecer ante el miedo y esta dolorosa separación, porque en tu corazón encomiendo mis amores, mi hijo y mi eterno Flavius.

En ese triste momento, Lucrecia, convirtió su dolor en valor y se levantó, estaría sola, entregando, en las manos del Señor, los hechos de su vida.

✳ ✳ ✳

Pasaron dos días. Esa tarde, todos estaban comprometidos con sus deberes en la casa de rehabilitación. Drautila atendía a algunos enfermos, mientras que Petronius iniciaba sus estudios del Evangelio con Eustaquio, Matías y Fabius. Cornelius, entró apresuradamente en el salón orando, solicitando que lo acompañaran.

En la sala de los enfermos vieron, sorprendidos, que Lucrecia estaba de pie y con gran dificultad ayudaba a Drautila en el cuidado de un paciente alucinado. Petronius, con celo, corrió hacia su sobrina y la tomó por los brazos, interviniendo:

— Querida, apenas te has recuperado; ¿Cómo puedes estar de pie?

— Tío, estoy bien. Si permanezco demasiado tiempo bajo el cuidado de amigos, sucumbiré al estancamiento y pronto estaré muerta. Quiero ser útil, de lo contrario la angustia y el arrepentimiento se apoderarán de mi alma.

Fabius, con gran atención, observó la respuesta de su hija y, con discernimiento, dijo:

— La vida cristiana se presenta a menudo como un valle sinuoso donde la luz lucha incansablemente por brillar. Por amor del Señor, debemos ser conscientes de la renuncia a la entrega a favor del cristianismo. Las disciplinas son necesarias para fortalecernos y transformarnos en fuentes de sabiduría.

Caminaremos sintiendo el frío de la noche, pero, calentados por el calor de la fe, sin reclamar nada a nuestro favor, no perderemos el tiempo con lamentos por un pasado dormido que no se puede modificar carencias con esfuerzo y estudio. No podremos vivir pisando las cenizas de la tristeza pasada.

— Viviremos creyendo en el mañana sin desánimo ni vanidad en el nombre de Jesús — continuó Eustaquio, con cariño —. El ejemplo en el trabajo es el fundamento para alcanzar la plenitud de nuestra alma y encontrar a Dios aunque sea a través de los episodios tristes de nuestra existencia. No culpamos a nadie por lo de ayer.

Fuimos llamados a servir, vivir y amar el cristianismo por encima de todas las tinieblas humanas. Agradezcamos el apoyo celestial, olvidándonos un poco de nosotros mismos, trabajando por el bien común en busca de la tranquilidad de las heridas humanas. Ser para

Jesús es también vivir en la soledad, sino también para estar seguros de la presencia del Maestro en la oración, para acallar nuestra desesperación y el miedo a morir o vivir.

— Estoy al tanto de todo lo que dijiste – intervino Lucrecia —. Quiero ser útil y aprender los valores reales de mi existencia, porque encontré en el Señor la fuerza que necesitaba para continuar. A veces escuchaba a los enfermos pronunciar su nombre con respeto y cariño, y así sentía renacer en mi alma la esperanza. Confieso que descubrí que todo lo que sé acerca de Jesús es muy poco; por lo tanto, si me crees que rezo, enséñame lo que sabes acerca de la vida cristiana. Me someto a cualquier tarea para empezar, y puedo ser útil...

— Hija mía, te amo, y solo Jesús puede comprender este amor — dijo Fabius con emoción —. Sé cuánto te hicieron madurar todos los hechos que rodearon tu corazón, pero no permitas que se olvide tu dulzura. La ayudarás en lo que necesite y aquí te conocerán con el nombre de Marta y contarás con todo mi apoyo.

— Padre, te necesitaré y aceptaré todas las reglas, pero no quiero que me traten diferente. Seguiré mi camino sin que el pasado se interponga en mi camino. Te seguiré con resignación, porque sé que cuando mi corazón necesite reposar en tus brazos paternales, nunca estarás ausente de mi alma y siempre estaré segura de tu amor.

Ambos se abrazaron afectuosamente, estableciendo en ese momento un código de vivencia y ternura, a respetar durante todo el tiempo que permanecieron, uno al lado del otro.

A los demás, si están dispuestos a seguir aquí, tendrán tareas que realizar – dijo Fabius —. A primera hora de la mañana se involucrarán en los trabajos de la Casa Apostolar, comunidad fundada por Eustaquio y por mí.

— Sobrina mía — dijo Petronius —, confieso que estoy sorprendido por tal demostración de fuerza. Después de todo, ya has sufrido tantas separaciones.

Tío, en mi corazón y en mis oraciones, mis amores siempre estarán vivos. No vengaré a mi hijo, para no ser como aquellos a quienes juzgo tanto como verdugos. Hoy representan un período de amor que nunca volverá. Sé que si regreso, Dioclecia podrá sentir la furia de su propio padre. Que cada uno siga el camino que el Señor ha señalado. Me quedaré con esto querido amigo en mi corazón y en los mejores recuerdos. Estoy aquí, sé que no es una coincidencia. Jesús nos está llamando, solo tenemos que responder a ese llamado.

— Hermano mío — dijo Fabius —, estamos en una fase de transformaciones, unidos por el cristianismo. Aprenderemos con dignidad y compromiso con las leyes del Señor, ya que estamos aquí reunidos para ser trabajadores del bien común y no trabajadores de causas particulares.

— Amigo mío — dijo Cornelius —, tanto yo como Drautila entendemos tus propósitos y también aceptamos las reglas. Soy un hombre que necesita mucho aprender. Ella también vivió como un caballo sin domar y ahora busca sabiduría.

Eustaquio escuchó a sus amigos y, tras un profundo suspiro, intervino cariñosamente:

— El Señor es el conocedor de todos los corazones y conoce todas las penas, sufrimientos o angustias que llevamos en el alma. Jesús nos invitó a participar de su Reino, así que hagamos lo que tengamos que hacer, empezar de nuevo con fe, vivir con valentía y saber que nunca estaremos solos, porque el Señor nos protege.

Después de una breve pausa, besó a Marta en la frente y continuó:

— Hija mía, todos llevamos marcas en el alma que solo el tiempo podrá ayudarnos a olvidar. Aunque todo te detenga en el sufrimiento eterno, acordaos de Jesús y permaneced confiados porque él no os olvidará.

Lucha contra las tinieblas del desánimo y el desamor y no cuentes las pérdidas y separaciones del ayer, conquista nuevas oportunidades en el presente y sé feliz. Entiende las lágrimas que marcan sus mejillas y no desprecies su dolor, pero la ley de la vida es continuar. Se te concederán nuevos caminos y en estos caminos te esperan nuevos amores. Confía en la fuerza del tiempo porque ningún sufrimiento dura para siempre. Cuando los recuerdos tristes del pasado te visiten, recuerda y lleva siempre contigo las siguientes palabras de las Escrituras[25]:

"Hijo mío, no olvides:;mi instrucción;

guarda mis preceptos en tu corazón;

porque te traerán largos días y años, vida y prosperidad.

Oh amor y felicidad no te abandone,

Átalos a tu cuello, inscríbelos en la tabla de tu corazón.

Y alcanza el favor y el buen éxito a los ojos de Dios y de los hombres.

---

[25] Proverbios, 3:1—12. (N.A.E. Ferdinando)

Confía en el Señor con todo tu corazón;

no te fíes de tu propia inteligencia;

reconócelo en todos tus caminos, y él enderezará tus verdades.

No seas sabio en tu propia opinión,

teme al Señor y aléjate del mal,

y será salud de tu cuerpo y refrigerio para tus huesos.

Honra al Señor con tus riquezas, con las primicias de todo lo que ganes;

y tus graneros están llenos de trigo, tus tinajas rebosarán de mosto.

Hijo mío, no desprecies la disciplina del Señor, ni te canses de su exhortación;

Porque el Señor reprende a los que ama,

Como al hijo que ama."

Mientras tanto, en lo invisible, Apolonius y Domitila llenan la habitación de una luz azulada, transmitiendo a esos hijos de Dios un amor puro, sublime y regenerador.

Marta, envuelta por este cariño, guardó en su corazón el sufrimiento y los hechos que marcaron profundamente su alma.

En ese momento encontró en Jesús la fuente de inspiración para su nueva vida. Mientras todos estaban sorprendidos y angustiados por su renuncia, ella, cándida y llena de paz, secó las inevitables lágrimas y oró:

"Señor, ilumina nuestra visión con el esplendor de tu manto de compasión, paciencia y sabiduría.

Extiéndenos, una vez más, manos para liberarnos, manos de la oscuridad que aun reside a nuestro alrededor.

Reajustarnos con las lecciones del sufrimiento para comprender la vida inmortal, sin violencia ni desarmonía.

ayúdanos cuando aun cultivemos el anhelo mal sentido,

el cansancio incesante, el asombro ante el dolor o el apego enfermizo, que nos petrifica el alma.

Restaura, en nuestras esperanzas, nos bálsamos en tu gloria, bajo

el apoyo de la obra.

Conviértenos en trabajadores, discípulos que no se quejan, en servidores alegres y silenciosos, humildes y perseverantes.

En tantas necesidades que aun tenemos, suplicamos que nos aumenten las fuerzas, para que nuestra distracción no sea sinónimo que estamos renunciando al Señor.

Guárdanos, por misericordia, como fieles servidores que aun necesitan la luz de tu entendimiento, para fortificar el corazón; observando el pasado sin que pueda perturbarnos, el presente que se reajusta o el futuro que nos transforma.

Señor, finalmente, sé siempre nuestra existencia e inspíranos, para que, con tu ayuda, nunca oremos en vano, sin servir contigo."[26]

Fabius se acercó a su hija, la abrazó cariñosamente, acariciando sus mechones, apoyando la cabeza de Lucrecia sobre

---

[26] Mensaje publicado en el libro Esperanza Viva, Dictado por el espíritu Ferdinando (N.M.)

su corazón, tratando de suavizar su dolor visible, transfiriéndole un amor paternal puro e incondicional.

✳ ✳ ✳

De esta manera, el futuro de aquellos hombres y mujeres fue trazado por las manos de Dios.

Mientras Lucrecia se entregaba a la causa cristiana, Flavius Valerius, llevando en el corazón el silencio de su dolor, reanudó la vida militar. Fueron separados temporalmente en razón de las leyes que la vida había definido para sus caminos.

A partir de ese momento, no había nada más que pudieran hacer. Correspondería a cada uno continuar con su existencia descubierta desconociendo la verdad sobre el hecho que Flavius estaba vivo en otra región y creyendo una mentira que allí había, cambió el rumbo de su vida.

Y así, sostenidos por el amor celestial y sobre fundamentos cristianos, colaborarían en la edificación de un reino de luz; depositando en el trabajo la esperanza de la vida misma y esperando el mañana desconocido que, seguro, traería a cada uno nuevas historias, sorpresas y desafiantes nuevos comienzos....

SEGUNDA PARTE

Siglo III (303d.C.)

"Porque nuestra batalla no es contra sangre ni carne, sino contra principados, contra gobernantes, contra los gobernantes de este mundo tenebroso, contra los espíritus malignos que habitan en los lugares celestiales."

Paulo. Efesios, 6:12

"La ruptura del egoísmo es lenta, pero solo la conciencia cristiana podrá liberar a la Tierra tan necesitada de luz y protección.

La pureza del corazón determina el camino iluminado a recorrer por todos. La enseñanza eleva a cada uno a los caminos benditos del Cielo."

Ferdinando

1.—
UNIDOS POR UN IDEAL, DEFINITIVA UNIÓN

En el año 303 d.C, el imperio romano era todavía invencible y su expansión era inevitable.

Con el objetivo de facilitar la administración de las tierras romanas y resolver los problemas militares y económicos, el emperador Dioclecianus, manteniendo todavía en sus manos la autoridad centralizada, decidió dividir las regiones del imperio entre cuatro militares, estableciendo la tetrarquía.

Maximianus Hércules recibió el gobierno de Occidente, Italia y África. Constantius, Bretaña, Galia y España. Galerius es la región del Danubio e Ilfria. Y el propio Dioclecianus la mayor parte de Oriente, incluidos Egipto y Nicomedia.

Estos tetrarcas invirtieron grandes esfuerzos en sus ejércitos disciplinando a los oficiales para que actuaran siempre con frialdad y crueldad convertida en una fe irracional, creencia fundamentada solamente en las apariencias en las que pontificaban los dioses mitológicos.

Las deudas contraídas; sin embargo, por motivos políticos y por el mantenimiento de los ejércitos, ya daban señales que el sistema económico y social de la época estaba comprometido.

Ante este escenario, el pueblo se vio sometido a una vida limitada y pobre. La religión estaba totalmente enfocada en rituales complejos y la simbología vacía ya no llenaba su corazón.

Destacaron algunos funcionarios del Imperio y, entre muchos, Maximinus Daia, sobrino de Galerius; hombre místico, extremadamente fiel a los ritos religiosos, no toleró la resistencia cristiana en el sentido de negarse a cumplir con los deberes públicos de culto a los dioses mitológicos, mantenidos en evidencia en esa oportunidad.

Aspirando sin piedad a su ascensión, Maximinus Daia se unió a los propósitos particulares de nobles influyentes y otros funcionarios del Imperio, especialmente el despiadado Claudius Tertulianus [27], quien permaneció en el poder para apoyar las campañas contra los cristianos.

En ese período, entre las regiones dominadas por el Imperio Romano, el cristianismo luchó valientemente para difundir el código de amor dejado por Jesús.

Las enseñanzas de Cristo fueron creciendo silenciosamente entre muchas religiones, adquiriendo gran importancia. Muchos miembros influyentes de la sociedad se habían inclinado ante las enseñanzas de Cristo, abandonando la creencia en sus dioses.

Sin embargo, entre los corazones verdaderamente convertidos a los ideales de Cristo, una parte de ellos confundió los conceptos de este nuevo credo, encontrando en la doctrina cristiana la manera de hacer prevalecer sus intereses.

El Imperio Romano fue efectivamente delineado; por un lado, el ejército rico y fuerte, apoyado por parte de la nobleza y, por otro, un pueblo empobrecido. En el corazón de los hijos del Imperio

---

[27] Respetando la petición de este hijo de Dios, lo llamaremos Claudius Tertulianus, reservándose su identidad. (N.A.E. Bernard)

nació el sentimiento de libertad, el mismo sentimiento que el pueblo hebreo sintió en el pasado y, así, la imagen de Jesús representó esta esperanza de liberación y de justicia.

Durante este mismo período, el movimiento cristiano fue fusionándose, tomando un firme impulso y solidificándose entre los conversos, el cristianismo nació sencillo, pero provocando un fuerte impacto social.

La fe en el Maestro Jesús sirvió de consuelo y aclara a las mentes atormentadas, liberándolas de las sentencias del sufrimiento eterno, para que el caos sea suprimido y un mundo nuevo surja de las sombras aplastantes de poder.

Los conceptos [28] sobre la continuidad de la vida y la pluralidad de la existencia sirvieron de consuelo a los corazones que se acercaban al cristianismo, encontrando en estos temas el coraje para enfrentar las dificultades de su vida cotidiana.

Crecía el número de seguidores de Jesús y disminuía la adoración a los dioses mitológicos. Personas desde los orígenes más modestos hasta los más ricos e influyentes dirigieron su atención a la fe razonada. Dioclecianus, involucrado en temas políticos, religiosos y culturales, levantó campañas contra el movimiento cristiano.

Comenzó un nuevo período de testimonios de fe para los cristianos, en medio de la persecución y la violencia. Y entonces los años que siguieron al 304 d.C. y 305 d.C, el severo y despiadado derramamiento de sangre de los mártires sedimentó el amor entre los que habían renunciado a su vida en favor de la noble causa.

---

[28] Estos términos ya formaban parte del cristianismo en sus inicios, así como el concepto de reencarnación. (N.A.E. Bernard).

✳ ✳ ✳

En este agitado escenario social y político, a mediados del año 303 d.C, Palestina seguía siendo importante para el Imperio.

En Jerusalén, un grupo de cristianos vivía afanosamente entre el trabajo, la renuncia y la resignación, bajo la guía del sabio y generoso Eustaquio quien, con la ayuda de amigos conversos de origen romano llegados de Nicomedia, fundó una iglesia.

Eran ellos, los romanos, el ex cuestor Petronius, hermano de Fabius, ex hombre de confianza del Imperio y su hija, la dulce Lucrecia, que en aquella ocasión se llamaba Marta, su nombre de pila.

Siguiendo sus pasos, el doctor Cornelius abandonó su trabajo con la clase social favorecida por Nicomedia y había ido allí, junto a su amiga Drautila, con quien se dedicaba a los necesitados de protección.

Petronius apoyó plenamente los pasos de su hermano en conferencias y viajes, llevando la buena noticia a todos los pueblos cercanos o lejanos de Jerusalén.

El doctor Cornelius, con extrema entrega a su trabajo, no escatimó esfuerzos para mantener la modesta enfermería, atendiendo a todos los que se encontraban privados de la vida o afectados por las más graves enfermedades.

A su lado, Drautila, una mujer marcada por la vida, sorprendió a todos con su cambio. Había olvidado su excesiva vanidad femenina y se había hecho enfermera, ayudando a Cornelius en las difíciles tareas de una medicina limitada y sin recursos.

Ambos fueron el ejemplo caritativo de amor y bondad. Vivían como si en cada persona necesitada encontraran la manera de hacer brillar la luz sobre sus propias vidas, dando esperanza para iluminar las tinieblas del pasado.

Marta, asimismo, se dedicaba con cariño a los enfermos y necesitados que acudían a la casa en busca de consuelo. Con paciencia escuchó y guio los corazones de madres desesperadas, hombres enfermos y niños abandonados respecto a las enseñanzas de Jesús. Durante el día se ocupaba de las tareas asignadas por su padre y, al caer la noche, estudiaban juntas el Evangelio de Jesús. Sin quejarse, vivía al lado de su padre, sin mostrar predilección alguna. En los momentos en que se dedicaron al estudio y orientación acerca del cristianismo, fueron totalmente sintonizados en una implicación de amor fraterno y de paz.

Marta se dedicó con esfuerzo y compromiso a comprender el pensamiento cristiano, sin dejar dudas sobre su aprendizaje en los años transcurridos.

Aquella mañana de primavera, Marta y Drautila estaban organizando la ropa en la casa, junto a un jardín, cuando tres hombres de estirpe romana se acercaron a Drautila con ironía y agresividad y, sin dar explicaciones, agarraron a la mujer con sus brazos fuertes. Uno de ellos, entre sonrisas y sarcasmo, dijo:

— ¡Mira quién está aquí!

Drautila trató de librarse de las duras manos de aquellos hombres, mientras Marta luchaba en vano por salvar a su amiga.

Cornelius, a lo lejos, vio a las dos mujeres luchando. Sin perder tiempo, llamó a cuatro hombres más para que lo ayudaran. Cuando llegaron, gritó:

— Dejen esta propiedad inmediatamente.

— Esta mujer no vale tu esfuerzo. Conocí a esta mujer insolente en Nicomedia. ¿Por qué mancillar tu nombre? Solo queremos divertirnos un poco.

Luego de un breve enfrentamiento, Cornelius logró expulsar a los hombres. Llenos de rabia, esos hombres soltaron a Drautila con la ceja abierta y varios moretones en todo el rostro y huyeron.

Cornelius los condujo cariñosamente a la Casa. Mientras Cornelius fue a buscar unos ungüentos para aliviar el dolor físico de su amiga, Drautila buscaba el corazón de Marta para aliviar su dolor interior:

— ¿Qué tengo que hacer para limpiar mi pasado? Cuando queremos cambiar el rumbo de nuestra existencia, el asombro de nuestras actitudes dementes se presenta siempre para angustiar nuestro corazón. Sé que tengo líneas escritas en mi vida que no podré borrar, pero Jesús sabe cuánto he estado tratando de buscar la liberación de mi alma. Tuviste gran importancia en mi cambio, gracias a ti encontré la luz y quiero la paz. ¿Cómo hacerles creer eso? Tú y Cornelius son todo lo que más amo en esta Tierra; por sus corazones viviré cada día, eso es lo que importa.

Continuó llorando:

— Me da vergüenza por haberlos sometido a tales episodios.

— Amigo, ¿de qué sirve vivir angustiado por el pasado, olvidando que el presente es el momento para sentirnos libres para empezar de nuevo? Todos aquellos que retroceden en el tiempo presentándose ante nosotros como verdugos son también hijos de Dios que el Señor permitió volver para probar nuestro valor y nuestra esperanza.

No podemos desanimarnos ante las difíciles pruebas a las que somos sometidos. Cuando miremos por encima del hombro, encontraremos nuestros errores, pero somos conscientes que tenemos la oportunidad de corregir lo que fuimos y lo que somos. El Señor no nos ha condenado. Nos ha permitido encontrar fuerza en el trabajo y en el amor fraterno. Perdonémonos a nosotros mismos, sin permitir que este pasado nos aleje de Dios.

Cornelius escuchaba con atención la conversación y, aprovechando la breve pausa, intercedió:

— Cuando nos conocimos, fue en una oportunidad similar a esta. Marta tiene razón en lo que dice. Debemos persistir con esperanza ante las tormentas que nosotros mismos provocamos en algún momento de nuestra vida. Toda actitud trae consecuencias. No debemos arrepentirnos de lo que fuimos, debemos seguir adelante con confianza.

Marta brindó la ayuda necesaria a Drautila, quien entre lágrimas miró agradecida a sus amigas:

— Amada mía, estar contigo es una bendición que Jesús derramó en mi alma. Es este afecto el que me mantiene fuerte. Confieso que tengo miedo de hacerles daño. Estoy agradecido por la paciencia que tuvieron conmigo, alguien que busca la transformación —. Tomando las manos de su amiga, continuó:

— En cuanto a ti, eres el corazón más noble que he conocido. Nunca nos miraste con dudas o prejuicios.

Tu resignación ante el rostro de la vida nos hizo creer en el mañana. A pesar de todo lo que has sufrido, aun logras sonreír. Antes de irnos de Nicomedia, perdiste a tu gran amor Flavius Valerius[29] y a tu hijo Flavius Aurelius en el manos de los verdugos. Superaste tus angustias. y continuaste. Ella se conformó con su trabajo bajo el sol abrasador. Nunca escuché una queja o un gesto de insatisfacción de

---

[29] Se refiere a Caius Flavius Valerius Aurelius Constantinus. (N.M.)

sus labios. Siempre está lista para servir. ¿Cómo lo lograste tal resignación?

— La fe en Cristo me hizo entrar en razón — respondió Marta confiada —. No me quejo porque soy feliz al lado del Señor. Mi padre es un maestro para mí, o mejor dicho, es un amor puro y verdadero establecido en las altas esferas del entendimiento celestial. Sé que voy creciendo en mi propia soledad construida sobre el apoyo fraterno.

"...con amor fraterno, teniendo cariño unos con otros considerando al otro como más digno de estima." [30] Mi padre siempre agrega a esta máxima: "Debemos amar sin distinción; del apego enfermizo que impide nuestro crecimiento individual. Si amamos de verdad, debemos tener respeto el uno por el otro y dejar vivir al ser amado."

Tomando una respiración profunda, continuó:

— Lo que hace por mí es dejarme vivir y crecer para el Señor.

— ¡Eres muy amable! No hay nada que marque tu vida.

— Aprovecho cada oportunidad para construir mi propia vida bajo los bienes; al conocimiento del Evangelio. ¿Quejarse? No. Simplemente siendo agradecidos por la vida, solidificando nuestros corazones; acciones y esperanzas; aun cuando atravesamos difíciles tormentas humanas. Nuestra vida es como un libro que escribimos día tras día, componiendo nuestras historias.

En cada acto de perseverancia;:a, en favor del bien común, esta expresión es el resultado de todo el esfuerzo que dedicamos a nuestra aproximación; acción con el Señor. Con cada palabra de apoyo y aliento que dirigimos a nuestros hijos de la Tierra, que sufren, en realidad nos consolamos a nosotros mismos. En el gesto

---

[30] Romanos, 12:10 (N.A.E. Ferdinando)

del perdón ante los que consideramos verdugos, encontramos la libertad; la acción de nuestro corazón; la acción por la realidad cristiana.

El amor no necesita ser hablado, basta sentir el pulso de la esperanza en nuestro pecho, buscando los caminos que nos llevarán al encuentro con Dios. Vivir al lado de los que amamos es un regalo celestial. Vivir aquí me hace feliz, porque somos una verdadera familia.

Sin que nadie se diera cuenta, Eustaquio, Fabius y Petronius escucharon atentos a Marta. Petronius, como siempre, se acercó a su sobrina y la abrazó emocionado:

— Querida, tus palabras son un bálsamo de valor para todos nosotros. Me enorgullece que mi sobrina siga siendo alguien muy especial y amada. Por eso la ungió el Señor con la bendición del discernimiento.

Mientras todos continuaban hablando de esos hechos, Fabius, sin decir nada, se retiró.

Eustaquio, al notar la vergüenza de Fabius, fue a su encuentro. En un pequeño jardín, el anciano israelita presenció respetuosamente el sufrimiento de su amigo quien expresó en las oraciones su arrebato de hijo de Dios:

— Señor, gracias; como ofrecemos a vuestros corazones acción radiante. Suplico claridad para la mente de un padre. Todos estos años he disciplinado a mi hija para que sea tu soldado y no me he dado cuenta de lo mucho que ha crecido por ti Perdona a este grosero por no ver que sus hijos ya no son semillas escondidas en las tinieblas de la tierra.

Eustaquio, con discreción, se acercó a su amigo:

— Creo que debemos preparar a otros seguidores para llevar el Evangelio a los pueblos. Soy viejo y pronto ya no estaré por aquí. La vida ha sido amable conmigo.

Nadie mejor que Cornelius para hacer esto y Marta para ayudar.

— Te entiendo, pero me preocupa. Este mundo no permite que las mujeres actúen. Si ella nos sigue, podemos enfrentar represalias de seguidores prejuiciosos de nuestro propio credo.

— No tengo miedo de eso. Debemos intentar. Además, estamos con Jesús, no tenemos nada que temer. Sabes muy bien que durante estos años los dos han sido fieles trabajadores. Es hora de dejar que nuestros amigos hablen el Evangelio.

— ¡Tienes razón! No somos eternos en la Tierra. Pase amorosamente la oportunidad en sus manos. En unos días viajaremos llevándolos con nosotros —. Suspirando continuó:

— Masacré al que más amo en esta Tierra, para transformarlo en un luchador por el bien. Aquí llegó trayendo el dolor de la impiedad humana, pero nunca he visto en nadie la fuerza de la fe que la mantiene viva.

Ella es parte de mí. Espero que Jesús comprenda mis actitudes. No la negué, pero el movimiento cristiano me necesitaba. A lo lejos ella creció hacia el cielo, con resignación y renuncia, cuando habló, escuché que dulce voz invade mi alma. Me di cuenta de lo feliz que soy que Marta viva a mi lado, brillando con el encanto de sus ojos.

— *"Al pasar, vio a Leví, hijo de Alfeo, sentado al banco de impuestos, y le dijo: Sígueme. Se levantó y lo siguió."*[31] Cuando vivimos en un régimen apostólico, estamos llamados a vivir en combate. Lo que tú y Marta escucharon fue el llamado del Señor. Vuestros corazones siguieron el camino cristiano, renunciaron al propio

---

[31] Marcos, 2:14. (N.A.E. Bernard)

amor, para hacer cumplir la ley del esfuerzo en la conquista de la renovación interior. Encontraron en el refugio consolador del trabajo la resistencia gloriosa para llegar a Dios.

Por favor, el corazón de la clase. Llevamos en nuestras manos las velas encendidas del amor cristiano y de la fe reavivada para que no brillen en vano, aunque por ello ya hayamos sido condenados a duras disciplinas. Soy consciente que todos los acontecimientos de nuestra vida fueron sostenidos por las manos de Jesús, porque el cristianismo es la fuente de sabiduría que nos sostiene en la paz perseverante.

Esta oportunidad para Marta y Cornelius les hará madurar en su fe. Ante la pregunta de por qué tanto amor a la causa de Jesús, responderemos con certeza: Él es la fuente de la existencia, el camino iluminado y la semilla del amor, la verdad consciente, el camino experimentado y la vida consagrada en las manos universalistas del Evangelio.

Los amigos continuaron hablando por unos momentos más, ajustando las acciones de sus nuevos discípulos. Las sonrisas de satisfacción y esperanzas futuras se mostraban en sus rostros envejecidos.

✳ ✳ ✳

Dos días antes del viaje, Marta y Cornelius son avisados por Eustaquio que acompañarían a la pequeña caravana hacia un pueblo cerca de Jerusalén. Felizmente, Drautila hizo arreglos para mantenerlos los días que estarían fuera.

El día señalado para la salida se despidieron de Drautila, que se quedó con los demás trabajadores, manteniendo la casa de socorro.

El viaje a pie, bajo el sol abrasador, hacía que Marta se sintiera cada vez más agotada. Buscando alivio, se detuvo para un breve descanso. Fabius, acostumbrado al calor, observaba el sufrimiento de su hija. Acercándose con amor, la tomó del brazo con piedad:

— Querida, eres muy fuerte, pero debemos descansar, y respetar nuestros límites. Siéntate un poco. Descansaremos y luego continuaremos nuestro viaje.

— No debemos retrasar el viaje — dijo Marta —. Solo un poco de agua es suficiente para que podamos seguir. Se nos dio tal oportunidad, no podemos detenernos en el primer obstáculo. Sigamos con alegría, hagamos nuestra parte, el trabajo nos espera.

Fabius escuchaba a su hija con orgullo y satisfacción. Luego partieron.

Al llegar al pueblo, se hospedaron en una pequeña iglesia fundada por Abdías, amigo de la causa cristiana.

— Es un regalo darles la bienvenida aquí. Estoy cansado, refrésquense, mientras hablamos, porque si conozco bien a Fabius, esta noche dará una conferencia para nosotros —. Mirando a los nuevos amigos, continuó:

— Bueno, perdónenme, soy un viejo hablador y no permití que me presentaran amigos.

— Esta es mi hija Marta y este es Cornelius. Ambos están con nosotros para ayudarnos — dijo Fabius.

Abdías, preocupado, informa del rumbo del movimiento cristiano en esa región. Todos lo escuchaban mientras saciaban su hambre con pan y frutas:

— Amigos míos, su presencia me hizo profundamente feliz. El cristianismo necesita hombres valientes, que demuestren verdadera fe en la fuerza del trabajo. Aquí, nuestras reuniones se están vaciando. Muchos colaboradores abandonaron sus tareas debido a las frecuentes persecuciones de los sacerdotes locales. Otros se sintieron amenazados por los que creen en dioses paganos.

Otros confiesan no estar preparados, diciendo que las reglas del Maestro son muy rigurosas, se reducen a trabajo, disciplina y dedicación. Yo estoy feliz con la fuerza de su corazón, sus obras nos hacen recordar a los primeros apóstoles. son los que abrieron las puertas del corazón como vuestro grupo, porque los problemas de la Tierra son aun más importantes que los asuntos de Jesús.

— Lamentablemente, los hombres están comprometidos con la Tierra — aclaró Eustaquio, revelando mucha lucidez —. La obra de Jesús es seria y no hay tiempo para alborotos, recordemos que cada uno despierta en el momento oportuno. Creer es mucho más que esperar que el Señor siempre interceda por nosotros; y modificar, reaprender, trabajar y tener esperanza en el corazón. Mientras no amemos con desapego, llevaremos dentro de nosotros la insatisfacción manifestada en nuestros propios actos y entonces no podremos decir que el cristianismo no nos ama.

Todavía no estamos preparados para ser cristianos.

✳ ✳ ✳

Horas después, en el modesto salón, Marta y Cornelius buscaban tímidamente lugares discretos. Después de las oraciones y lecturas de las Escrituras, Eustaquio oró con firmeza, haciendo resplandecer la paz y la esperanza: Mientras hablaba, un anciano, acostado en una cama improvisada, entró en el salón llevado por sus dos hijos, Caius y Quirino. Uno de los humildes hijos dementes dijo:

— Señor, no soy cristiano, ni sigo a Dios, pero he oído que tienes el poder de sanar, al igual que tu Jesús. Rezo por mi padre, Drausius, que está enfermo y empeora día a día, a causa de las voces que dice oír. Tanto mi hermano como yo creemos que está loco.

Drausius comenzó a gritar delirante:

— Déjame en paz. Soy el hombre más rico de esta tierra de vuelo. Soy un poderoso señor de muchas tierras. Muerte para los cristianos inmundos.

Comenzó una pequeña conmoción. Uno de los hijos trató desesperadamente de calmar a su padre. Marta y Cornelius, dada la delicadeza del momento, no tardaron en ayudar. Un hombre que asistió a la reunión, aunque era cristiano, pero atrapado aun por los prejuicios que rodeaban su vida, se levantó y, sin piedad, le gritó a Abdías:

— No puedo creer que vayas a ayudar a este desgraciado que tenemos delante —. Tratando de aumentar el conflicto, señaló a Marta y Cornelius:

— Mira, esta mujer y este hombre lo ayudan delante de nosotros. Nosotros somos los que mantenemos esta base. Somos miembros de esta comunidad y tenemos derechos. Saquemos a estas criaturas de aquí.

Marta, con discernimiento, se levantó, tratando en vano de argumentar:

— El Señor no hace distinción entre sus hijos — intervino Marta —. Que nuestro corazón se ensanche para encontrar la misericordia fraterna. ¿Quiénes somos para echar a alguien de una casa que no nos pertenece?

Jesús mismo también nos tolera. Si pensamos que por ser cristianos somos superiores a los demás, nos equivocamos. Somos, sin distinción, hijos de un Dios único. No hay religiosidad superior a otra. Todas tienen su valor. Cuando conocemos a Cristo, encontramos la ley que equilibra y da razón a los conceptos religiosos existentes.

La valentía de Marta sorprendió a todos. Aquel hombre enojado, trató de arrastrar consigo a otros cristianos presentes e intensificó el tumulto en el recinto; sin embargo, como nadie lo siguió, salió enfurecido y, pisando fuerte, gritó inconformista.

Fabius y Marta llevaron al paciente a una habitación más pequeña. Cornelius lo asistió con ayuda física, mientras Eustaquio rezaba con fervor. Una paz se apoderó del corazón del viejo pagano. Lentamente, una calma inexplicable silenció a ese hombre.

Sus hijos, sorprendidos, prestaron atención a los gestos de Eustaquio. Con su mano colocada en la frente de Drausius, le pidió que se levantara. Él, que había permanecido en cama durante varios meses, con una enfermedad inexplicable, se curó por completo. Visiblemente feliz, dijo:

— ¡Estoy curado! ¡Las voces se callan!

Sin esperar gracias, Eustaquio y Fabius se marcharon. Cornelius, superando el estancamiento momentáneo, se acercó a Drausius ofreciéndole ayuda para que pudiera caminar mejor. Él, con firmeza y con una sonrisa discreta, respondió:

— Estuve postrado en cama durante mucho tiempo. Ahora me levanté y no quiero volver a la cama. Les agradezco sus servicios, pero necesito caminar con mis propias piernas. Tengo la intención de volver a pagar a los buenos "magos", ofrecerles tierras, dinero, lo que quieran.

— Perdóname — dijo Marta—, pero el Señor no necesita tierras, ni riquezas. Él solo quiere que tengamos fe y coraje para vivir dignamente con lo que tenemos en nuestras manos.

— Tu audacia me agrada —intervino Drausius —. No sigo ningún credo. No Moisés, mucho menos Jesús. Por tu valentía en ese salón, respetaré tu creencia y no habrá falta de respeto de mi parte a tu Dios.

— Somos creaciones del Señor — dijo Marta —. Él está vivo dentro de nosotros, independientemente de nuestra voluntad, solo siente el calor que proviene del aliento invisible llamado esperanza.

— Desde que enviudé — dijo Drausius —, me he dedicado a mis hijos, Caius y Quirinus. Cuando murió mi esposa, dejé de creer en todo y me cerré a los temas religiosos. Todo lo que me quedaba era trabajo — después de un breve descanso, pensativo, continuó Drausius —, hasta que esta inexplicable enfermedad me llevó a la cama. ¡Quién sabe en forma de castigo por mi incredulidad! A mis hijos no les enseñé a tener fe, pero debido a su desesperación, entré en una casa cristiana y, sin entender lo que me pasaba, recibí el don de estar de pie.

— Mi ganancia — dijo Cornelius —, te ofrecemos lo que nos mantiene vivos, el cristianismo.

— Créanme, no despreciaré este momento y, oportunamente, conoceré los conceptos enseñados por Jesús. Me llevaré tus imágenes, especialmente la de esta mujer —. Desprecio plantándola con cariño, continuó:

— Nunca he estado frente a alguien con tanto coraje.

Drausius, seguido de su hijo menor, cruzó el salón en completo silencio. Eustaquio, al sentarse, se sorprendió de la actitud humilde de aquel hombre que minutos antes había mostrado arrogancia y el corazón petrificado. Se arrodilló y besó la mano de Eustaquio:

De todos los hombres que he conocido, eres el más digno y el más indulgente. Siempre estarás en mis mejores recuerdos.

El anciano israelita lo tomó por los brazos, lo levantó y abierta y fraternalmente:

— Vete en paz, porque ahora también estarás en mi mente y en mi corazón. No hay accidentes en los caminos que Jesús nos lleva.

Sin decir nada, padre e hijo abandonan el recinto, dejando un ejemplo vivo de respeto por el cristianismo.

Cornelius también se retiró, dejando a Marta con el hijo mayor de Drausius quien, a pesar de ser un hombre adulto, tenía una expresión juvenil en su rostro. Sin poder apartar la mirada de ella, se acercó respetuosamente, diciendo:

— Mi nombre es Caius. Perdóname, pero en toda la noche no pude quitarte los ojos de encima. Cuando no ayudo a mi padre en su tierra, me dedico a las artes. Aprecio la pintura y la escultura griegas. Eres una diosa que ningún hombre puede abrazar. Si me lo permites, algún día pintaré tus ojos en una hermosa obra. Y serán ellos los que llevaré en mi corazón.

— ¡Es tu bondad! No soy una diosa, soy una hija de Dios, igual que tú también. Si tienes el alma abierta a las artes griegas, debes abrir tu corazón a las obras del Maestro. Muchas veces dedicamos nuestra existencia a las fugaces bellezas de la vida, despreciando el sutil amor que florece en nuestro corazón. La verdad es que somos personajes de un gran artista llamado Dios. Él espera que hagamos que nuestros corazones brillen mientras resplandecen en benditos destellos de alegría.

— ¿Será que tu corazón alguna vez perteneció a alguien? dijo Caius, sin ocultar su interés por los encantos de Marta —. ¿Quién habría sido la criatura especial, poseedora de tus ojos? Gracias a tu Jesús por la oportunidad que me ha dado de conocerla.

Cornelius, no lejos de la sala, atento a los hechos, se percató del bochorno de Marta ante las palabras de Caius e intercedió:

— Querida, te están buscando. Debemos descansar, porque el viaje de regreso no nos perdonará.

— Tienes razón, nos iremos pronto —. Marta, mirando a Caius, continuó:

— Bajo la verdad de Jesús, gracias por haber recibido los bienes; acción de su amistad y confianza.

— Siempre que esté a tu lado, estaré listo para servirte. Me haces feliz de ser tu amigo y cuidarte durante toda mi vida.

Entre agradecimientos y promesas de reencuentro, los nuevos amigos se despidieron. A medida que avanzaban las horas, continuaste hacia la casa de Abdías.

Al día siguiente regresaron a Jerusalén, llevando en el corazón las nuevas amistades que habían hecho. En su mente llevaban los conocimientos adquiridos y en sus manos, la experiencia y el trabajo para despertar, nuevamente, a quienes se desviaron del camino cristiano por miedo, dudas o insatisfacción.

2.—
Violentas Persecuciones, Nuevo Comenzar

Mientras tanto, en Palestina, Matías, siguiendo el pedido de Eustaquio, se dirigió a la India para ayudar a quienes llevaban a cabo la difícil tarea de evangelizar a un pueblo místico que creía en diferentes dioses.

Drausius, después de haber recibido ayuda de ese grupo cristiano, se encariñó con ellos. Los apoyó en la clandestinidad y sus hijos Caius y Quirino se habían convertido y estudiado el Evangelio con el apoyo de Marta y Cornelius.

A principios del año 304 d.C, esa noche en la residencia de Eustaquio, después de terminada la obra, convocó a todos:

— Mis queridos, recibí una carta de amigos en la región de Dalmacia pidiéndonos ayuda. Creen que nuestra presencia les puede traer un poco de coraje, porque si se sienten cansados ante tanto sufrimiento. Decían que, por orden del Emperador Dioclecianus, muchos cristianos fueron martirizados y el movimiento sufre varias ofensivas — Eustaquio, descorazonado, prosiguió:

— Hasta los escépticos y los paganos se inclinan ante la muerte de hombres, mujeres y niños; los inocentes. No puedo rechazar esta solicitud.

— Petronius y yo te seguiremos — dijo Fabius —. En cuanto a los demás, se quedarán aquí.

Los ojos de Marta nunca dejaron a su padre. En silencio, sin atreverse a contradecirlo, sufrió el dolor de una nueva separación sin pronunciar una palabra de queja o descontento. Reservada en sus sentimientos, se retiró.

Drautila, al darse cuenta del dolor de su amiga, fue a su encuentro, buscando aliviar su sufrimiento.

✳ ✳ ✳

Fabius, absorto, no podía olvidar la cara triste de Marta. Buscando aliviar su corazón, se sentó en el porche, contemplando las brillantes estrellas que adornaban el cielo. Cornelius, respetuosamente, se acercó y se sentó al lado de su amigo:

— Perdóname por entrometerme, pero temo por ti y los demás. Este viaje repentino nos sella a distancia y turba mi alma. Escuchamos muchos comentarios sobre la situación de los cristianos. Confieso que esto despertó en mí una revuelta cuando oí que se caza y mata a los hombres, sin ninguna piedad, como si fueran fieras.

— ¡Eres un buen hombre! Siempre estuviste a mi lado y de mi familia. Amigo eterno al que aprendí a amar día tras día en estos años de convivencia —. Suspirando Fabius continuó:

"Cesad de turbar vuestros corazones. Creed en Dios..."[32]

---

[32] Juan, 14:1. (N.A.E. Fernando)

Te pido que no te rebeles con la necedad de los demás. Sigan trabajando con amor, porque un día los que persiguen despertarán de las sombras de la pesadilla y encontrarán el camino de la luz a través de la transformación de sus propios corazones. Ten fe en Dios, sin detenerte en el tiempo, juzgándolos enfermos por la codicia.

Dejen que el Señor actúe a través de ustedes en las demostraciones de amor. Espero haber cumplido con la tarea que me correspondía. Ahora les dejo a ustedes, Marta y Drautila, con la misión de continuar esta obra, aunque no sea aquí. Conoce más que la obra de Jesús no tiene fronteras, estará operativa donde haya fieles discípulos luchando por el nombre del Señor. Un día la violencia cesará.

— La ignorancia es difícil de entender — dijo Cornelius —, es la herida que, cuando no mata, hiere profundamente nuestra existencia. Mi pasado estuvo marcado por varios sucesos que me alejaron de aquellos a quienes tanto amaba. Yo era un hombre tonto, endeudado, amargado y fascinado por la riqueza. Cansado, decidí abandonarlo todo. Seguí un camino solitario hasta que Dios me puso en el camino que estaba tu hija. Ella me aceptó sin prejuicios y me enseñó el amor cristiano. Fue Marta quien me despertó a una nueva vida. Si hubiera estado en Nicomedia, habría estado sirviendo a la nobleza como médico y ciertamente se habría olvidado del sufrimiento del mundo.

— Amigo, créeme, aprendí a no juzgar las acciones de nadie. Todos llevamos las marcas de nuestro pasado y elecciones. Tu entrega a los niños del mundo demostró la fuerza de tu fe, eso es lo que importa, porque la vida nos enseña a empezar de nuevo cada día —. Fabius, cambiando el rumbo de la conversación continuó:

— Mi hija es un pedazo de mi alma. Puedo ver cuánto la amas. Eres su guardián desde el primer día que llegaste aquí.

Consuela el corazón de un padre. Confío en ti y por eso te pido que te quedes a su lado, porque temo por la seguridad de Marta, así como la de todos los demás.

— Ella es para mí la hija que la vida no me concedió. La amo como si llevara mi propia sangre y viviré para ella y haré lo que sea necesario. Por todo eso sería incapaz de dejarla sola. Encontré la paz contigo y hoy soy feliz. Te prometo que siempre te seré fiel a ti y a tu familia. No importa dónde esté, siempre puedes contar con mi ayuda.

✳ ✳ ✳

Dos días pasaron rápidamente.

Aquellos hijos de Dios se preparaban para partir con cálidas despedidas. Petronius, entre lágrimas, abrazó a su sobrina y luego Fabius, conmovido y cariñoso, acercó la cabeza de Marta a su corazón:

— Amados míos, solo Jesús nos ha dado los medios para soportar esta separación temporal. Eres la esencia de mi vida y nunca te dejaré. Superaremos los obstáculos del mundo y nos encontraremos en los brazos eternos de Dios. Confía en el Señor y síguelo porque nadie podrá quitar el amor que sentimos de nuestra alma.

— Padre mío, te prometo que todo lo que aprendí de ti quedará grabado en mis mejores recuerdos. Seré fuerte, secaré las lágrimas, me levantaré con fe y esperanza porque sé que cuando mire hacia el futuro encontraré en tus ojos la fuerza radiante de Jesús y el cristianismo en nuestro amor puro. Marta, entre lágrimas, besó las manos de su padre. Entre promesas de reencuentro y coraje partieron esos corazones.

✳ ✳ ✳

Días después del doloroso y agotador viaje, Eustaquio, Fabius y Petronius llegaron a Dalmacia y se dirigieron a la pequeña iglesia fundada por Ancus Hostilius[33], un noble romano que se había convertido y que aportaba mucho al movimiento cristiano en aquella región.

Tanto su conversión como su gran contribución a la difusión del movimiento cristiano, generaron un gran conflicto social, inquietando a la nobleza y, en represalia, el imperio envió a Claudius Tertulianus para cazarlo sin piedad.

El grupo liderado por Ancus permaneció escondido, temiendo a sus perseguidores. La llegada de amigos les daría un poco de valor para afrontar el conflicto que ya estaba anunciado.

En esa triste mañana, el ejército marchaba a paso firme acercándose a la humilde iglesia. Sin haber tiempo suficiente para huir, los cristianos, entre ellos Ancus, Eustaquio, Fabius y Petronius, fueron sorprendidos por los gritos ensordecedores de Claudius Tertulianus, que con rigidez y sagacidad dirigía su legión.

Después del inevitable conflicto, los cristianos fueron derrotados y los pocos que sobrevivieron fueron capturados por los soldados. El general se acercó brutalmente a Eustaquio y, en una demostración de poder, comenzó una paliza inexplicable.

---

[33] A petición de este noble amigo, llamaremos a este trabajador de la cristiandad Ancus Hostilius. Sin su contribución, las iglesias difícilmente se habrían organizado con éxito en territorio romano en el este y parte del oeste. Su historia fue narrada superficialmente en el libro *Salmos de la Redención*, cuando se probó la ropa del Apóstol Felipe. (N.A.E. Ferdinando)

~179~

Los duros golpes derribaron a Eustaquio. La acción de resignación del viejo israelita enfrentó a Claudius Tertulianus. Fabius trató de proteger a su amigo, pero él también fue herido sin piedad.

Ancus, mostrando coraje y fe, trató, en vano, de ayudar a los otros conversos.

Los gritos del enfurecido oficial resonaron por toda la habitación. Cuanto mayor es el silencio, mayor es su ira. Mirando fríamente a Ancus, con desprecio dijo:

— Eres una desgracia para nuestras tradiciones, pero si reniegas a tu Señor, otros lo harán. Entonces, si quieres salvar a tus amigos, ven conmigo, entrega las ofrendas a los dioses y, frente a todos, niega a Jesús.

— No haré esto porque estoy convencido de mi fe y jamás renunciaré al que más amo, Jesucristo.

Claudius Tertulianus, vencido por una rabia incontrolable, continuó golpeándolos. Mientras continuaba la escena de terror, gritó:

— Vamos, cristianos. ¿Dónde está su Señor? Hagan que el Nazareno aparezca ante mis ojos para que yo lo mate. Si es tan bueno, ¿por qué están condenados al martirio? Abjuren de su Jesús o los arrastraré a la plaza pública donde levantaré las cruces sobre las que serán degollados. Si él es la luz de sus caminos, ¿por qué no está aquí? ¿Por qué no venir y librarlos de estos sufrimientos?

Eustaquio, venciendo la dificultad del cuerpo, levantó la cabeza y, en respuesta a la imposición del oficial, dijo:

— *Por mí mismo, nada puedo hacer: juzgo según lo que oigo; y mi juicio es justo, porque no busco mi voluntad, sino la voluntad del que me envió. Si doy mi testimonio, no será verdad...* — Después de un breve suspiro, continuó:

— Quien me quita el corazón, manos o patas, pero la fe en mi Señor está en mi alma, nadie la puede quitar. lejos de mí. Jesús está aquí, vivo sosteniéndonos en el amor. No estamos relegados al olvido, él es para nosotros. Eso, para mí, es un honor y no un martirio. Cristo ilumina nuestro camino.

— ¡Infame! Reservaré para ti y tus amigos una muerte especial. Caminarán por la vía pública. En la plaza pública, servirán de ejemplo para aquellos que quieran desafiarme a mí o al Emperador. Fabius, con resignación y coraje, mirando a los ojos de Claudius, como quien se sumerge en las profundidades de un alma desconocida, se manifestó:

— Eres un reflejo vivo de la agonía y la desesperación entre los hijos de Dios, pero un día despertarás de tu propio odio. Jesús tendrá compasión de tu alma.

— ¡Cállate la boca! De lo contrario, te mataré yo mismo. ¡No estás en condiciones de juzgarme! — El general, hundido en su propia ignorancia, mandó:

— Soldados, acaben pronto con esto. Vamos a la plaza central.

Los soldados le obedecieron y así la procesión delos horrores desfiló por las calles. Los seguidores de Jesús fueron sostenidos por el coraje y el recuerdo que Jesús emanó en su sufrimiento final, como se describe en el Evangelio.

Los opositores al cristianismo aprovecharon el momento para incitar al pueblo contra aquellas personas inocentes. Bajo los azotes, aguijones y humillaciones, Claudius Tertulianus los trató con seriedad, para demostrar que el poder del Imperio estaba por encima de las leyes del amor predicadas por el cristianismo. En la plaza notaron que un grupo de personas esperaban que se desarrollara el terrible espectáculo. Eustaquio dijo humildemente:

— Veo que nos has preparado las cruces. y no puedo morir en ella, pero la cruz es del Maestro y no de un pecador como yo.

— A pesar de tu arrogancia, tendré piedad de ti, dijo Claudius Tertulianus. Dirigiéndose a los soldados, ordenó:

— Levanten los postes.

Las órdenes fueron aceptadas. En los postes fueron colocados aquellos hombres heridos después de una dolorosa prueba. En oración constante, sufría con resignación los diferentes baños de aceite hirviendo.

En lo invisible, ya desprendido de los cuerpos desgarrados, Petronius sintió las manos amadas de Quimeria[34] ayudándolo con candor, mientras Domitila, entre otros, acogía con amor a Eustaquio, Ancus, Fabius y los demás.

En este momento, se hizo un destello radiante. Ante tanta belleza, esos hijos de Dios se recuperan rápidamente del sufrimiento.

Al acercarse a ellos, Apolonius presenció un espectáculo luminoso de amor que involucró a todos y que las palabras son insuficientes para describir:

---

[34] La historia de este personaje y de Domitila se relata en la primera parte, así como la de Apolonius en el libro *Salmos de Redención*. (N.M.)

— Amigos míos, dejen los dolores donde están, porque el Maestro acoge a los que lucharon en su nombre. Felices los que llegan llenos a los brazos de nuestro Padre, comprendiendo el valor de la vida y la lucha por la transformación de la Tierra de sombras para la luz. En la fe en la esperanza, sabrán amar las promesas pronunciadas por Jesús sobre su Reino de Amor.

La vida es más grande que el egoísmo que prevalece en el corazón humano. Las arenas están en silencio, pero despertaron a muchos amigos que ahora regresan en espíritu después de la pelea. Los postes del martirio no silencian el amor, ni mucho menos mares de aceite hirviendo ahogan la trayectoria de Jesús en la Tierra.

El amor y la luz siempre vencerán.

Trabajemos por la perpetuación de este amor sin fronteras para toda la humanidad. El quebrantamiento del egoísmo es lento, pero la conciencia cristiana liberará a la Tierra, el espíritu hallará la paz, por amor, muchos tendrán la fuerza y la transformación en la vida para entrar en el reino de Dios. La pureza del corazón determina el camino iluminado a seguir por todos, la enseñanza eleva a uno a los caminos benditos del Cielo. Convertidos en instrumentos de la voluntad de Dios, renaced ahora, entre las bendiciones del corazón de Cristo.

El silencio hablaba por sí solo, expresando la felicidad de aquellos hombres, envueltos en una paz celestial, jamás experimentada a lo largo de su vida. Con fe y humildad siguieron creyendo en las eternas palabras de Jesús: *"Bienaventurados los perseguidos por causa de la justicia, porque de ellos es el Reino de los Cielos."* [35]

---

[35] Mateo, 5:10. (N.A.E. Bernard)

* * *

Pasaron algunos días después del martirio de nuestros seres queridos.

Mientras por un lado se producían las persecuciones ordenadas por el emperador Dioclecianus, por otro, grupos aislados, sacerdotes locales y personas movidas por prejuicios promovían la persecución incesante de los seguidores de Jesús.

En Palestina, Marta, Cornelius y Drautila siguieron luchando por conservar la Casa Apostólica. Tras la marcha de Eustaquio, cayó sobre ellos la ofensiva de diferentes enemigos y religiosos opuestos al cristianismo. Enfrentando valientemente los juramentos de muerte, sintieron lentamente el abandono de quienes decían ser conversos. El vaciamiento de la iglesia fue inevitable e incluso los enfermos que se recuperaron se fueron.

— Esa noche, un mensajero trajo la noticia de la muerte de Eustaquio, Fabius y Petronius. Marta no contuvo las lágrimas. Un dolor profundo marcó su pecho, como si una hoja fría le hubiera atravesado el corazón y, impotente, cayó:

— ¿Qué nos separa del amor de Cristo? ¿Tribulación, angustia, persecución, hambre, desnudez, peligros, la espada? Ovejas destinadas al matadero. Pero en todo esto somos más que vencedores, gracias a aquel que nos amó. Porque estoy convencida que ni la muerte ni la vida, ni los años ni los principados, ni el presente ni el futuro, ni los poderes, ni la altura, ni la profundidad, ni ninguna otra criatura podrá separaros del amor de Dios manifestado en Cristo Jesús Señor nuestro."[36]

---

[36] Romanos, 8:35—39. (N.A.E. Ferdinando)

Después de un breve silencio, Marta se secó las lágrimas y continuó:

— Aun sintiendo un profundo dolor ante la pérdida de nuestros seres queridos, no podemos ceder ante él. Seamos fuertes, no nos dejemos vencer. Recordemos que solo mueren los que nunca vivieron. Nuestros amigos están vivos en nuestros corazones. En mi corazón, sé que Jesús no se alejaría de aquellos a quienes una vez amamos, de lo contrario la vida no tendría ningún valor. Ánimo, porque no fue por casualidad que sobrevivimos, el Señor tuvo compasión de nuestra alma.

Antes que terminara la oración, unos hombres invadieron la habitación y actuaron con una violencia inexplicable.

El cielo azul se mezclaba con el gris del humo que salía de la Casa Apostolar y la ignorancia y el egoísmo que denunciaban lo inevitable. Incapaces de evitarlo, se quedaron con la triste realización; poco quedaba del trabajo que Eustaquio había construido con la ayuda de sus amigos.

Quirinus notificó a su padre, Drausius, de los últimos acontecimientos e inmediatamente procedió a buscar a sus amigos:

— Creo que no es prudente que se queden por estos lares. ¿Por qué no van a la India a encontrarse con Matías?

— No te preocupes, te ayudaré en tu viaje en lo que sea necesario.

Marta, secándose las lágrimas, respiró hondo:

— Tienes razón. Nuestra tarea aquí ha llegado a su fin. Estaré eternamente agradecida por tu amabilidad. Aceptaremos tu ayuda y nos dirigiremos a la India.

— Padre — intervino Caius pensativo — Te pido que entiendas mi elección. Mi corazón habita con ellos y quiero acompañarlos. Sé que nuestro negocio familiar será bien manejado por mi hermano.

Drausius buscó, en su corazón, la fuerza para aceptar la difícil decisión de su hijo:

— Eres mi amado primogénito. Tenía otros sueños para tu futuro. Siempre has estado fuera de los propósitos familiares. Creí que estabas perdido en los caminos de la vida, sin dirección. Entonces, cuando conocí esta agrupación, me di cuenta que había encontrado la razón de su existencia. Como padre, me sentí tranquilo porque sabía que estaba del lado de los corazones nobles. Te confieso que separarme de ti me duele el alma, pero no me opondré a vuestros propósitos, ni podré esclavizarte a mi voluntad. ¡Sigue a tu corazón! Tu hermano y yo siempre estaremos aquí apoyándote ante los retos que te imponga la vida.

— Eres demasiado valiente y respeto tu elección — dijo Quirinus —. Me quedaré al lado de nuestro padre y no olvidaré los conceptos cristianos que aprendí aquí. Me convertí, pero mi tarea no es la misma que la tuya. Todavía no tengo el coraje de abandonarlo todo en nombre de mi fe.

— Te quedarás hasta mañana en una finca cerca de aquí — dijo Drausius, abrazando a su hijo —. Al amanecer, serán recuperados para continuar su viaje. Te proporcionaré lo que sea necesario para mantenerte a salvo hasta la partida. Nadie sospechará dónde están. Todavía soy conocido por mi escepticismo. Te garantizo que estarás bien.

Marta le agradeció sus servicios. Entonces se abrió a Caius y dijo cariñosamente:

— Con alegría damos la bienvenida a tu compañía. Creo en el amor que une a las criaturas, porque no somos hijos únicos de una sola vida. Somos hijos de Dios, pertenecientes a una familia más grande que nuestra carne. Mientras estemos atrapados por las cadenas egoístas de nuestro corazón, no podremos comprender las verdades que gobiernan el curso de nuestras vidas, aunque el Señor nos haya conducido a Dios.

El sol se acurrucó en los brazos de la colina para dar paso al crepúsculo. Esas almas amigas se refugiaron, siguiendo las indicaciones de Drausius para dirigirse a la India temprano en la mañana, en busca de un nuevo comienzo.

3.—
PROSEGUIR ENTRE LAS PÁGINAS DE UN PASADO

En ese año de 305 d.C, en un escenario de muchas presiones política, el Emperador Dioclecianus cayó gravemente enfermo y renunció a su cargo. Años más tarde se refugió en Salona, donde murió.

En el mismo año en que se fue Dioclecianus, Maximianus Hércules se vio obligado, incluso en contra de su voluntad, a abdicar.

En Oriente, Maximinus Daia fue nombrado César y compartió el poder con su tío Galerius.

En Occidente, Constantius fue nombrado Augusto y Claudius Tertulianus permaneció a su lado apoyándolo en los ejércitos.

Por cuestiones políticas y militares, Constantinus [37] abandonó Nicomedia y se unió a su padre en Bretaña, estableciéndose en un palacio en Galia. Vivía junto a su cuñado Caius y su media hermana Dioclecia. Constantinus no sabía que

---

[37] A partir de aquí, nos dirigiremos a Flavius Valerius por el nombre de Constantinus, quien lo inmortalizó en las páginas de la historia actual. (N.A.E. Ferdinando)

Marta era, en realidad, Lucrecia, la mujer de la que se había enamorado en el pasado y con la que había tenido un hijo que fue cruelmente asesinado por orden de su propio padre.

Se había convertido en un hombre silencioso, frío y distante. Ocupó todo su tiempo con los cargos públicos, pero en su corazón llevaba los recuerdos de un tiempo que nunca volvería.

Por imposición de reglas sociales, se casó con una mujer llamada Minervina. De esta rápida unión nació Crispus.

En ese momento, ya separado de Minervina, Constantinus encontró en el niño su fuente de vida e inspiración. Crispus era un niño hermoso y fuerte, de cabello negro y ojos grandes y expresivos, como los de su padre.

La educación de Crispus fue confiada a un profesor de retórica llamado Lactantius. Mientras tanto, Dioclecia, su amada hermana, cuidaba como a un hijo a su sobrino, ese que, por diferentes motivos, la vida la había privado.

Constantinus y Gaius se dispusieron a cumplir con sus tareas, pero antes que pudieran irse, Dioclecia se acercó cargando a Crispus y se lo entregó a su hermano, quien, orgulloso, dijo:

— Justo ayer mi hijo era muy pequeño, pero el tiempo pasa, crece día a día; pronto será un joven apuesto. Aunque mi relación con Minervina fue un gran error, reconozco que, en realidad, Crispus fue un regalo que el Señor me dejó, aliviando mi sufrimiento por la añoranza que siento por Lucrecia y el hijo que no pude ver crecer.

Crispus no es fruto del puro amor, pero lo amo mucho. Quiero que reciba una excelente preparación militar y que conozca el cristianismo. Será un hombre digno y lo prepararé para que me acompañe en el ejército. Sé mi sucesor en el futuro.

— Y, por supuesto, también será un buen cristiano. Tu madre, Helena, también comparte el mismo pensamiento — completó Dioclecia.

Luego, cambiando de tema y mirando fijamente a su hermano, continuó:

— Puedo ver que estás muy triste hoy. ¿Puedes decirme por qué?

Como quien busca en su propia mente un recuerdo agradable, intervino Constantinus:

— Desde la muerte de Lucrecia, mi madre se ha esforzado por apoyarme alentándome en mi carrera militar. No te lo podré explicar con razón, pero muchas veces cuando miro a Crispus me acuerdo de Lucrecia y de todo lo que vivimos en el pasado. Un anhelo tan profundo arde en mi pecho que desearía que mi corazón se detuviera en ese momento. Nadie ha podido borrar este amor de mi alma.

— Quiero que sepas que si por mí es — dijo Dioclecia — mi sobrino se enterará de tu gran amor. Describiremos todos los detalles que conocemos de Lucrecia, sus hazañas valerosas, sus demostraciones de fe, amor a Cristo y, en particular, cómo conquistó tu corazón, el soldado romano pagano que se hizo soldado del Señor.

Ella no nos dejó. — Besando las manos de su hermana con gratitud, continuó:

— Ella vive en mi pecho, late en mi corazón, respiro su dulce aliento, veo sus ojos cuando cierro los míos. Aunque sus palabras son silenciadas para mis oídos, en mis recuerdos escucho su dulce sonrisa y la voz firme de la mujer que marcó profundamente mi existencia.

Durante todo este tiempo permaneciste solo, ocupado en el trabajo. Cuando se acercó a Minervina, creí que había encontrado un nuevo amor y que me había olvidado de Lucrecia. Desde las torturas sufridas en Nicomedia, sus labios se han callado y nunca he oído un grito suyo.

¿Cómo podría olvidar a alguien que vive en mi corazón? Mi hermana, no hablar de ella no significa que haya eliminado el pasado de mi vida. Ella es parte de mí. Si me excediera en el chismorreo de los faros de ayer, no viviría, estaría sujeto a la prisión de mi propia tristeza. Incluso cuando estaba con otra mujer, no podía dejar de pensar en el pasado. Nadie podrá ocupar el lugar que por siempre le corresponderá a Lucrecia.

Para poder seguir viviendo, traté de involucrarme mucho en el trabajo. Quiero ser útil mientras viva, porque mi soledad solidificó mi fe. Debemos vivir para el futuro, no para el pasado. Daría todo lo que tengo por poder volver a encontrar a Lucrecia, aunque sea por unos instantes. Solo me queda esperar a que la muerte se apiade de mí, para poder tenerla de nuevo entre mis brazos.

En ese momento, Gaius se acercó y besó la frente de su esposa. Ella, a su vez, correspondió con cariño, tomó a Crispus en sus brazos y los dejó solos.

— Yo también extraño a mi familia — dijo Gaius.

Hoy, sin saber por qué, me acordé de mi padre y de mi tío Fabius. Siempre fueron hombres dignos, ejemplos vivos de honestidad y dignidad.

— Créeme – dijo Constantinus – Petronius era alguien muy querido y respetado, como un padre, el que de verdad quisiera tener en mi vida. Fue un hombre honorable y en el tiempo que vivimos juntos traté de aprender de sus logros el significado de la disciplina, la ética y la moral.

Gaius, sintiendo la preocupación visible de su cuñado, puso una mano sobre su hombro y continuó:

— ¿Qué te preocupa? ¿Puedo compartir tus pensamientos?

Mi padre me llamó con urgencia. y mejor seguir.

Averigüemos qué está pasando.

* * *

Cuando llegaron al palacio de Constantius después de los saludos habituales, Constantius miró a Caius y dijo con ironía:

— Veo que el hijo de Petronius continúa fielmente a vuestro lado y al de Dioclecia. Realmente no entiendo por qué insisten en quedarse al lado de ese bastardo.

Gaius miró fijamente a su cuñado, buscando la fuerza para no complicar la situación. Él, al darse cuenta que el interés de su padre era generar un conflicto serio, tomó la palabra:

— Sé que no me llamaste aquí para hablar de tu hija olvidada.

— Nunca entendí por qué defiendes tanto a tu media hermana. Ella es el resultado de otra relación que tuve en tiempos remotos. Me aseguré que esta historia no apareciera en las páginas de mi vida. Digo que muchos que se involucraron conmigo no me acuerdo. Estaba esa sombra del pasado, que Theodora no me perdonó.

Hasta el día de hoy, no entiendo por qué acepté su imposición de reconocer a Dioclecia como una hija. ¡Desprecié a tantos otros hijos que podrían serme útiles! Lamentablemente, él la encontró. Luego la adoptó como si fuera su propia hija. Viví muchos amores, de estos amores me quedó aquella de la que hace mucho tiempo trato de deshacerme.

— Dioclecia es muy especial para mí. Estaba de campaña cuando la encontré en esa ciudad, lejos de Alejandría. Sufrió todo tipo de privaciones, hambre y frío. Cuando encontré a esa niña en un estado miserable, pregunté si era hija de esos aldeanos, el hombre grosero y borracho me dijo que le habías dado a la niña recién nacida para que la vendiera como esclava. Ofrecí algo de dinero mísero y el hombre infame aceptó. Detalló su relación con una mujer noble que repudió a su propia hija. Te obligué a reconocerla como una hija, para que tuviera respeto. Ella nunca te necesitó; por el contrario, ella fue educada, tiene una familia y está establecida en nuestra sociedad, sin tu injerencia.

— No me hagas acusaciones. Todo lo que he hecho en mi vida ha sido lo mejor para mí — Nervioso Constantius prosiguió:

— No sé por qué, pero tu hermana me molesta como un enemigo.

— De todos tus hijos ilegítimos, la única a quien respeto y reconozco es Dioclecia. Sé que sus sentimientos por mí son completamente sin pretensiones. Los otros hijos tuyos con Theodora son criaturas oportunistas que no quiero a mi alrededor, excepto por los temas políticos. Estoy seguro que las líneas de su historia no incluirán el nombre de mi hermana, pero en mi alma ella y la familia de Petronius nunca serán olvidadas y haré todo lo posible para preservarlos públicamente en mi vida.

— A veces pienso que la sangre que palpita en ti no es mía, sino de tu madre Helena. Sé que ella te apoyó en asuntos religiosos solo para ofenderme. Y ahora, mostrando simpatía por su Dios, entonces ella, una mujer que no tiene valor.

— No me sorprende tu prejuicio — respondió Constantinus, inquieto —. Mi madre se convirtió hace mucho tiempo y está trabajando por la causa cristiana, apoyando a las comunidades establecidas en el Imperio. Comprendió mis propósitos y abrazó la causa como lo hicieron una vez el general Petronius y sus hombres.

— Ha pasado el tiempo y todavía escucho el nombre de los fantasmas de Petronius y de esa maldita cristiandad.

— Eres mi padre, pero estamos estrictamente obligados por la política, así que respeta el apellido diezmado. El soldado a Gabus lamentó lo que hizo con Lucrecia y con mi hijo a tus órdenes. Un día, cuando estábamos en la batalla, él fue herido y, antes de morir, me confesó tu astuto plan. Te desprecio y no permitiré que manos marcadas por el odio se acerquen a los que quedan a mi alrededor. Si quieres hablar de asuntos militares, aquí estoy; sin embargo, si quieres hablar de asuntos familiares, me despido ahora.

— ¡Calma! — dijo Constantius, quien, cambiando el curso de la conversación, continuó:

— Hablaremos del futuro. Tu venida aquí me hace feliz, porque fortalecerá el poder en nuestras manos. Tendrás mi apoyo en los campos de batalla. También comencé con los ejercicios una campaña a tu favor. Los soldados te respetan y se sienten honrados de servir a tu lado. Sé que eres un excelente militar. Juntos venceremos a nuestros oponentes políticos.

— No se equivoquen sobre mi venida, ni sobre mi apoyo. Estoy aquí por mis deberes públicos, mis intereses personales y no para favorecer a nadie.

Tras una exhaustiva y larga conversación sobre las estrategias y objetivos militares del tetrarca, se despidieron y se dirigieron a los campos de entrenamiento de los soldados.

* * *

Mientras los asuntos políticos agitaban al Imperio, en Occidente la intimidad de la familia de Maximianus Hércules también se vio comprometida bajo el peso de su propio pasado.

Limea[38], mujer hermosa, pero astuta y fría, vivía entre sus maldades y los excesos de su vanidad. Mantuvo en secreto su romance con Flaminius quien sirvió en los ejércitos de Maximianus Hércules.

Fausta, hija de Maximianus Hércules, se había convertido en una bella joven, manteniendo la tradición de las costumbres romanas entre simbolismos, excesivos apegos a la materia y las tradiciones religiosas de su origen.

Esa noche, en el salón principal, Limea, exuberante en su belleza, esperaba la llegada de Flaminius a ese lugar, mientras escuchaba a Fausta hablar de sus sueños infantiles.

El oficial Flaminius había sido transferido para asumir sus funciones en la guardia de seguridad de la familia. Llegó desde Tesalónica directamente al palacio de Maximianus.

Cuando llegó, saludó a Limea con discreción. Acto seguido, atónito, se detuvo frente a Fausta y, sin disimular el asombro mezclado con la alegría, al ver que la muchacha se había transformado en una hermosa mujer, le tomó la mano, diciendo:

— Cuando te vi por última vez, eras solo una niña. Me sorprende, te convertiste en una mujer con cara de niña. Los dioses fueron misericordiosos, otorgando tanta belleza a una sola criatura.

---

[38] La historia de Limea fue contada en la primera parte: ella vivía en régimen de concubinato con Maximianus Hércules y mantenía un romance secreto con Flaminius (N.M.)

La joven se envolvió con esas palabras, sumergiéndose en la mirada de ese hombre, lo que despertó un sentimiento que nunca antes había sentido. Limea, tratando de romper la emoción del momento y queriendo estar a solas con Flaminius, llamó a un sirviente y le dijo:

— Fausta debe estar cansada. Ayuda a la joven a recuperarse.

Sin contradecirla, Fausta se retiró, pagando su timidez, cuidado con la mirada de Flaminius.

Limea lo actualizó con todos los datos de sus intereses, pero él mantuvo la mirada perdida, como si no escuchara nada. De repente intervino:

— ¿Y Fausta? ¿Está comprometida? El tiempo ha sido un verdadero amigo para ella, transformándola en una mujer hermosa y exuberante.

— ¿Qué le pasó? No escuché un solo trabajo dije. ¿Dónde está tu cabeza? Creo que es mejor no traicionarme, porque es mejor ser mi aliado que mi enemigo. ¡Me conoces y sabes de lo que soy capaz!

— Querida mía — respondió Flaminius sin ingenuidad — nunca podría traicionarte. Estoy exhausto, y será mejor que descanse un poco. Hablaremos por la mañana.

Después de hablar un poco más, se fueron a descansar. Limea partió llevándose consigo sus sueños de ascenso, y el oficial, el encanto de la pasión despertada por Fausta.

4.—
EL DESPERTAR DE UN LÍDER

Esa mañana, antes de salir a inspeccionar las tropas que irían a reformar, las fronteras del Rin, Constantinus y Gaius fueron al palacio de Constantius a petición suya.

En el vasto salón principal, Constantius estaba rodeado por varios nobles influyentes del Imperio, entre ellos Senadores, miembros del ejército y por Tigerinus, un oficial de confianza.

— Acabo de regresar del este — intervino Tigerinus.

Allí tuve la oportunidad de estar con Maximinus Daia. Me sorprendió el éxito que tuvo en la confiscación de los bienes de cristianos con miras a restaurar la economía de esa región —. Con arrogancia prosiguió:

— Los cristianos fueron diezmados y todos los bienes pasaron a manos de Daia. Sugiero que nosotros hagamos lo mismo. Así tendremos seguridad económica por algún tiempo. Además, restauraremos nuestras tradiciones al prohibir este culto maldito. Debemos silenciar a los conversos sin piedad, obligándolos a obedecer, con extrema humillación, nuestros rituales.

Aunque Dioclecianus promovió las persecuciones, como todos saben, hasta entonces yo permanecía ajeno a las cuestiones religiosas que involucraban a la secta cristiana – dijo Constantius —. Pero ahora no puedo ignorarla. He estado observando, y nos puede ser muy útil, porque tanto económica como militarmente necesitamos más soldados para nuestras tropas. No dudo en afirmar que seremos un ejército invencible, por lo que sugiero que continúen las persecuciones.

Invertimos en nuestros ejércitos para que puedan estar en condiciones de dominar a los seguidores de la cruz. Estoy de acuerdo contigo, amigo mío. Estas personas nos desafían con su demostración de fe y rigidez al tratar con los dioses de nuestros linajes.

Movamos nuestras tropas y avancemos contra los cristianos. Quiero que mi hijo Constantinus lleve a nuestra gente al norte, porque tengo entendido que muchos se han refugiado en esa región.[39]

Constantinus escuchó todo de pies a cabeza, insatisfacción y vergüenza en su rostro. Las palabras de Constantius lo pusieron de pie. Con los puños cerrados, mirando profundamente a los ojos de su padre, lo repudió:

— No desconocía la información sobre las persecuciones, pero temía haber conspirado contra los cristianos.

— Mis temores estaban bien fundados. Si crees que uniré los ejércitos por esta causa, te equivocas —. Respirando hondo, continuó:

— En cuanto a las barbaridades que escuché aquí, solo puedo decir que el Imperio se ha convertido en un despreciable saqueador y asesino. ¿Cómo quieres restaurar la economía de un Imperio haciendo confiscaciones? — Mirando a su padre, continuó:

---

[39] La región citada es la actual Escocia y parte del norte de Gran Bretaña. (N.A.E. Bernard)

— Y tú, padre mío, ¿te crees un conquistador al lado de estos cobardes? Desde la antigüedad, nuestros antepasados actuaron con tanto exceso que ahora estamos sufriendo las consecuencias de estas frívolas administraciones.

Pasaron a la historia porque fuiste incapaz de reinar con dignidad u originalidad. Estoy hablando de un imperio, reformulación, ciudades construidas para servir a la gente, de libertad religiosa y no de un falso culto para mantener la alucinación de gente como esta de aquí, es fácil masacrar porque no sabes lo que es realmente el arte de gobernar. Tus ideas son frágiles como esos hombres que te rodean. Lo perderás todo porque no sabes cómo pensar ni organizarte, solo eres un tonto vestido con honores de Emperador.

Estalló un motín. Tigerinus, gritando, se abalanzó contra Constantinus:

— He matado por mucho menos. Te arrancaré la vísceras, no dudes de mí. Odio estos conceptos cristianos.

Lo que está en juego es el restablecimiento de nuestra economía, economía y tradiciones. Apoyaré a todos los que luchan por estos hechos.

— Me avergüenzo de tus acciones. Digo eso, pase lo que pase, te devolveré todo lo que has tomado de estos inocentes.

Marcharé, con mis aliados, sin piedad alguna, sobre todos los que están aquí. Haré que el imperio no sean las páginas envejecidas de una historia muerta. La fe cristiana será verdadera. Créanme, todos los que participaron en esta masacre y los que están presentes en esta sala: olviden que alguna vez fueron miembros del ejército romano o del Senado. Me someteré a cualquier cosa para hacer reverenciar al cristianismo.

— ¡Infame! Será asesinado por su injuria. Nunca alcanzarás logrado sus objetivos absurdos —dijo Constantius enojado—.

"Nomine christianorum deleto"[40] ese era el lema de Dioclecianus y ahora será el mío.

— No lo creería, porque el nombre del Nazareno nunca será proscrito — dijo Constantinus —. Haré que te sobreviva a ti y a todos los demás que vendrán después de ti. Sirve en el ejército y marcharé con mis tropas, solo que jamás contra los cristianos.

Resuelto, Constantinus, acompañado de su cuñado, se retiró.

Descendiendo rápidamente las escaleras del palacio, Gaius dijo, preocupado:

— Hasta hoy, no has perdido una sola batalla, pero acabas de declarar una guerra, la peor a la que nos hemos enfrentado hasta ahora. Pase lo que pase, estaré a tu lado.

— No podía escuchar esas barbaridades sin tomar acción. Cuando tu prima vivía, prometí que protegería a los cristianos con mi sangre.

El soldado Flavius Valerius que conociste, murió junto a Lucrecia. Lo mejor de mí estaba en silencio en el pasado. Por Lucrecia y por mi amor por ella, llegaré al Imperio. Siempre he luchado contra hombres mediocres que hicieron de la Tierra la fuente opresiva de los corazones de otras personas. Ahora, lucharé en nombre de un emperador llamado Jesucristo.

✱ ✱ ✱

Un año después de aquel encuentro entre múltiples conflictos políticos, religiosos e ideológicos, en junio del 306 d.C,

---

[40] "El nombre de los cristianos está fuera de la ley" o "Por la fama de los cristianos destruidos." (N.M.)

Constantinus se había instalado en Tréveres, junto con Caius, Dioclecia y el hijo Crispus.

Mientras tanto, el amor de Flaminius y Fausta se consolidaba en la clandestinidad. Limea no sospechó la infidelidad y siguió compartiendo sus secretos con él como en el pasado. Este hombre se sometió a todos sus deseos y caprichos, para no alejarse de Fausta, mientras Limea seguía los movimientos políticos del momento, apuntando a garantizar sus propósitos personales.

Esa mañana, Constantinus regresó de York con la noticia de la muerte de su padre Constantius. En el jardín del palacio, encontró a Dioclecia, Helena y Samir. Después de los saludos, abrió su corazón:

— Doy gracias a Jesús, porque siempre estás en mi vida en los momentos más importantes y muchas veces de sufrimiento. Constantius es el lema —. Suspirando, continuó:

— Entre nosotros siempre ha habido una gran diferencia que, a veces, se confundía con odio. Estaba cegado por el poder y siempre me usó para permanecer en el poder. Créanme, no me considero una víctima porque también lo usé para alcanzar mis metas, lo que siento en este momento no es más que compasión.

Que el Señor tenga piedad de esa alma atormentada — dijo Dioclecia — pero no puedo decir que siento su muerte, me odiaba. Para él siempre fui una pesadilla viviente. Una cosa que haré es orar, con compasión.

— Confieso que durante mucho tiempo odié a tu padre — dijo Helena —. Días me amargaba el rechazo y no quería entender las razones que le hacían preferir a Theodora a mí. Pero después de conocer a Lucrecia y el cristianismo, alivié mi corazón y entregué mis sentimientos a Jesús. Esto me consoló y me hizo perdonar a este hombre insensible y cruel. Ruego a nuestro Señor que tenga piedad de él.

Samir los escuchó en silencio, buscando inspiración:

— Somos hijos de Dios, esta es la primera verdad de nuestra vida. Nos unen los lazos familiares. Bajo un mismo techo encontraremos amadas criaturas que aprenden a vivir, transformando cada minuto en líneas eternas para ser escritas en los libros de nuestra vida.

— Mi amigo — intervino Constantinus— sé que él tuvo la culpa de la muerte de Lucrecia y hasta traté de perdonarlo. Ahora, con su muerte, no siento odio, comparto las ideas de Dioclecianus, siento misericordia. Era un hombre loco y cegado por el poder. Me uní a él en muchas ocasiones por conveniencia política, luché a su lado porque buscaba lograr mi objetivo, pero en los sangrientos campos de batalla lo vi como si fuera un soldado raso.

Samir comenzó una emotiva oración, llena de inspiración celestial:

— *"Enséñanos a contar nuestros días, para que tengamos corazón de sabios."*[41] Señor, recordamos nuestro pasado para encontrar en la paz de nuestra conciencia la certeza que todos pueden volver a tu mundo y encontrar refugio en tu amor.

Recibe en tu corazón a este que regresa, pero que aun no había despertado a la realidad de un reino de esperanza y justicia. Pon la plenitud del amor sobre este hijo de Dios, y sobre nuestra alma la luz del perdón, alejando de nosotros los juicios que hicimos como si fuéramos jueces de vuestras causas.

Ayúdanos a respetar los errores de los demás, para que podamos transformar nuestros errores en oración constante. Aceptar con

---

[41] Salmos, 90:12. (N.A.E. Fernando)

resignación todos los acontecimientos de nuestra vida como si fueran la certeza de la evolución de nuestros sentimientos hacia la claridad de nuestra conciencia. Entregamos en tus brazos a todos los que estuvieron involucrados con Constantius, para que lleguen a Dios.

La oración de Samir sirvió de acogimiento esclarecedor para los corazones presentes. Bajo este clima emotivo permanecieron unas horas más, entre saludos y recuerdos.

5.—
DEL DOMINIO AL EGOÍSMO, A LA PARTIDA DEL GRAN AMIGO

El tiempo siguió su curso y hemos entrado en el año 307 d.C.

Constantinus fue aclamado por el ejército de su padre en Oriente, con el título de César.

Con la muerte de Constantius, Maximianus Hércules se vio favorecido, vislumbrando un poder centralizado en sus manos. Se unió a varios enemigos de Constantinus, fortaleciendo su influencia en los asuntos imperiales.

El odio por Constantinus creció en el corazón de Maximianus, pero al mismo tiempo vio en este hombre el instrumento que lo ayudaría a conquistar sus propósitos egoístas. Su hijo Maxentius levantó la hostilidad de sus ejércitos contra las reformas llevadas a cabo por Constantinus, intensificando la ofensiva contra el pueblo cristiano.

En este escenario, Constantinus, con su familia y Samir, se dirigieron a Milán, donde Maximianus le ofrecería todo su apoyo.

Durante el trayecto, Samir permaneció en silencio, inmerso en una profunda meditación. Constantinus, observándolo preocupado, preguntó:

— Amigo, pronto llegaremos a nuestro destino, pero siento que algo te molesta. Cuéntame que es eso. ¿Puedo aliviar tu alma?

— Hijo mío, todavía te miro y veo a ese joven lleno de sueños y esperanzas, tocando a mi puerta para bendecir, en el nombre de Jesús, tu unión con nuestra querida Lucrecia. Seguí los pasos de tu vida, la muerte de la familia Petronius, el nacimiento de tus hijos Flavius Aurelio y Crispus, tu ascenso y tu brillantez como jefe de Estado. Temo que te pierdas por los caminos del mundo, haciendo que el puente que une tu corazón con Jesús y Lucrecia se convierta en un larguísimo camino para que sus almas se reencuentren.

No entiendo nada de batallas, conquistas de tierras o imperios. Sé que nuestra vida tiene tareas intransferibles para los asuntos del Señor. Soy viejo, sé que pronto dejaré esta vida, siento que mi misión está llegando a su fin, pero me gustaría verte consciente de tu camino. Por nada ni por nadie, no renuncies al cristianismo.

— Escucharlo llamarme hijo es un honor para mi corazón cansado. Me convertí en un muro, pero no ocupes tu mente con preocupaciones sobre el rumbo de mi vida, solo Jesús me perdonará por mis actitudes. He vivido para cumplir mi promesa de liberación a los hijos de Dios. El Señor puso en mis manos la espada de la paz, pero también me obligó a derramar mucha sangre. No desprecio lo que aprendí de Lucrecia y de ti —. Sacando un pañuelo debajo de su pulsera de oro, continuó:

— La última vez que la vi, me dio este pañuelo y, cada vez que lo miro, veo impreso el rostro de Jesús.

Todo lo que hice fue no solo para garantizar el poder en mis manos, sino para consagrar mi vinculación con la causa cristiana. Lucho por la justicia, aunque a veces me equivoque. Lucho por aplicar los conceptos que aprendí bajo la protección celeste, soy consciente que seré condenado por mis acciones, pero, dentro de las posibilidades que se me encomiendan, trato de aprovechar el momento para crecer y un día encontrarme con los seres que amo y bendigo, amado por Jesús. Si pierdo la razón o necesito actuar con severidad, cuento con la luz divina para guiarme. Solo Jesús tendrá misericordia de mí.

— Ten cuidado contigo y con tu hijo Crispus — dijo Samir —, sabes bien que nos vamos a encontrar con los lobos y no sabemos el futuro.

— *"Solo en Dios descansa mi alma, de él viene mi salvación; solo él es mi roca, mi salvación, mi fortaleza."*[42]

Constantinus intervino.

— Para preservarlo de mis enemigos, lo mandé a educar a Nicomedia, al cuidado de Lactantius, un amigo africano y, sobre todo, cristiano, en quien tengo gran confianza. Con él, Crispus estará bien. Además, tendrá la enseñanza necesaria para que él alcance las filas imperiales. No dudo en soñar que será mi sucesor.

— Entiendo tus propósitos. Dondequiera que esté, seguiré tus pasos. Eres el hijo que nunca tuve. Llevaremos siempre en nuestro corazón a aquellos que amamos en lo más íntimo de nuestra alma.

— No hables así. Sus palabras suenan a despedida.

— Estamos entrenados para la vida, como en el ejército; pero en cuanto a la muerte somos niños que apenas pueden caminar. La muerte es una continuación de la vida. Así que vivimos por un mundo diferente, pero no lejos de los que amamos.

Al son de la marcha de los caballos y los gritos del guardia que conducía la caravana, Constantinus y su familia se dirigieron a

---

[42] Salmos, 62: 2—3. (N.A.E. Bernard)

Milán, sin sospechar que vivirían en las sombras del pasado y sobre todo bajo el veneno egoísta de los corazones enfermos.

✳ ✳ ✳

Al llegar a Milán, fueron recibidos por Maximianus Hércules en su palacio.

— ¡Que los dioses nos cuiden! Me alegro que hayas traído a toda la familia. Creo que hiciste bien en traerlos, estarán bien acomodados con nosotros.

Interrumpiendo las bromas de llegada, la voz sarcástica de Limea se escuchó, trayendo hostilidad al ambiente. Maximianus, percibiendo su intención, intercedió:

— La fatiga del viaje siempre nos vuelve irritables. Y será mejor que descansen para que podamos hablar durante la cena.

* ¿No se dieron cuenta? El amigo trajo a su familia porque creo que piensa quedarse bajo el clima de nuestra región.

Constantinus observó en silencio las actitudes falsamente amistosas de Maximianus.

✳ ✳ ✳

Horas después, en el comedor, la sencillez de Samir se perdía en medio de tanto lujo. La vajilla relucía en manos de los humildes servidores y los desmanes por todo el recinto se sucedían ante los ojos de los invitados. Fausta, encantada con la presencia de Flaminius, trató de ocultarlo, desviando la mirada hacia la copa de bebida en la mano del soldado.

Limea sonrió, atrayendo la mirada de los líderes del ejército. Constantinus guardó silencio, sus pensamientos muy alejados de ese ambiente vacío. El general Gaudentius encaminó la conversación hacia los intereses de aquellos corazones endurecidos:

Con la muerte de Claudius Tertulianus — dijo Maximianus con autoridad — Galerius nombró a Licinius para tomar su lugar. Maxentius, sintiéndose menospreciado, se proclamó Augusto y, mostrando una locura visible, se volvió contra mí, su propio padre. También os ofrezco mi apoyo y el de todo Occidente.

— ¿Qué quieres con esta demostración de amistad?

— ¿Qué tendré que hacer para conseguir el apoyo de Occidente? — Preguntó Constantinus preocupado, pero manteniendo un rostro serio y frío.

Muéstrame tu lealtad casándote con mi hija Flavia Maxima Fausta — dijo Maximianus — y firmaremos mi parte en los asuntos del Imperio de una vez por todas.

Fausta y Flaminius no ocultaron su descontento. Ella, desesperada, se levantó gritando:

— Padre mío, no me sometas a tal imposición. No conozco a este hombre, no tengo ningún sentimiento por él.

— ¡No seas tonta! No hay amor en asuntos políticos — respondió Maximianus, irónico —. Haz exactamente lo que te ordeno y no te atrevas a contradecirme.

Molesta, Fausta se retiró seguida de Flaminius.

Constantinus, dominando la situación, preguntó:

— Para asegurar mi lealtad, ¿me ofrecerías a tu hija?

— Sí. Esta es una idea antigua compartida con tu padre Constantius, mucho antes de la muerte que nos lo arrebató. Además, tengo que asegurarme. Eres un excelente estratega, loco es aquel que te subestima. Este es el precio de mi apoyo. Quiero estar seguro que formamos una alianza inquebrantable.

El general Gaudentius se levantó y ordenó:

— Con tu simpatía por los cristianos te has ganado varios enemigos, que esperan una oportunidad para sacarte de la escena política. No tienes elección. Sabes muy bien que tenemos suficiente poder para librar una batalla contra ti. Recuerda que solo fuiste aclamado por los ejércitos de tu padre. Necesitas este apoyo. Estará solo y sus ideales cristianos serán completamente silenciados. Aceptando el matrimonio, no habrá motivos para marchar en su contra y estaremos consolidando nuestra unión.

Constantinus fue acorralado. Los años de soledad endurecieron su corazón hacia las cuestiones políticas. Aquella situación lo puso nervioso, su rostro brillaba de sudor, el silencio lo había silenciado profundamente, pero, superando el duro impasse, respondió:

— No tengo otra opción. Tengo que asegurar mis propósitos políticos —. Respirando con dificultad, continuó:

— Acepto.

Dioclecia, al darse cuenta de la gravedad de la situación, tomó la mano de su esposo, buscando un alivio momentáneo para su aflicción. Su hermano estaba sin hogar. Samir, muy preocupado, se retiró.

✳ ✳ ✳

Mientras tanto, en el jardín de la residencia, la desesperación de Fausta fue compartida con Flaminius:

— ¿Qué haremos? ¿Cómo pudo mi padre obligarme a casarme con ese hombre? ¿No es suficiente esconderse de Limea para no ser asesinada?

— ¡Querida, tómalo con calma! Seguiremos como estamos. Tendrás que aceptar las órdenes de tu padre, nunca habría concebido nuestra unión. Te ruego que lo aceptes, sabremos vivir con los pocos momentos de nuestra vida.

Preferiría morir antes que perderte. Haré lo que creas mejor.

Cómplices de un amor peligroso y secreto, aquellos corazones seguían hablando de las futuras puestas en escena que tendrían que hacer para conservar esa unión que traería mucho sufrimiento y aprendizaje a sus almas.

* * *

A altas horas de la noche, en la biblioteca, Constantinus y Samir disfrutaban de una copa a solas. Dioclecia y Gaius se acercaron. Indignado, Dioclecia preguntó:

— Hermano mío, ¿por qué aceptaste este matrimonio de conveniencia con esta joven?

— Si hubiera respondido que no, habrían articulado mi perdición y todo el trabajo habría sido en vano. Juré que no querría a nadie después de Lucrecia, pero esos lobos saben cómo atarnos las manos. No tengo salida, ni este matrimonio ni la pérdida de mi poder, ni la muerte de personas inocentes. En ese caso, no puedo hacer nada más que aceptar esta alianza.

— Amigo mío — dijo Gaius preocupado —, lo entiendo, pero temo por ti. ¿Qué pasará ahora?

— Ahora será el comienzo de mi crucifixión...

* * *

En un período de cuarenta días, en la ciudad de Aquilea, Constantinus se casó con Fausta. El día de la boda, la ostentación fue visible y el gusto de Limea se extendió por todas partes. Estuvieron presentes muchos nombres ilustres e influyentes del Imperio.

Mientras todos se divertían, la cara de Constantinus era de infelicidad. Después de la ceremonia, se alejó del ajetreo y se dirigió al jardín en busca de aire puro.

Caius, desesperado, se le acercó con discreción y le avisó:

— Cuñado, Samir, se está muriendo. Desde el principio, ha estado sufriendo de fuertes dolores en el pecho. Dioclecia llamó al médico, pero no pudo hacer nada.

Constantinus no perdió tiempo en correr a ver a su amigo, pero cuando llegó, el médico anunció:

— Lo siento, pero sufre de una enfermedad desconocida.

Dioclecia, sentada al lado de la cama de su amigo, tomó su mano descarnada. El anciano cristiano, al notar la presencia de Constantinus y Gaius, dijo:

— Perdóname por tener que irme ahora, pero estoy feliz de estar con mi familia. Este es el momento de sembrar todo el amor que el Señor ha depositado en nuestros corazones. Sé que no estaré aquí para ver la señal de Jesús brillando sobre ejércitos y campos de batalla.

Me toca a mí pasar por la transformación del alma y tendré que ser fuerte para enfrentarla solo. La muerte es el progreso hacia la evolución, y la vida es la luz. Dejaré a mis hijos en la Tierra, pero tomaré a cada uno en mi — Después de un ataque de tos, continuó:

~211~

— El día de tu unión con Lucrecia lloré de alegría, hoy me entristece tu matrimonio, porque sé que no hay amor, la causa cristiana es su objetivo.

Que el Señor bendiga sus almas, porque solo así entenderemos este momento de sacrificio. *'Porque todos compareceremos ante el tribunal de Dios.'* Porque escrito está: *Por mi vida, dice el Señor, que ante mí se doblará toda rodilla y toda lengua da gloria a Dios. Así cada uno de nosotros dará cuenta a Dios de sí mismo."*[43]

La voz ronca de Samir se quedó en silencio. Los ojos se cerraron lentamente, mostrando que el anciano cristiano estaba rodeado por los brazos de la paz.

Mientras la familia de Constantinus, emocionada, preparaba su cuerpo envejecido, Samir, liberado de los sufrimientos que padecía, era recibido en el piano espiritual por sus amigos Apolonius Copérnicus y Eustaquio. Con emoción, Eustaquio extendió la mano:

— "El Señor te bendiga y guarde. Señor, haz resplandecer tu rostro hacia él y sé amable con él. Señor, muéstrale tu rostro y concédele la paz.[44]" Querido mío, ven, muchos te esperan, seguirás, pronto, ayudando a los que se quedaron en la Tierra, pero ahora es necesario que sigas con nosotros.

— ¡Me sorprende encontrarte, pero me preocupa dejar a mis amores en la Tierra tan violentos! ¿Soy digno de seguirlos?

— Si estamos aquí, es por qué el Señor nos ha llamado a guiarte a la nueva etapa de tu vida. Vamos, dejen a estos hijos de Dios donde están, siguen comprometidos con su propia vida.

---

[43] Romanos, 14:10—12. (N.A.E. Ferdinando)
[44] Números, 24—26. (N.A.E. Bernard)

Rezando, Samir se despidió de sus amigos en la Tierra y se fue junto a sus viejos amigos.

✳ ✳ ✳

Mientras tanto, en la sala lúgubre, un emocionado Constantinus le preguntó a Gaius:

— Cuñado, haz que sea enterrado en suelo cristiano.

— No te preocupes, me encargaré de todo yo mismo.

El Emperador suspiró:

— Poco a poco siento que nuestra familia va disminuyendo. De hecho, solo me quedan tres conexiones, tú, mi hermana y mi hijo Crispus.

— Yo también comparto ese sentimiento, pero ahora está casado. ¡Quién sabe, vendrán tus herederos o sucesores! Quién sabe, ¡será feliz con su nueva esposa! — Respondió Gaius.

— Mi sucesor será Crispus. Él será entrenado para esto. Mi hijo será cristiano, quiero que entienda mis conceptos de un imperio justo. ¿Hablar de felicidad? Lo experimenté durante el tiempo que viví con tu prima; hoy en día, no sé si existe. ¿Cómo ser felices cuando nos unimos con aquellos a quienes no amamos? ¿Cómo ser feliz, si nuestro corazón solo está vivo por alguien que está en el pasado? Lo único que espero es que este sacrificio mío no sea en vano.

— Ten la seguridad que el Señor guiará nuestras vidas", dijo Gaius con tristeza —. Tengamos fe y buen ánimo. Samir se fue, pero todo lo que nos enseñó acerca de Jesús nunca nos lo quitarán. Eres el hermano que nunca tuve. Quiero que cuentes conmigo, pase lo que pase, siempre estaré a tu lado.

El tiempo avanzaría, llevándose consigo las marcas del pasado, invitando a estos cristianos a caminar a la luz de un mundo nuevo, haciendo germinar en sus corazones la semilla del amor que dejó Samir.

* * *

Un año después de la muerte de Samir, en el 308 d.C, Constantinus y su familia regresaron a Tréveres.

Helena y Dioclecia fortalecieron cada vez más su amistad. Para protegerlos de sus adversarios, Constantinus y Gaius reforzaron la seguridad.

Flaminius vivía una cálida y secreta pasión por Fausta y, valiéndose de astutos medios, logró trasladarla a esa región, en la guardia personal de su amada, quien pasaba la mayor parte del tiempo de ella sola, mientras que Constantinus permanecía en constante actividad al mando de sus ejércitos

El tiempo avanza sin piedad entre hechos políticos, guerras, conquistas, ambiciones y traiciones.

En ese año 310 d.C, Maximianus Hércules, cegado por la pompa que le deparaba su posición, descubrió que su estrategia de imponer una alianza familiar entre su hija Fausta y Constantinus no le había dado los resultados esperados. Sus objetivos de dominar a Constantinus no tuvieron éxito. Por ello, se unió a los enemigos de Constantinus, promoviendo una gran persecución de los cristianos en las inmediaciones de Roma. Este hecho hizo que Constantinus no dudara y marchó desde el Rin hasta Marsella donde derrotó sin piedad a su suegro.

Con la muerte de su padre, Maximianus Hércules, Fausta fue a Galia escoltada por su guardia personal dirigida por Flaminius.

Después del agotador viaje, mientras Fausta se acomodaba, Limea ordenó a un sirviente que fuera a buscar a Flaminius. Cuando llegó el soldado, con la frialdad propia de su personalidad, pronto reveló sus confesiones.

— ¡Estoy feliz! De todos modos, Maximianus está muerto. Todos mis intentos no fueron en vano. Hoy tengo todo lo que quiero. Fausta me mantiene en el centro de atención. Por fin estoy libre de ese miserable perro. Ahora podemos mantener nuestro romance sin preocupaciones. Fui a Tréveres con Fausta.

— Me preocupo por Fausta. ¿No sería mejor esperar un poco más antes de volver con nosotros? — Paseando por el recinto, prosiguió Flaminius —. Todo el mundo sabe que ella y el Emperador viven de las apariencias. Ella sufre mucho con la imposición de esta unión.

— No seas tonto. Está decidido que iré con ustedes —dijo Limea, notando el nerviosismo del oficial —. Además, ¿cómo sabes tanto sobre esta mujer?" ¿Cómo la conoces tan bien?

— Yo solo observo cosas — dijo Flaminius disimuladamente—, después de todo, hemos estado juntos durante tantos años que estoy al tanto de todos los acontecimientos en esta familia.

6.—
VISIÓN GRANDIOSA

En el año 312 d.C, los conflictos provocados por las actitudes del Emperador Maxentius contra el cristianismo y las reformas administrativas, sociales y económicos continuaron preocupando a muchos segmentos políticos. Muchos querían su dimisión. El Emperador ganó el apoyo del pueblo, fortaleciendo su acción en todos los sectores de la sociedad.

Maxentius, hijo de Maximianus Hércules, después de la muerte de su padre, se rebeló al ver el ascenso de Constantinus, y para ese momento ya era visible su locura. Se había convertido en tirano y usurpador. Enloquecido por cuestiones políticas y para mantenerse en el poder, decidió marchar, confiado en la victoria, contra el ejército de Constantinus.

En octubre de ese año, Constantinus y Gaius marcharon al norte de Roma para la batalla decisiva. De noche, en el campo de batalla, cuando los soldados descansaron del agotador viaje, el Emperador solo repasó las estrategias de combate que usaría en la mañana, se sentó y el cansancio se apoderó de su cuerpo, haciéndolo caer en un repentino e incontrolable sueño.

Liberado de los tormentos humanos y del peso de su propio cuerpo, Constantinus amaneció en un inmenso jardín en lo alto de una colina. Sintiendo el aroma de las flores, se vio caminando entre seres felices. Sorprendido, vio a Samir junto a Apolonius, Eustaquio, Fabius y Petronius.

El resplandor de aquellos hijos de Dios resplandecía paz, dilatando el candor de un intenso amor fraterno; Apolonius se acercó. Su luz hizo que el Emperador, conmovido, sufriera una caída. El magnetismo de su voz lo envolvió de amor.

— Aquí llegaste traído por la fuerza de atracción de nuestros sentimientos. Nos une el amor y las tareas intransferibles que el Señor nos ha dado en la Tierra. Cada uno de nosotros está en diferentes posiciones, pero todos estamos luchando para que la paz y el amor del Maestro prevalezcan entre todos los hijos de Dios. Ante tanta violencia, ha llegado el momento de encender la luz, de romper las tinieblas que acechan los corazones humanos y que se cumplan las promesas de Jesús, reinar aquí en la Tierra.

En ese momento, el ambiente se cubrió de una luz intensa, impregnada de un amor inexplicable. Apolonius, Eustaquio y Samir, uno al lado del otro, estaban unidos, fusionándose en una indescriptiblemente luz, y juntos se transfiguraron en la imagen de Jesús que se hizo presente.

Constantinus no contuvo las lágrimas. Humildemente susurró entre sollozos:

— Señor, no soy digno de tal emoción. No traigo un corazón puro, mucho menos están limpios mis ojos o mis manos para contemplarte en tal esplendor.

La voz de Apolonius transmitió con calma el mensaje del Maestro:

— No se equivoquen acerca de mi presencia. No estoy aquí por favoritismo personal. Utilizando la bondad de mis eternos amigos, estoy aquí para hacer que mi paso por la Tierra cuente. Para que mis lecciones no se olviden y para que las sombras no sucumban a la esperanza. Afirmo que ha llegado la hora de liberar los corazones que luchan por el cristianismo. Las torturas de la cruz y el egoísmo destruyen las construcciones de amor establecidas en suelo cristiano. Que todas las semillas sembradas por las sabias leyes de mi Padre germinen en todas las generaciones y por los siguientes milenios.

Prometí que no los abandonaría al aire libre de la frialdad humana, estoy vivo no solo en las promesas, sino en todos los corazones para establecer la victoria junto con las almas semejantes, para vencer la impiedad, para hacer brillar y sucumbamos al odio, porque el mundo necesita pasar por los ciclos de renovación que se consolidarán en el futuro. Trabajemos con entrega, acción, fe y amor por la transformación y evolución a los hijos de mi Padre.

Felices los que entienden que el poder es temporal, transformando toda actitud en favor del bien común y del Evangelio, a través del cristianismo. Quitemos los velos oscuros que cubren las mentes temporalmente olvidadas en los caminos ilusorios. Levantemos los ejércitos del amor sobre las murallas romanas, estableciendo para siempre el Reino de mi Padre sin fronteras ni limitaciones demarcadas por el imperio de los hombres. Hagamos prevalecer la verdad celestial con igualdad, en fe y amor constantes.

En ese momento, en las manos de Samir, apareció una pequeña cruz, brillando magníficamente, en la que se podía leer la inscripción: *"In hoc signo Vinces."*[45]

---

[45] "Bajo este signo vencerás." (N.M.)

— Regresa a la Tierra y lucha para que el cristianismo sea eterno luz sobre la humanidad para la liberación del egoísmo y la ignorancia.

Como la imagen de Jesús desapareció en la luz dorada, Samir, acercándose a Constantinus, que sollozaba desconsoladamente, lo tomó de los brazos y lo levantó. Luego, sonriendo con cariño, dijo:

— Hijo mío, regresa a tu misión. Despertará tomando en vuestros recuerdos, la luz, la paz del Señor en vuestro corazón, y en vuestras manos, la valentía de luchar por el cristianismo. La verdadera causa de nuestra vida.

Rodeado por el amor de los benditos emisarios, Constantinus se despertó en su tienda, con una inexplicable sensación de esperanza, paz y coraje.

✳ ✳ ✳

Constantinus fue a encontrarse con Gaius:

— ¿Qué paso? Te ves pálido. ¿Está enfermo? Sabes muy bien que no es momento de desanimarse.

No estoy enfermo. Tuve un sueño. Vi la cruz del Maestro y de ella irradió un sol radiante[46]. Debajo de esta visión, la inscripción *"In hoc signo Vinces."* Este será el símbolo oficial del cristianismo en mi imperio. Moriré por ella, si es necesario. La sacas de las sombras para tener un lugar seguro con el pueblo de Dios. Mis enemigos nunca más usarán el nombre de Jesús en mi contra o para

---

[46] El símbolo del sol se refiere al sueño de Constantinus y no al dios mitológico *"Sol Invictus."* (N.M.)

intimidarme. Estamos en los campos de batalla, porque mis enemigos usaron al pueblo cristiano como armas para ganar poder. Mientras yo viva, el Señor tendrá paz en mi reino.

— Confieso que estoy confundido. Sé que vives para el cristianismo, pero con las primeras luces marcharemos contra Maxentius. Sabes el riesgo que estamos tomando. Perdóname, pero no creo que este sea el momento de volver nuestros pensamientos a nuestra fe. Ahora mismo somos soldados y no cristianos.

— No entiendes, es el cristianismo lo que somos aquí. No perderemos esta batalla. Somos soldados de Jesús — dijo con mucha firmeza —. Antes de subir con nuestros soldados al Ponte Milvia, quiero que nuestros estandartes estén impresos con el símbolo de nuestra lucha, la cruz, y justo debajo la frase de nuestra unión: *"In hoc signo vinces."*

Las órdenes del emperador se llevaron a cabo. Los estandartes llevaban inscripciones cristianas y, en sus escudos, el símbolo de Maestro.

Constantinus, luchando con las armas en la mano y viviendo la fe en su corazón, marchó sin piedad contra el ejército de Maxentius. Tras sufrimiento y cruenta batalla, en el Puente de Milvia, se aclamó su triunfo, asegurándole el poder imperial. Maxentius, derrotado, se retiró y, aturdido, mientras huía, se ahogó en el Tíber.

A partir de aquella batalla que marcó las líneas de su historia, Constantinus libró otra gran e incesante lucha para garantizar sus ideales de paz al culto del cristianismo, liberar al pueblo cristiano de los martirios de la cruz y quitar el nombre de Jesucristo del anonimato, llevándolo a la luz de la libertad.

* * *

Después de la victoria sobre el ejército de Maxentius, Constantinus todavía llevaba consigo la impresión de la visión grandiosa. No ocultó su conversión al cristianismo y su creencia anterior en el dios Sol ya no existía.

El Imperio sintió el poder de su liderazgo, su rigidez, su dura disciplina y sus leyes.

En ese año de 313 d.C, continuando con la causa cristiana, Constantinus se dirigió a Milán[47], para encontrarse con Licinio, jefe de Oriente y sucesor de Galerius.

Esta reunión fue la responsable de la conciliación entre el Imperio y el cristianismo. Por el edicto firmado, Constantinus garantizó la libertad de culto religioso, la suspensión de las persecuciones y la devolución de los bienes saqueados a los cristianos.

Después de los tratados firmados, Licinius comentó:

— Incluso firmando este documento, no espere que comparta sus ideas religiosas y sepa que sus decisiones políticas son muy sagradas para mí. En cuanto a ti, no espero que compartas mis ideales religiosos. Cada uno de nosotros vive con el corazón vuelto hacia lo que más dignifica nuestra propia alma, pero no olvidemos que estamos atados por cuestiones políticas de las que no podemos prescindir.

---

[47] Se refiere al Edicto de Milán. Firmado en 313 d.C, entre Licinius y Constantinus. Véase el libro *Cuando Jesús se convirtió en Dios*, Richard E. Rubenstein, edición de 2001, página 69. (N.M.)

— Bien sabes que Maximinus Daia para mí representa un fuerte enemigo y para ti un impedimento político para consolidar tus propósitos. Escuché que se está armando contra ti. A pesar de nuestra diferencia religiosa, necesito tu apoyo para derrotarlo. Para asegurarme de no marchar contra las personas que amas, propongo que formemos una alianza. Me gusta mucho la idea de casarme con tu media hermana Constantina.

— Todos los que representaron sombras en mi pasado ya se han silenciado. Acepto el acuerdo, pero no me atrevo, en el futuro, a desafiarte o perseguir a los cristianos, ya que olvidaré esta alianza. y lo mataré, como hice con los demás —. firme, continuó:

— Marcharemos contra Daia.

— Tus acciones siempre me sorprenden. Tus actos actúan bajo estricta disciplina, moralidad, leyes severas y centralizas todo en tus manos. Dime: ¿por qué proteges tanto a los cristianos?

— Como hombre público, no creo en un estado que roba bienes para restaurar la economía. Hay otras formas de hacer crecer y expandir nuestro imperio. El cristianismo solidificará la estructura de justicia que sueño para nuestra tierra. Quiero ver crecer ciudades como las propagó Jesús hace tantos años, con amor e igualdad. Muchos suben al Capitolio sin siquiera saber lo que están haciendo. Ofrecen sus bienes como sacrificio, siguen dogmas y no conocen el verdadero sentido de la fe. Las enseñanzas de Cristo abrieron las puertas para que todos abandonaran el egoísmo y usaran la vida de manera racional, libre de cualquier ambición. Quiero gobernar ciudades construidas sobre los cimientos de la justicia y no sobre los escombros de nuestro propio pasado. Vivimos en una nueva realidad, seamos justos para que nuestra sociedad siga en pie.

— ¡Eres un visionario! Dicen que incluso quieres cambiar la capital del Imperio y que sueña con construir ciudades cristianas. ¿Es esto cierto?

— Si es verdad. Ya lo he idealizado y lo construiré. Se llamará "Nueva Roma"[48], la primera ciudad totalmente cristiana, libre de todo egoísmo, donde la justicia será el fundamento de sustento, sin los errores cometidos por nuestros antepasados. Habla de una sociedad protegida de las garras de la vanidad, con el cristianismo como religión oficial. Esa ciudad será un día la capital del Imperio. Tenga la seguridad que pronto llevaré a cabo este trabajo.

— Soy pagano y seguiré así. ¡Eres valiente! Se nota en público tu predilección por lo cristiano. He leído varias cartas en las que asumes tu conversión. Toda la sociedad habla de ti predicando la doctrina cristiana. Sus actitudes religiosas te llevaron varios enemigos. Ningún ejército podrá defenderte de tantos verdugos.

— Tengo un ejército más grande, dirigido por un verdadero líder, Jesús. Escucho las súplicas de mi alma con respecto al propósito de preservar las comunidades cristianas. No me avergonzaré de aquellos que cultivan ambiciones personales por encima de la fuerza. "Lo que es del César, dádselo al César; lo que es de Dios, dádselo a Dios, Jesús respondió a los fariseos y herodianos."[49]

---

48 También conocida como Constantinopla, construida en el sitio de la antigua ciudad de Bizancio, ubicada en la intersección de Europa y Asia. Fundado en 330 por Constantinus. Véase el libro *Cuando Jesus se hizo Dios*, Richard E. Rubenstein, edición de 2001, página 140. (N.M.)

49 Marcos, 12:17. (N.A.E. Bernard)

Devuelvo lo que les quitaron a los hijos de Dios, la posibilidad de ser cristianos libres, conscientes y, sobre todo, amando con justicia y sin distinción. En cuanto a trasladar la capital del Imperio, será un desafío que querer superar. No sé lo que me espera mañana; sin embargo, ahora la 'Nueva Roma' será un digno espejo del Imperio.

— Me dijeron que tu conversión fue un golpe político oportunista, que su apoyo a los cristianos fue para poner a esta gran masa de su lado. Ahora me doy cuenta que algo que no sabes hizo tu conversión ¿Qué viste que te hizo defender a Jesús tan apasionadamente?

— En cuanto a la religión, soy honesto con mis propósitos, mi fe no es oportunista. Esto es verdad en mi alma. Como hombre, no podía soportar ver hombres, mujeres y niños escondidos en chozas para orar, mientras la furia del poder quería silenciarlos.

Mi fascinación por los conversos está en la demostración de fortaleza, expresada en la fe y la resistencia para enfrentar el sufrimiento. La resignación ante la muerte en el nombre de Jesús hizo que mi alma despertara. Era como si en algún momento ya hubiera pasado por una muerte parecida.

No podía cerrar los ojos a la realidad que renacía ante mí. Estoy comprometido con los cristianos como si fueran parte de mi vida, no puedo callar. Vivo por esta causa, pero también aprovecho para disciplinar nuestra sociedad, olvidando las leyes morales que organizan la buena socialización.

— Empiezas una nueva etapa. Muchos disputan tus hechos.

— No me importa lo que digan. Estoy preparado para vivir o morir por lo que creo, que nadie me quitará.

— No perdonaste a nadie para alcanzar tus metas. Hubo muchas muertes —. Después de una breve pausa, continuó —. ¿Quién será el próximo en sentir el frío de las cuchillas?

— No puedo responder a tu pregunta. espero que hagamos la paz. Estoy cansado de tantos horrores —. Secando el sudor continuó:

— Cuando la codicia domina a la razón, el hombre está ciego y no se da cuenta de los acontecimientos de la vida misma. Quizás algún día descubramos las verdades que transforman a las criaturas en hijos del Señor. En una antigua inscripción griega encontré la respuesta para comprender mejor las actitudes de la sociedad en que vivimos: "En un mundo donde solo hay maestros, la criatura ignorante es digna de respeto, porque el sabio nato ejerce, a través de ella, la capacidad de razonar y la paciencia para encontrar la luz..."

Con los acuerdos firmados, se hicieron los últimos ajustes para que los bienes pudieran ser devueltos a los cristianos.

Marcó, si en ese momento el comienzo de un período de paz, en el que el cristianismo saldría del anonimato, llevando cultos a iglesias apoyadas por Constantinus o por líderes de Eris, los que levantaron sus cimientos a la sombra de las grandes construcciones romanas.

7.—
En el Camino de la
"Nueva Roma"

En el corazón de la India, en el verano del año 323 d.C, encontramos a Mathias, Marta, Cornelius y Drautila, en una fundación humilde que acogió a los enfermos desprovistos de amor y necesitados de apoyo, trabajando a fondo para mantener el cristianismo en una sociedad mística.

Matías, ya anciano, tenía un cariño intenso por Marta y se dedicó a la elucidación del Evangelio. La gente venía de lejos en busca del apoyo de ese grupo. Matías era conocido por su ayuda a los enfermos, especialmente por el don de sanación que tenía en sus manos.

Marta enseñó los Evangelios con amor y dedicación, apoyada por sus amigos Cornelius y Drautila. Caius, hijo de Drausius, se había convertido en un verdadero cristiano. Habiendo abandonado toda la riqueza de su padre, siguió a sus amigos a todas partes, especialmente acompañando a Cornelius en sus visitas de ayuda fraterna.

Esa noche, en la casa sencilla, luego de cumplir con sus tareas, Marta y Drautila esperaban a Cornelius y Caius que regresaban de su viaje. Las mujeres en el porche, como de costumbre bajo las estrellas, estaban hablando. Drautila no ocultó su excesiva preocupación por Cornelius. Marta, con respeto y cariño, dijo:

— Sabes que no quiero que sufras. Perdóname por invadir tu vida. Durante muchos años he notado tu angustia al tratar de silenciar tus sentimientos por nuestro Cornelius. Silencia este amor como castigo a tu pasado. ¿Podría ser que realmente no puedes amar? Él es un hermano querido para mí, así como tú eres la hermana amada que el Señor ha unido a mi corazón. Veo el estrado en constante armonía. No quiero despertar fantasías, pero el tiempo solidificó su alma con la bendición cristiana.

— Drautila, llorando, estrechó las manos de Martha:

Siempre lo amé en silencio. Aprendí a vivir con él y eso fue suficiente para mí. Pasé mi vida cargando con el peso de mis acciones pasadas y tenía miedo de lastimar a este hombre. Creía que no tendría derecho a otra oportunidad.

— Todos merecemos otra oportunidad. El Señor no ha sentenciado a nadie a la prisión de la soledad, como una forma de limpiar su propia alma. Somos libres, poseedores de la libertad responsable de sentir la fuerte emoción del amor. Dijiste que tienes miedo de lastimar a Cornelius. ¿Será que a él tampoco le duele tu silencio?

No creo que hayas amado nunca a nadie. Los caminos de la vida han traído a Cornelius a tus manos, al igual que tú a su vida. No hay accidentes en la viña de Dios. Estamos comprometidos unos con otros. Depende de nosotros que descubramos nuestros sentimientos, reenviándolos los ponemos en las manos del Señor, sin excusas ni con el pretexto de proteger nuestro corazón. Somos conscientes en nuestra vida.

En ese momento, Drautila lloró, mientras Matías, con toda la dificultad de la edad avanzada, apoyado en un bastón, se acercaba a las mujeres, buscando descansar su cuerpo cansado junto a sus amados corazones. Marta corrió al encuentro de su amigo para ayudarlo:

— ¡Por Jesús! ¡Te levantaste de tu cama! Estás enfermo; es mejor que no te lleves esa brisa, porque te podría hacer daño.

— No estará de más disfrutar de unos momentos con mis seres queridos. Estamos juntos, pero apenas logramos hablar o escuchar a los corazones que amamos. Siento que pronto no estaré aquí. Cada vez que nos vemos obligados a decir adiós morimos lentamente.

El anciano, respirando profundamente y buscando descanso, continuó:

— Perdón por entrometerme, pero comparto las ideas de Marta. En asuntos del corazón, somos esclavos de nosotros mismos. Somos engañados por visiones y apariencias corporales, que envejecen. Experimentamos pasiones que llamamos amor y decepciones que llamamos sufrimiento. El amor es producto del conocimiento de experiencias vividas sin fantasías ni vanas alucinaciones de nuestra alma.

Cuando vinculamos nuestro corazón a otro hijo de Dios, por una pura implicación, y porque ya estamos vinculados, desde las esferas celestes, a tareas asumidas para crecimiento individual. Si podemos vivir junto a los que amamos, especialmente bajo el techo cristiano, luchando por la misma causa, amando al mismo Dios y viviendo para la humanidad, debemos, una vez más, dar gracias al Señor, no estancarnos en el tiempo lamentando el pasado, pero viviendo el presente con esperanza en el mañana.

Marta sonrió feliz ante esa explicación y le expresó coraje a su amiga. Drautila se secó tímidamente las lágrimas:

— Entiendo tus amables palabras, pero es difícil vencer nuestro propio miedo de perder a quien amamos o de tener que empezar de nuevo.

— Hija, el miedo es un reflejo de nuestra propia inseguridad frente a nosotros mismos. Solo perdemos lo que no nos pertenece y volvemos a empezar porque somos vida.

Tras una pausa de reflexión, Marta vio, en la bruma de la noche, la llegada de sus dos amigas. Inmediatamente fueron al encuentro de esos hombres cansados.

Después de afectuosos saludos y un rápido descanso, se unieron a Matías en el porche:

— Me sorprendió — dijo Cornelius —, cuando nos detuvimos en un pueblo y un comerciante habló de las hazañas de un hombre llamado Constantinus. No pudo describirlo o decir a qué linaje familiar pertenece. Dijo que ayudó a devolver todos los bienes saqueados a los cristianos, construyó iglesias, creó leyes que evitan las masacres por la crucifixión e incluso permite el culto del cristianismo. Durante mucho tiempo estuvimos alejados de los asuntos de nuestro Imperio, ya no sabemos quién es este hombre.

— Conocemos al emperador Dioclecianus por las persecuciones y ahora a este Constantinus por su bondad con los cristianos. Hay rumores que es cristiano y que incluso se está construyendo una ciudad cristiana cerca del Mar Negro en un lugar donde estaba la ciudad griega de Bizancio. Esta ciudad, que será la nueva capital del Imperio, será la "Nueva Roma."

Matías escuchó con atención las noticias de su amigo. Marta, con un brillo en los ojos, trató de animarse y comentó:

— Cuando hablaste, me acordé de Flavius Valerius — secándose la tímida lágrima, continuó —. Me pareció escuchar de nuevo los proyectos que discutió conmigo mientras estaba vivo.

Ahora, sabiendo que el cristianismo está siendo apoyado por este hombre, considero este hecho como el cumplimiento de un sueño que compartí con él. Que Jesús lo bendiga a él y a este Emperador. Orando, expresaré mi afecto y gratitud a este hombre.

— Tienes razón, podría ser Flavius, si estuviera vivo, por lo poco que sé de él, solo él sería capaz al menos que lo hiciera debido a su amor por ti — dijo Cornelius.

En fin, el cristianismo es respetado en el Imperio — observó alegremente Matías —. Jesús, por favor, sé capaz de morir sabiendo que tu causa es apoyada y que los cristianos están bajo la custodia de Dios. Te alzaste entre los imperios y tomaste tu lugar de honor en el liderazgo de los corazones humanos. Permite que esta verdad nunca se rompa y tu nombre permanezca siempre vivo en el corazón de toda la humanidad.

Esas palabras experimentadas fueron escuchadas con respeto. Juntos continuaron hablando sobre el futuro del pueblo de Dios.

✶ ✶ ✶

Siguieron unos días. Aquella tarde, Cornelius y Marta prepararon el humilde salón para el encuentro que iba a tener lugar en breve.

Matías, como de costumbre, había sido acomodado en un asiento improvisado, desde donde, venciendo las limitaciones de su cuerpo, escuchaba el Evangelio declamado por sus amigos.

La gente llegó lentamente, tomando sus lugares en silencio. Drautila y Caius acogieron a personas de las más modestas condiciones que venían de regiones lejanas, algunas enfermas, otras en fase de recuperación que estaban hospitalizadas en la misma casa de socorro.

Mientras tanto, una pequeña pero lujosa caravana se detuvo frente a la casa de oración. Dos hombres descendieron en silencio y entró en el recinto. El joven Crispus, hijo de Constantinus, miembro del ejército, tenía un porte clásico. Lo acompañaba su tutor, el profesor Lactantius, quien, muy serio, sujetaba su toga. Discretamente, se acomodaron en el humilde salón.

Todos en paz, imantados de esperanza, acompañados la oración que Drautila había comenzado. Después de la oración, Caius leyó del Evangelio:

— "El cristiano es hijo de la luz, tanto más cuanto que sabes lo que tiempo que vivimos: ha llegado el momento de despertar, porque nuestra salvación está más cerca ahora que cuando abrazamos la fe. La noche ha avanzado y el día se acerca. Por tanto, despojémonos de las obras de las tinieblas y vistámonos las armas de la luz. Como de día andamos decentemente; no en orgías y borracheras, no en lujuria y libertinaje, no en contiendas y celos. Antes bien, vestíos del Señor Jesucristo, y no busquéis los deseos de la carne."[50]

Luego le dio la palabra a Cornelius, quien, a su vez, se dirigió a Marta, que estaba en profunda oración. Respetuosamente la tomó por el brazo y le preguntó con calma:

— Hoy no voy a comentar el Evangelio, pero dejaré al que me enseñó todo lo que sé para expresar el amor del Maestro Jesucristo.

Sorprendida, Marta no ocultó su miedo a presentarse ante una sociedad que no permitía que una mujer se presentara en público en asuntos religiosos. Buscando el apoyo de los padres de Matías, respiró hondo y cerró los ojos.

---

[50] Romanos, 13:11—14. (N.A.E. Fernando)

Envuelta por una fuerza celestial, fijó sus pensamientos en su padre Fabius y, en ese momento, sintió que su mente estaba cubierta por la esencia de la luz y el amor profundo. Con humildad, se dirigió al púlpito:

— El mundo despierta a una nueva realidad. Los sufrimientos a los que somos sometidos por nuestros propios errores o por nuestra mala elección, nos elevan a las manos del Señor. Pasamos nuestros días recordando hechos desafortunados de nuestro pasado, lamentando nuestras penas y atribuyendo a Jesús la culpa por nuestros propios fracasos. Seamos luz, amor y esperanza. Sostengámonos en el coraje y la fe que renueva, reestructurando nuestros sentimientos.

Dejemos de llorar por la destrucción que los verdugos causaron en nuestras vidas. No nos quejemos por lo que queda en nuestras manos, cambiemos lo que tenemos en el corazón, resignándonos ante el sufrimiento o la frialdad de la muerte, aprendiendo a crecer. con las leyes de Jesús.

El Señor es la esperanza viva en nuestra alma, y la promesa viva de amor, y el camino verdadero que construye el camino hacia Dios. Toda oscuridad será un día luz redentora. Enfrentemos nuestros instintos egoístas, dejando que la pureza del cristianismo invada nuestra alma. Seamos instrumentos celestiales, haciendo contar el paso de Jesús en la Tierra. Todo lo que hagamos hoy en favor del bien común serán semillas para germinar en las generaciones futuras.

Consolémonos, porque las lágrimas ya no son necesarias. Trabajamos para que la ociosidad sea solo un recuerdo. Amemos para que el vínculo entre los hijos de Dios nunca se rompa.

Toleremos para que la paciencia siga siendo el camino de la salvación. Perdonemos para no convertirnos en verdugos.

Emocionado, el público admiraba a Marta, mientras muchos lloraban en silencio. Las palabras de aquella mujer tomaron su alma, por la frescura del inmediato consuelo y la acción sublime. Crispus, admirado y discreto, comentó:

— Amigo, ojalá mi padre estuviera aquí para compartir esta imagen con nosotros. Participé en varias reuniones cristianas, pero esta era única. Esta mujer es inusual, además, incluso madura y poseedora de una belleza especial.

— Mi joven, de alguna manera algo mucho más grande que mi entendimiento me obligó a traerte a estas partes. No esperaba encontrarme con este grupo cristiano. Confieso que nunca en mi vida he visto a una mujer con tanta soltura. ¿Cómo puede hablar con tanta confianza del cristianismo?

Mientras Lactantius buscaba información sobre Marta, una turba anticristiana enfurecida había entrado en el cinturón, provocando un motín inexplicable:

— ¡Fuera! ¡Cristianos sucios! ¡Son enviados de mundos tenebrosos! Limpiemos nuestra alma con la sangre fétida de esos miserables perros.

— ¿Qué quieren aquí? — Dijo Caius, tratando de discutir en vano —. Por piedad, te ruego que te vayas.

— No queremos ver cristianos aquí. Sal de nuestro pueblo — enojado, gritó el hombre —. Mis hombres sacarán de nuestro medio a estos inmundos enfermos llenos de llagas.

— ¿Qué hiciste con la casa?— Preguntó Drautila, percibiendo el olor a cenizas.

— Compruébelo tú misma— respondió fríamente el líder —, no quedan más que cenizas y recuerdos. No quiere ver a otro cristiano por aquí. Ya no quiero ver a ningún cristiano por aquí. Váyanse.

Satisfecho, el líder del grupo ordenó a sus hombres que se retiraran de esa habitación. Perdiéndose en el polvo del camino, dejó atrás el dolor y la amargura en los corazones presentes. Los que asistieron a la reunión estaban asustados y sin manifestar actitud alguna a favor de sus amigos, siguieron sus caminos, dejando a los obreros del Señor envueltos por la triste visión.

Marta, abriéndose paso entre la conmoción, entró corriendo a la casa de ayuda. Pronto vislumbró la destrucción de los cimientos que Matías había dedicado años de su vida a mantener con todo su amor y el compromiso de los trabajadores.

— Lo que queda — dijo Cornelius —, años de lucha se consumieron en unos momentos. En el atestado salón, nadie intercedió en favor de la causa. Parece que no han aprendido las lecciones de Jesús. ¿Valió la pena el esfuerzo dedicado a esta región llena de escepticismo y misticismo?

— Nunca preguntes si valió la pena el esfuerzo en el nombre del Señor — dijo Marta.— Todo trabajo bien hecho y bendito, sea lo que sea, aunque a nuestros ojos no sea más que un granito de arena; a los ojos de Dios es parte de la construcción del mundo venidero. No deberíamos trabajar esperando que la gente cambie de un momento a otro. Mucho menos debemos reflejar lo que no somos de quienes caminan por el mismo camino que el nuestro.

Estamos felices de haber hecho algo en esta región, porque nos proporcionó este momento de aprendizaje para nuestra alma. Recordemos la máxima de Jesús: *'Mirad las aves del cielo: siembran neciamente, no cosechan, ni juntan en graneros. Sin embargo, su Padre Celestial los alimenta. Bueno, ustedes no valen más que ellos.'*[51] El mundo es un campo enorme por conquistar, seamos como las aves del cielo, tejiendo amor e hilando esperanza, sembrando perdón y cosechando nueva acción.

La actitud de Marta sorprendió a todos. Lactantius y Crispus observaron con atención los hechos. Cornelius se resignó a Matías. Sin preguntas ni quejas, se puso a trabajar. Ante la determinación de esa mujer, todos callaron, intimidados. Drautila y Caius inmediatamente acudieron en su ayuda. Cornelius, llorando, la abrió, diciendo:

— ¡Perdóname! Me debilité ante la prueba.

— Lo entiendo — dijo Marta —. No es momento de estancarse. Ya hemos sufrido muchas persecuciones, nos hemos refugiado de verdugos, nos hemos defendido de religiosidades adversas a Cristo y, sobre todo, hemos mantenido alta nuestra fe. Aprendí de mi padre a tener el coraje de nunca renunciar a lo que creemos. No serán las alucinaciones temporales de dioses inexistentes las que silenciarán a Jesús. En nombre de nuestra fe, trabajemos.

Lactantius quedó impresionado con las actitudes y la fe de Marta. Crispus la ayudó en el entierro de los muertos, sin imaginar lo que ella representó en la vida de su padre, el amor puro y la transformación total de su alma en realidad cristiana. Ante él estaba la mujer recordada por Dioclecia y Gaius con el cariño y verdadero respeto expresado en cada ocasión que estuvieron juntos.

---

[51] Mateo, 6:26. (N.A.E. Ferdinando)

Cuando llegó el momento de irse, Lactantius se despidió de sus nuevos amigos. Crispus fue a encontrarse con Marta en el porche:

— Ojalá hubiera podido hacer más por esta comunidad. Solo estoy de paso por esta región y pronto tendremos que irnos.

— Lleva contigo las imágenes de lo que viste, pero también lleva la luz de Jesús en tu corazón. Estaré eternamente agradecida por la ayuda que nos brindaron —. Mirándolo con cariño, prosiguió:

— Mirarte me envió al pasado. Supuse que si mi hijo estuviera vivo sería como tú. Perdóname por los recuerdos pasajeros. Pero tú eres un joven lleno de vida. Ejercita siempre la fuerza del amor, aun cuando tu corazón llore. Lleva en tu pecho el símbolo de la esperanza cristiana y en tus manos la fuerza de la renovación de la acción y del trabajo. Vive y crece hacia una realidad bendita para Jesús, y luchar por conquistar la liberación de nuestra alma comprometida con las actitudes de nuestro pasado. Espero que vuestros ojos ahora brillen siempre a la luz de la cruz y que sean sostenidos por las manos del Señor.

— Me hablas como una madre amable que aconseja a un hijo amado, sin siquiera conocerme. Eres muy especial. Pero, ¿dónde irán ahora?

— Aun no sé. Todo está destruido y nuestro Matías está muy enfermo. Me temo que no puede soportar un viaje.

— ¿Por qué no vas a la "Nueva Roma"? Está en la antigua ciudad de Bizancio, ubicada en la intersección de Europa con Asia Allí podré ofrecer seguridad. Es una ciudad que se levanta para ser la nueva capital del imperio. Podrás esperar la construcción, ayudando a las iglesias que ya se están fundando. Trabajo no faltará. Hay mucha gente necesitada esperando a los seguidores de Jesús.

— Tengo miedo de irme de esta ciudad y dejar quehaceres dijo Marta.

Creo que ya han hecho todo lo posible en esta región. Confieso que no me considero conocedor del cristianismo. Soy cristiano, pero también militar dedicado al Estado. Sé cuándo un ejército se ve obligado a retirarse para volver un día, mejor preparado, y ganar una guerra. ¿Será que no ha llegado tu hora? Ellos sabrán el momento de retirarse. Toma mis palabras y ve allí. Prométeme que te encontraré en "Nueva Roma."

Marta lo escuchaba atenta. Con espontaneidad, abrazó al joven, quien le correspondió con miedo. Afortunadamente, continuó:

— Tienes buen corazón. Tienen razón en sus conceptos militares, debemos conocer y aceptar el momento de retirarnos para evaluarnos, mejorando nuestras actitudes para que, en el futuro, podamos alcanzar la victoria. Quiero que sepas que donde sea que estén tus pensamientos, créeme, los míos también estarán —. Sonriendo, continuó:

— Te prometo que pronto nos dirigiremos a la nueva ciudad.

Así, Marta y Crispus profundizaron su relación con aquellas personas sin saber nada de su pasado. Lactantius, muy discreto, se acercó y anunció la llegada de la hora de partir.

✳ ✳ ✳

Habían pasado dos días. Martha, Cornelius, Drautila y Caius trabajaron con lo poco que quedaba de la destrucción. Bajo las sombras de la soledad, sintieron el abandono de los cristianos conversos, quienes, aterrorizados, los abandonaron. Esos hijos de Dios pasaron por las ordalías de las pruebas una vez más.

Esa noche, la salud de Matías se deterioró, lo que presagiaba la llegada de la muerte. Cornelius, Marta, Drautila y Caius lo ayudaron lo mejor que pudieron. Con dificultad y con voz ronca, el viejo amigo dijo:

— Hijos míos, me voy. Me voy feliz de la Tierra porque encontré al Señor. Seamos fuertes para entender que el trabajo para nosotros en esta región ha llegado a su fin. Cada uno despierta a su hora, así dijo el Señor. Permanezcamos firmes para alcanzar la plenitud de nuestra alma, en el amor que dignifica al hombre, sin tomar las heridas de nuestro corazón por los que agonizan en la desesperación de la desamor y el egoísmo.

En la belleza del mundo están impresas las leyes del Señor. Dejemos el pasado que acecha, busquemos la luz en la certeza que somos hijos de Dios. Estamos unidos por las manos del Maestro. Llevemos la el dolor, el amor, la soledad, el vivir, el desengaño, el perdonar, la incomprensión, el caminar y la vida, ejemplificando el amor, sedimentado por la fe cristiana, cuando otras generaciones escuchen el nombre de Jesucristo, todo lo que hicimos tendrá valor, porque la obra no han sido en vano.

El mundo dejará en las páginas remotas de su propia historia el recuerdo que un día hubo violencia y miedo en la Tierra. Había llegado el día de la paz, bajo la luz de la espada de los caballeros del bien, el cristianismo había vencido. La cruz será fuerte, no habrá lágrimas ni mucho menos muertes sin razón, el amor prevalece por las manos del Consolador Prometido. Mientras él no llegue, sed los caballeros para abrir el camino a los que el Señor enviará en el futuro para ser lámpara encendida de esperanza para toda la humanidad.

El ambiente estaba envuelto en una paz sublime. Los ojos de Matías se cerraron lentamente. Dejando su cuerpo roto, en lo invisible, se encontró con sus amigos Apolonius, Eustaquio, Samir y Petronius. Con estos emisarios iluminados, se desprendió del humilde recinto y entró en el mundo celestial, caminando entre sus seres queridos de lejanos pasados.

Mientras tanto, los cuatro emotivos amigos lloraron en la despedida. Cornelius preparó respetuosamente el cuerpo de Matthias, mientras Drautila, entristecida, comentaba:

— ¡Una muerte más! ¿Cuándo terminará todo esto?

— No terminará mientras haya egoísmo en el corazón de los hombres — respondió Marta —. Mientras no comprendamos la verdad que rodea al nombre de Jesucristo y mientras la vanidad y el odio permanezcan presentes en nuestras actitudes. De todos modos, mientras no nos conozcamos a nosotros mismos, no podemos olvidar que el bien y el mal están dentro de nosotros. Debemos exaltar nuestras virtudes para despertar la bondad existente en nosotros. No sucederá mañana, pero hoy somos responsables de la fe que llevamos. Solo el futuro dirá el desenlace de todo esto. Hacemos lo que podemos para ser dignos de la mirada del Señor —. Respirando hondo, suplicó:

— Jesús, haznos fuertes, para vivir el mañana sin abandonar la lucha ahora.

Fabius, en lo invisible, con serenidad y amor se acercó a su hija, la abrazó; derramó sobre ella sus bendiciones; acción de paz, involucrándola con coraje, fortaleciéndola en su silencio. Como por arte de magia, Marta se levantó como una heroína valiente, animando a todos con fe:

— No dejemos que la tristeza de este momento agonice nuestros corazones. Seamos firmes, como nos pidió nuestro amigo. Si nuestro trabajo aquí ha llegado a su fin, es hora que nos vayamos. Con lo poco que nos queda y con la generosidad de Lactantius, procederemos como sugirió el joven Crispus, iremos a la "Nueva Roma." Allá recomenzaremos...

Después del entierro de Matías, se preparaban para el viaje a la "Nueva Roma", al amanecer.

Llevaban en el corazón la fuente de inspiración de los trabajos realizados en esa región y en sus manos la fuerza para trabajar en nombre de la causa cristiana, seguros que la vida continuaba, más allá de las fronteras de la tristeza, la inseguridad y la muerte.

8.—
Señales de Ganancia y Esperanza

En el año 323 d.C, en el palacio del Emperador, lo encontramos ocupado en cargos de Estado, junto a Fausta. Con ella mantenía una relación fría a pesar del nacimiento de los hijos Constantinus II, Constantius II y Constans.

Fausta y Flaminius aun mantenían su romance en secreto y, por lo tanto, cada vez más distantes del corazón de Constantinus. Tras la muerte de Maximianus Hércules, Limea manipuló astutamente a Fausta para que permaneciera a su lado, facilitando así su secreto romance con Flaminius.

La futilidad de Limea con Fausta hizo que Constantinus los ignorara. Él, en su silencio, vivía rodeado de recuerdos de su amada Lucrecia. Su hermana y su cuñado entendieron y respetaron su soledad.

Él proporcionaba a sus hijos igualdad de oportunidades, facilitando su ingreso en las escuelas militares, pero solo Crispus había entendido los deseos de su padre. El joven correspondió a todos los cargos militares, desde las campañas de conquista de tierras hasta el respeto al cristianismo. Constantinus vio en este hijo a su sucesor.

Esa noche, Constantinus estaba solo, aislado en su biblioteca, envuelto en su trabajo, cuando Fausta entró en el recinto y, disimulando, lo interrumpió:

— Espero no molestarte. Vivimos bajo el mismo techo, pero no tengo oportunidad de hablar —. Tratando de involucrarlo en sus propósitos, continuó:

— Sabemos bien que aceptamos nuestra unión por imposición de mi padre, pero me preocupa el futuro de nuestros hijos. Eres muy conservador en asuntos relacionados con el matrimonio.

Sin embargo, no puedo negar que siempre te has portado bien conmigo y sé que no abandonarás a tu familia. Hoy son jóvenes e inexpertos, pero pronto serán hombres listos para asumir las responsabilidades de la sucesión. Crispus es el resultado de su relación temporal con Minervina y le dedicas demasiada atención al entrenamiento de tu hijo mayor. Para tranquilizarme, me gustaría saber si has pensado en tu sucesor.

— ¡¿Ni siquiera esperaste mi muerte y ya estás preocupada por quién será mi sucesor?!

A Fausta le resultó difícil hacer que la conversación avanzara hacia su propósito. Tratando de encontrar una salida momentánea, interrumpió la conversación:

— No estoy hablando de tu muerte. Quiero verte cubierto por la misericordia de los dioses, o más bien de tu Dios.

— Guárdate la misericordia de tus dioses para ti, porque creo que la necesitarás. En cuanto a mi sucesor o el curso de mi imperio, ese es un asunto que me pertenece solo a mí. Me dedico a instruirlos por igual. Los profesores de Crispus son los mismos que tienen mis hijos, pero cada uno absorbe las lecciones de una manera diferente. Debemos asignar a cada uno la tarea de acuerdo a la comprensión que logran absorber de la vida. No tengo predilección por ninguno de ellos, pero Crispus es el más dedicado y logró comprender mejor mis ideas. En cuanto a ti, vuelve a tus deberes y déjame en paz.

— Deberías al menos escucharme, porque tengo planes que podrían ser usados por ti.

También cree que acepté compartir momentos de mi existencia bajo el mismo techo que el tuyo por imposición política, pero no te atrevas a cruzarte en mi camino. No quiero que te entrometas en mis asuntos.

Después de esas palabras, los ojos de Fausta brillaron con una llama viva de odio. En silencio se retiró.

✱ ✱ ✱

Esa misma noche, Flaminius esperaba a Fausta en una habitación privada.

— Querida, lamentablemente Constantinus solo tiene ojos para Crispus y esto podría traerte problemas en el futuro. Quien tome el lugar en la sucesión no será ese maldito bastardo, serán mis hijos —. Fausta, con visible ira, continuó:

— Quiero que inicies una campaña lenta contra Crispus, lo vamos a arruinar. Mientras tanto, buscaré la ayuda de algunos nombres influyentes para que podamos preparar, en el futuro, su ejecución, porque solo con la muerte de Crispus nuestros propósitos tendrán éxito.

— Bien sabe que por ti haré todo. No te preocupes, encontraremos la manera de sacar a este joven de tu camino.

Envueltos por el egoísmo, se despidieron firmando su alianza para garantizar sus objetivos.

* * *

Constantinus todavía estaba en su biblioteca cuando se anunció a Crispus. Juntos caminaron felices hasta el porche y se acomodaron junto a los pilares de mármol, sintiendo la brisa nocturna.

— ¿Confirmas los intereses e intenciones de Licinius? ¿Pretende reiniciar la persecución contra los cristianos? — Preguntó Constantinus.

Infelizmente es verdad. La división del Imperio entre tú y él no durará mucho. Anhela ser el jefe del Estado. Defiende la idea de debilitarte a través de actos religiosos, ya que proclama que esa es su debilidad, el amor del único Dios. Además, Licinio fue influenciado por los asesores anticristianos. que sobrevivieron al gobierno de Daia, sus ejércitos están listos para marchar contra ti y se han formado muchas alianzas para tu destrucción.

Créeme, el Dios que amo no es mi debilidad. No temo a los campos de batalla. Como hombre público, no podía ignorar las preocupaciones de Licinius. Si es así, debemos prepararnos para enfrentarlo.

Muchos no son tacaños con los elogios por los logros mentales gubernamentales de Licinius. No te ocultaré la verdad, pero mientras tanto tu nombre ha sido calumniado. Dicen que la fuerza que tienen en el ejército proviene de fuerzas maléficas, ya que su invencibilidad no es común.

Si gana, rescatará los principios religiosos y las tradiciones del imperio, que agradaron a muchos. Esta política fue muy grata. Sentimos que ha comenzado una nueva lucha, y esta no es una batalla por la conquista de tierras, sino por el poder religioso. Lactantius observó visibles distorsiones de personalidad en él. A veces sus conceptos eran los mismos que los de Daia, algunos creen que él, muerto, habló a través de la voz de Licinius.

— Mis enemigos pierden, si en el frágil poder creado por su mente enferma. Mientras ellos construyen imperios inexistentes, tentativos en sus mundos vacíos, yo consolido el mío sobre los cimientos reales de mi fe. Que el tiempo hable por sí mismo, pero créanme que no perdonaré a nadie que vaya en contra de los designios de mi tarea ante Dios.

Soy consciente que mis estrategias para hacer prevalecer la voluntad celestial pueden ser adversas a la ley del amor difundida por Jesús, pero debo enfrentarme a los hombres con las armas que puedan entender. También sé que seré responsable, en algún momento, de mis acciones y estoy preparado, ya sea en vida o en la muerte — respirando hondo, cambió el curso de la conversación —. Dime, ¿dónde está Lactantius?

Lo dejé encargado de ayudar a unos amigos que encontré en la India.— Con emoción prosiguió:

— Padre, me sorprende lo que vi en una reunión de este grupo cristiano cuando estaba en las tierras bañadas por el Ganges, llenas de misterios y secretos. Conocí a una mujer llamada Marta. Ella es la expresión viva de la valentía que, lo confieso, nunca he encontrado en nadie. Unos fanáticos locos destruyeron todo lo que tenían, así que les señalé tu ciudad, aun en construcción, para que comenzaran una nueva vida. Espero no haber infringido ninguna de tus leyes.

— Hiciste lo que era mejor. Hablas tan brillantemente de esta mujer que estoy asombrado. ¿Qué tiene ella para hacerlo así?

— Sería la madre que me gustaría tener, tiene un brillo especial en los ojos. Quien la conoce lleva en su corazón la esencia del amor digno y puro. Vive para la fe y trae consigo el ejemplo de bondad sin pretensiones. Quiero ayudarla, pero mi tiempo lo ocupa todo el ejército. Sé que en las inmediaciones de "Nova Roma" ella y el grupo que la acompaña estarán a salvo. Sé que sigue personalmente el desarrollo de su nueva ciudad. Quiero que me prometas que conocerás a Marta.

— Sabes que tengo un tiempo limitado para asuntos personales. He asistido a varios cultos cristianos. Lo que veré allí no será diferente de lo que ya he visto en las iglesias fundadas en todo el Imperio.

— ¡Perdóname! Estás equivocado. En nuestros viajes, Lactantius y yo notamos que los oportunistas comenzaban a despertar afirmando ser cristianos. Dentro de las iglesias mismas hay muchas divergencias. Muchos se convierten solo en apariencia, acercándose a líderes de diferentes religiones, llenos de dogmatismo, en busca de su apoyo y riquezas imperiales. Aprendí de ti que la causa noble no tiene personalismo, pero siento que esta enfermedad empieza a nacer entre las personas que amas.

Lamento decirlo, pero el cristianismo se está perdiendo entre la necesidad de apariencia y evidencia por parte de algunos líderes. Estoy hablando ahora de una mujer y un grupo legítimo. Ellos fueron entrenados como ustedes entrenaron a sus soldados, para lucha por la causa en la que cree hasta el final. ¿Quieres vivir lo que viviste en el pasado al lado de tu gran amor, el que te enseñó todo sobre el cristianismo?

— No pretendí haber construido un imperio sobre el mar más frío, pero cuando estamos bajo la custodia de la Tierra, los hombres se encargan de transformar el amor en petrificación egoísta.

— Es difícil crecer y despertar a la vida. Sé que el valor del cristianismo es mucho más que nuestra necesidad. Él es vida y luz.

Quiero poder merecer esa luz. Por todo lo que has dicho, insisto en mi petición.

Constantinus se quedó pensativo, tratando de encontrar en su alma comprensión para las palabras de su hijo. Con un simple gesto, sacó espontáneamente el pañuelo que alguna vez había pertenecido a Lucrecia de debajo del brazalete de oro y lo sostuvo como un amuleto. Crispus, curioso, al ver la actitud de su padre, rompió el silencio:

— Eres muy vanidoso. Me sorprende verte con algo tan viejo. ¿Qué significa esta lectura?

— Esto es lo único que me queda de mi Lucrecia. Me aferro a él como si fuera parte de ella. Mi amor por ella no ha muerto, está vivo en mi alma, porque solidificó mi sentimiento por el propósito cristiano. Lo he estado usando desde la antigüedad, cada vez que miro esta vieja pieza de seda, es como si el tiempo retomara el curso que comenzó en el pasado y, cerca del corazón de los amigos de la naciente cristiandad, estuviéramos alcanzando la plenitud de nuestro corazones. Puedo sentir el calor de su aliento y su perfume.

— Eres un hombre poderoso, pero cuando te refieres a esta mujer, veo cuán grande fue el amor que sentiste en el pasado y que el tiempo no pudo borrar de tu alma, transformándote en un hombre frágil.

— Me atrevo a decir que entre los hombres soy el más poderoso, pero ante las leyes del amor me siento frágil y un gran perdedor —. Cerrando los ojos como si buscara imágenes en su interior, continuó:

— Ella fue y será siempre lo mejor de mí. Nadie tendrá suficiente poder para hacerme olvidar este amor. Creo en la luz que me unió a este corazón, en mis pensamientos ella es como el sol que brilla, rompiendo la oscuridad.

Después de una breve pausa, Crispus, pensativo, dijo:

— Papá, no sé cómo explicarlo, pero algo me hace insistir en esto. No me importa cuándo será tu encuentro con ella, pero prométeme que, en uno de tus viajes a la "Nueva Roma", te encontrarás con Marta.

— Sí, prometo que algún día conoceré a este grupo y en especial a esta Marta. Después de todo, tus palabras juveniles me rescataron un poco de mí mismo, un hombre que murió en una primavera especial, pero que siguió viviendo solo frente a los desafíos de los inviernos del futuro.

9.—
DE LA VERDAD A LA
SUFRIDA DIFAMACIÓN

En el año 324 d.C. hubo una gran agitación política con respecto a las actitudes de Constantinus. Los rumores de conspiraciones eran escuchados respecto a su gobierno. Aumentó la defensa de las fronteras del Imperio, con el objetivo de preservar las tierras, la economía y la sociedad, comenzando a gobernar con dureza.

Bajo leyes rígidas e inflexibles, Constantinus se convirtió en una fortaleza indestructible. Durante este período contó con el apoyo de su hijo Crispus, quien ya había recibido el título de César y cumplía con soltura y dedicación sus deberes militares.

Licinius, aun habiendo firmado el "Edicto de Milán", se rebeló contra Constantinus e inició una nueva persecución contra los cristianos. Como había prometido, el Emperador se unió a Crispus y, en el paso de los Dardanelos, lo derrotó. Una vez más, comenzó un triste período de persecución y codicia. Un año más tarde, en el 325 d.C, Licinius murió.

Todavía en el año 324 d.C, Constantinus convocó una importante reunión, conocida como el "Concilio de Nicea", donde, entre otras cuestiones doctrinales relacionadas con el cristianismo, se trató la celebración de la Pascua, el bautismo de los herejes y el estatuto de los prisioneros en la persecución de Licinius.

En aquel invierno inolvidable, el Emperador y Caius se encontraban en las inmediaciones de la comarca de Polastria, con el objetivo de establecer nuevas formas de recaudación de impuestos. Mientras tanto, Helena y Dioclecia, buscando alejarse de las influencias de Limea y Fausta, fueron a un pueblo cercano para seguir el trabajo de las iglesias cristianas.

Esa noche; sin embargo, Limea había salido a una fiesta cuando, sin fanfarria, se detuvo frente al palacio de Constantinus una litera que transportaba a Crispus, que regresaba de un viaje ordenado por su padre. Las personas en ese ambiente no notaron su llegada. El joven, buscando descansar del agotador viaje, caminó por los pasillos hasta llegar a sus habitaciones. Al pasar por las habitaciones de Fausta, escuchó fuertes risas y charlas vacías. Sorprendido, se acercó a la puerta y, sin ser notado, fue testigo de la complicidad y la relación amorosa fútil entre Fausta y Flaminius.

Totalmente enfurecido, ante la traición que estaba recibiendo el padre, Crispus no midió las consecuencias, entró en aquel salón y se arrojó sobre Flaminius:

— ¡Perro desgraciado! Acabaré contigo antes del amanecer.

— Si le digo a tu padre, me matarán — gritó Fausta, desesperada —. Déjalo en paz para que se vaya, sino lo mato.

— Mujer, te repudio desde el fondo de mi alma. Siento oír que estás casada con mi padre.

Flaminius logró escapar de la furia de Crispus y rápidamente se fue sin decir nada, mientras Fausta se encerraba en sus aposentos.

* * *

Crispus, tratando de calmar su corazón y frenar la furia incontenible que se había instalado en sus profundidades, salió a la galería en busca de aire fresco, cuando se acercó la anciana sirvienta Adira, de avanzada edad y con una enfermedad que asolaba su cuerpo. El joven al verla dijo:

— Por lo visto, has visto los últimos acontecimientos. ¿Fausta ha traicionado a mi padre durante mucho tiempo?

— Perdona mi indiscreción, pero el romance entre la Emperatriz y Flaminius data de muchos años, mucho antes que su padre se uniera a Fausta. A menudo creía que el emperador lo sabía todo, pero me di cuenta que se mantenía al margen de los hechos que atañen al corazón.

— Desde niño escuché las historias de Lucrecia y mi hermano no lo sabía. Dice mi tía que mi padre, después de ese amorío, se cerró a todo lo relacionado con el corazón. Me temo que tu alma está endurecida.

— Hijo mío — dijo Adira con cariño —, yo vivía con la niña Lucrecia; quien la conoció algún día jamás podrá olvidar el amor que le transmitía, así como yo conocí a su hermano que le fue arrebatado a su padre. El tiempo ha pasado y la familia Petronius se ha convertido en un recuerdo en nuestras mentes, pero para su padre, Lucrecia sigue viva y el amor que existió entre ellos nunca será olvidado.

Sabemos que se casó con Fausta a la fuerza. Fue oprimido y unido por los cristianos al viejo Maximianus. Ahora sufre las consecuencias de sus acciones. No culpo a Fausta, porque no podemos elegir a quién amaremos. Tanto su padre como ella nunca se amaron. Se apoyan unos a otros para prevalecer en el imperio. Viven más separados que antes de conocerse.

— ¿Sabían los sirvientes de esta historia?

— Lamentablemente sí. Era imposible no ver los hechos, porque cuando todos estaban fuera no se preocupaban por ocultar este romance —. Suspirando prosiguió:

— Un día Fausta mató a golpes a un muchacho, hijo de una esclava, porque este último fue testigo de su romance con Flaminius y amenazaba con decírselo al Emperador. Entonces ella, enojada, lo llevó a la muerte. Así que nada podíamos hacer nada más que callarnos. Muchas veces me rebelé, pero también guardé silencio a pesar que mi acto pesaba mucho en mi conciencia.

El miedo era mi mayor enemigo; además, temía que no me creyeran, a pesar que había recibido tan alta consideración de mi familia.

— Mi padre no se merecía esto. Todos sabemos que el oficial es el amor de Limea, creo que ahora tendrán un problema serio.

— Por eso estoy aquí, superando la limitación de mi cuerpo cansado, para pedirles que no se alejen de la verdad, sino que tengan cuidado con ellos, porque ustedes están entre los lobos salvajes y se preparan para atacarlos.. Nunca subestimes el odio que te tiene Fausta. Siempre fuiste el favorito de tu padre y ella no se conforma con eso. De todos modos, el momento de la verdad ha llegado, vivimos entre muchas mentiras, ahora la luz necesita brillar.

En un afectuoso abrazo, Crispus besó la frente de Adira, marcada por el tiempo:

No te preocupes por mí, estaré bien. Mañana saldré para una comarca cercana a Polastria y en cuanto pueda hablaré con mi padre. Tienes razón al decir que nuestra familia ha vivido rodeada de muchas mentiras. Ahora enfrentaré esta verdad y le aclararé todo a mi padre, aunque nos traiga mucha tristeza.

✳ ✳ ✳

Horas después, Flaminius se acercó a la ventana de la habitación de Fausta, sin que nadie se diera cuenta. Entrando rápidamente, la tomó por los brazos y le dijo:

— ¡Quédate tranquila! Estoy aquí porque tengo un plan para sacarnos de esta situación, frente a Limea y la sociedad. Cuando llegue el Emperador, dirás que Crispus hizo un ataque moral contra ti. Ella dirá que trató de seducirla, pero llegué justo a tiempo para salvarla. Quiero que actúes con naturalidad, para no despertar sospechas.

— ¿Y los sirvientes? ¿Qué haremos con ellos? Ellos saben de nuestra participación.

— No te preocupes, no dirán nada. Haz lo que te digo y nada saldrá mal. Lanza la calumnia sobre Crispus. Hazles creer que está enamorado de ti y que hubo un romance secreto entre ustedes —. Pensativo, continuó detallando su morboso plan:

— Mi preocupación no es con Constantinus, siempre lo creí un tonto. Me preocupa Limea. Si descubre mi traición, seré asesinado sin piedad, pero la conozco muy bien y sabré cómo deshacerme de ella.

— Tengamos coraje, haré todo como dijiste. Lanzaré discordia entre Constantinus y su hijo. También tengo que garantizar la sucesión. Allanaré el camino para que mis hijos asuman el poder.

— Me encargaré que esta historia se extienda a lo largo y ancho del Imperio. Quiero que todos crean que tú y Crispus son amantes. Así, Limea no me hará nada —. Pensativo y preocupado, continuó:

— Sabes que hago esto por el amor que te tengo. Seguiremos juntos, eso es lo que importa. Me uniré a los enemigos del Emperador, provocaremos una crisis política que afectará a la familia — sonriendo sarcásticamente continuó:

— El mismo Constantinus hizo severas leyes contra el adulterio, en ellas confiaré. De esa manera, Crispus será ejecutado y definitivamente saldrá del camino de la sucesión. Así aseguraremos nuestro futuro.

— ¿Cómo lo harás?

— No te preocupes. Los caminos públicos están llenos de ociosos que calumniarán la acción de Crispus. Haz lo que te ordeno y destruiremos al Emperador.

— Si crees que eres el mejor, haré todo lo que me ordenaste. Dejaré pruebas, usaré mis encantos, para que la historia crea que un día el hijo del Emperador y yo fuimos amantes. Rápidamente, el comandante dejó pensativa a Fausta, para escenificar una mentira más en tu vida.

✳ ✳ ✳

En el 326 d.C, Flaminius y Fausta no perdieron el tiempo. Tras propagarse la rápida difamación contra Crispus, se decretó su arresto en Polastria.

Un general llamado Fulvius Claudius[52] se alió con el oscuro plan de difamación de Crispus, con el objetivo de obtener ventajas políticas y financieras, a través de la emperatriz.

Según el plan de Flaminius, Fulvio y algunos nombres influyentes en el Imperio y profundos expertos en las leyes contra el adulterio y la violación esperaban en el palacio imperial a que llegaran Constantinus y Caius para representar el escenario de la acusación inventada contra Crispus.

En aquella tarde triste e inolvidable, el trote de los caballos anunciaba el regreso del Emperador y su cuñado, debidamente escoltados. Ya conscientes de las graves acusaciones contra Crispus y los diversos chismes sobre la familia imperial, se dirigieron al juicio.

Cuando llegaron, subiendo las escaleras hacia el salón principal, se encontraron con el grupo que habían formado Fausta y Flaminius habían atraído para sus mezquinos propósitos. La agitación hizo el ambiente denso y sufriente. Cuando todo el mundo estuvo debidamente acomodado en sus asientos, trajeron a Crispus escoltado por dos soldados. Visiblemente abatido, se mantuvo sereno para afrontar la situación.

Entonces llegó Fausta y, delante de todos, llorando, se arrojó a los pies del Emperador. Constantinus, atónito, no ocultó su abatimiento mientras escuchaba en silencio las implacables acusaciones contra Crispus:

— Tu hijo dijo que estaba enamorado y me atacó — dijo, encubiertamente —. Intentó seducirme, pero lo rechacé. Luego trató de violarme. Afortunadamente, el noble Flaminius me salvó de este verdugo.

---

[52] En respuesta a la solicitud de este personaje, lo llamaremos Fulvius Claudius. (N.A.E. Bernard)

— Eres peor de lo que podía imaginar, articulaste todo con la rapidez de una serpiente – dijo Crispus enojado —. Esa mujer miente. Padre, tú me conoces bien, no podría traicionarte. Soy inocente y víctima de esta despreciable mujer. La sorprendí a ella y a Flaminius en sus aposentos. Esto ha estado sucediendo durante años, antes de su matrimonio con esta mujer infame. Te suplico piedad. No creas este engaño.

Constantinus, completamente asombrado y perplejo, guardó silencio, mientras estallaba un inevitable conflicto en el recinto. Gaius, desesperado, trató en vano de defender a su sobrino de las imperdonables ofensas, de aquel episodio planeado y envuelto en las sombras del egoísmo y la codicia. Hábilmente, Fulvio Claudius, intervino:

— Emperador, tu dignidad será sacudida ante la sociedad. Tú mismo dispusiste las leyes que rigen esta materia y muchos fueron sentenciados por ellos. Aunque Crispus es el acusado, tu hijo debe ser castigado como establecen las normas de derecho; es decir, con su propia vida.

El ambiente fue transformado por una densidad inexplicable. Fausta presentó pruebas falsificadas ante la tribuna improvisada, donde las pruebas distorsionadas no podían ser ignoradas ni rechazadas. Crispus, dándose cuenta del fraude y que nada se podía hacer para librarse de la culpa fraguada, buscando fuerzas dentro de sí mismo, miró resignado a su padre:

— Padre, conozco las leyes y acato tus decisiones —. Secándose las lágrimas prosiguió:

— Comprendo el cargo que ocupas y cualquiera que sea la condena que tendré que cumplir, pido a Jesús que un día, sea en esta vida o en otra vida[53], te llegue la verdad. Incluso frente a este escenario de terror, siempre lo amaré.

Después de muchas disputas y feroz tumulto, Constantinus, con mirada doliente, acorralado y sintiendo el peso de su cargo, sentenció:

— Que se cumpla la ley...

Inmediatamente el Emperador, guardándose en profundo silencio y tristeza, se retiró mientras aquel grupo se dispersaba.

Ese mismo día Crispus fue ejecutado.

Mientras tanto, en el mundo espiritual, las figuras radiantes de Apolonius Copérnico, Domitila y Quimeria dieron la bienvenida al recién llegado.

El asombrado joven se recostó en el regazo de Domitila, mientras Quimeria lo envolvía en una intensa luz azulada. Las dos mujeres juntas parecían un sol grandioso, brillando con candor y un amor maternal que sosegaba el corazón de aquel joven hijo de Dios. Apolonius, como emisario de Dios, pero, sobre todo, de un padre amoroso, oraba con cariño[54]:

— Señor, nosotros imperfectos y errantes 'hijos tuyos', te agradecemos la oportunidad que nos brindas de entrar en tu viña regeneradora, regida por tu ministerio de amor, bondad y trabajo.

Que sea para nosotros un cántico de luz, un bálsamo de fuerza, para hacer resplandecer la Doctrina Cristiana en nuestro corazón y en el corazón de nuestros semejantes.

---

[53] Conceptos sobre la vida después de la muerte, la pluralidad de existencias y la inmortalidad, en ese momento, formaban parte de los Evangelios de Cristo. (N.A.E. Ferdinando)

[54] Esta oración fue reproducida íntegramente del libro *Cánticos de luz*. (N.A.E. Ferdinando)

Muéstranos el mandamiento de retroceder ante los momentos dolorosos, en los que nos ciega el dolor de la ofensa recibida, que muchas veces encontramos inmerecida.

Fortalece en nosotros el coraje y la certeza de estar ociosos o indiferentes a la luz divina de la renovación llamada trabajo.

Cultiva en nosotros la sinceridad, la delicadeza, la cordialidad y la lealtad apostólica en los momentos en que nos vemos obligados a decir "no", sin hacer de nuestra existencia la amargura o la hiel de un corazón endurecido.

Convierte en nosotros las lecciones del Evangelio para que podamos construir en el camino los cimientos divinos para la edificación de un reino de amor y sabiduría, a través de los testimonios de la lucha edificante, siguiendo las pautas de la paz, la esperanza, la certeza y el cariño, en los que el Señor nos sostiene.

Sin decir una sola palabra, vencido por un amor tan singular, Crispus cayó en un letargo inevitable. Ayudados por sus seres queridos, abandonaron ese recinto, dejando atrás la tristeza y las injusticias de un mundo tan severo. El joven llevaba consigo las faltas cometidas a lo largo de su vida, que serían juzgadas en otro tribunal, dirigido por el Señor que soberanamente todo lo sabe y todo lo ve.

10.—
DE LA MENTIRA AL PESO DE LAS VANIDADES Y LA TRISTE SENTENCIA

Unos días siguieron después de la muerte de Crispus.[55]

Helena y Dioclecia regresaron de su viaje y, en el palacio residencial, en Polastria, la venerable, completamente descontenta con la ejecución de su nieto, desconfiando de las actitudes de Fausta, comenzó a investigar minuciosamente los hechos y levantó pruebas concluyentes contra su nuera...

Esa noche, Helena y Dioclecia esperaron la llegada del emperador y Caius en el salón principal.

— Hijo mío — dijo Helena, sin escatimar —, sabes muy bien que siempre te apoyé en todas tus actitudes. Estuve a tu lado cuando eras joven y te enamoraste de nuestra ineludible Lucrecia,

---

[55] La historia de Fausta y Crispus, hijo de Constantinus, sigue siendo objeto de mucho debate entre los historiadores. Se consultó a autores espirituales sobre la divergencia entre la historia oficial y este capítulo, nos informa que una de las propuestas de este trabajo, bajo el punto de vista espiritual, es esclarecer los hechos que rodearon a Crispus en cuanto a la infundada difamación del adulterio y, en consecuencia, su muerte, así como la aclaración del romance de la emperatriz con Flaminius y sus objetivos de preservar la sucesión imperial entre sus hijos. (N.M.)

quien me introdujo al cristianismo y a quien le estaré eternamente agradecido; lamenté la muerte de mi primer nieto Flavius Aurelius, a quien no pude ver crecer; amaba la causa cristiana; apoyé tus hazañas como Emperador, pero no puedo ignorar la muerte de Crispus.

En ese momento, Fausta fue conducida a la habitación por orden de Helena. Dioclecia, conmovida, intervino:

— Hermano, mi sobrino era, de hecho, inocente.

— ¿Qué estás diciendo?

Constantinus, atónito, miró a Fausta con desprecio. Limea, en la puerta principal, lo observaba todo, dejando que su rostro desconcertado llamara la atención de todos.

— Es verdad — dijo Helena —, Fausta ha guardado una relación amorosa con Flaminius. Lamentablemente Crispus se enteró, y antes que pudiera contarle lo sucedido, ella y su acompañante habían falsificado las pruebas del adulterio y propagado aquella horrible calumnia contra mi nieto.

Dioclecia, apoyando a la anciana sirvienta Adira, le pidió que informara todo lo que sabía. Ella, con dificultad, dijo al emperador:

— Señor, no tengo nada en mi vida que ofrecer a cambio de la defensa de su hijo. No sé leyes, pero por todo lo que vivimos en el pasado, bajo la luz de Jesús, digo que todo lo que escuchaste ahora es la más pura y dolorosa verdad. Su esposa, durante años, siguió involucrada con Flaminius, al igual que Limea.

Sin saber por qué, fuentes mayores hicieron que nuestra vida compartiera con estas dos mujeres. Sé que el Señor las dejó con nosotros para aprender a perdonar. Emperador dolor, tu hijo era inocente, fui testigo de la noche en que murió. Cubrió el romance de la emperatriz. Él nunca te mentiría, porque te enseñó a ser digno y, sobre todo, cristiano. No creas en fantasías dementes de alguien que siempre ha estado en la oscuridad.

Todos estos años he llorado contigo por la ausencia de Lucrecia.

Fui testigo del paso del tiempo, pero sigues siendo para mí el joven Flavius que llegó a nuestra residencia lleno de sueños.

Perdóname, pero sé que en tu pecho late el corazón cristiano de Lucrecia. Por ella, cree en tu hijo, pero no dejes que tu corazón se enrojezca de odio por la traición. Tú eres el elegido del Señor, perdona sin ignorar los hechos, porque la verdad es el puente de unión con el mundo celestial. Por más que nos duela el alma, el perdón sigue siendo el remedio para las heridas que aun llevamos en el corazón:

Mientras tanto, Fausta, sin más disimulo y completamente alucinada, se arrojó con los puños cerrados sobre el sirviente, propinándole varios golpes:

— Maldición. ¿Cómo te atreves a hablar así? ¿Quién eres tú para pronunciar mi nombre? Soy la emperatriz, y mi esposo, así como castigó a su propio hijo, también te castigará a ti por tal calumnia.

Helena, sumamente severa, le tomó las manos, llamándola a entrar en razón. Mientras tanto, Dioclecia, llena de misericordia, ayudó a la sirvienta que había caído al suelo, sintiendo mucho dolor en su cuerpo envejecido.

— Dime, infeliz. ¿Mi hijo era inocente? Fausta, acorralada, vencida por el peso de la verdad, confesó:

— Siempre has tenido debilidad por Crispus. Lo querías como tu sucesor. Así que decidí sacarlo del camino de la sucesión, dejando a mis hijos como tus herederos directos. No me arrepiento de lo que hice, porque también protegí mi amor por Flaminius.

El semblante de Constantinus cambió. Abatido, sintió que sus fuerzas lo habían abandonado. Se dejó caer gimiendo desesperado.

— ¡Oh Jesús! ¿Qué hice? Incluso convertido a la doctrina de la mansedumbre, arrojé a Crispus a los chacales. Ten piedad, Señor, de mi locura, porque el corazón de padre me sentencia.

Completamente loca Fausta, entre lágrimas, dijo:

— Antes de conocerte y que mi padre me obligara a casarme contigo, ya amaba a Flaminius. Durante muchos días de mi existencia, viví bajo las apariencias de este matrimonio. Odio a tu Dios, tu credo, el cristianismo me obligó a sostenerte en mi vida y, sobre todo, odio a tu Señor Jesús, porque él me sentenció a la infelicidad total. No más representaciones.

Que la sociedad sepa que no soy cristiana, no soy conversa. Ya no acepto la supuesta santidad de tu madre Helena y Dioclecia, quienes dicen ser seguidoras de Cristo, haciéndome apoyarlas en las oraciones que se hacían en mi casa. Creo en los dioses de mi creación y mis ancestros. Ellos son los que me hacen soportar vivir con esta familia. No repudio mi linaje, mucho menos mi creencia.

Constantinus escuchó a su esposa con frialdad, pero de alguna manera entendió su alma enferma. Recuperándose, se levantó, se secó el sudor de la frente y las lágrimas y trató de aliviar la tensión del momento:

— Me casé contigo para garantizar la seguridad de los cristianos. Los verdugos murieron y ahora tengo que llevar mi cruz. No puedo recordar la última vez que estuve contigo o la vez que no estuve involucrado con Limea en las fiestas de una vida vacía. No te conozco. Tienes razón, somos extraños, vivimos para las apariencias sociales.

No creas que soy un tonto. Ten en cuenta que en mi corazón no hay lugar para ti. Tengo misericordia y respeto por ti por ser la madre de mis hijos, pero no hay condiciones para amarte como esposa. Deja que la luz ilumine nuestros pensamientos. Ahora serás libre para vivir tu gran amor.

Limea, aturdida, en silencio y con dificultad, cruzó la habitación como si estuviera entumecida. Al pasar junto a Fausta, se detuvo y la miró profundamente. La emperatriz tomó sus manos y dijo:

— Perdóname, pero soy yo quien tiene el amor de Flaminius, tú no lo tienes.

Limea se deshizo bruscamente de Fausta y se fue en silencio. El Emperador, aprovechando el momento, intervino:

— Viviste inducida por los males y fantasías de una sociedad enferma. Siento por ti la compasión de un padre por una hija. Fuimos víctimas y sentenciados a vivir separados de aquellos a quienes realmente amamos, pero ahora somos libres.

Las leyes que promulgué me quitaron a mi hijo. Por lo tanto, no las usaré contigo, aunque quiero tu muerte, no te haré nada a ti ni a Flaminius, sigan sus caminos, porque no entendieron mis propósitos.

— ¿No me castigarás por adulterio? — preguntó Fausta, sorprendida.

— No. El adulterio solo existe cuando hay unión. En nuestro caso, nunca nos casamos. Entonces, ¿de qué serviría castigar algo que nunca existió? Si no eres cristiana, yo lo soy, y algunas de las máximas de Jesús las llevo conmigo, a pesar de mis actitudes. no me vengaré. Ya has sido sentenciada por tus propios actos y mentiras. Te daré clemencia.

Hijo mío — dijo Helena —, ¿estás seguro de tu elección?

— Sí. *Entonces Pedro, acercándose a él, le preguntó:*

Señor, ¿cuántas veces debo perdonar a un hermano que peca contra mí? ¿Hasta siete veces? Respondió Jesús: No te digo hasta siete veces, sino hasta setenta y siete veces[56]. Estoy cansado, quiero preservar mi paz. Madre, siempre te admiré, pero te ruego que me comprendas porque sobre mi consciencia arde el dolor de la injusticia que cometí. Te estoy agradecido por traerme la verdad.

Sobre mi alma atormentada descansa el peso de mis actos militares y sobre mi mente y mi corazón cargo el dolor de la sentencia de mi hijo, que acompañó mis pasos hasta el último día de su vida.

Por lo tanto, preservaré a mi familia de mis enemigos. Lamento que mi hijo se haya visto obligado a soportar calumnias y perjurios, pero no sucumbiré a la oscuridad. Vamos hacia la luz, para que los que compartieron esta farsa puedan despertar un día, con la ayuda de nuestra fe, la oración y, sobre todo, nuestro ejemplo.

Después de la noche inquieta, los primeros rayos del sol aparecieron en el cielo en lugar de las estrellas. Todos se fueron a sus habitaciones en busca del descanso necesario para el corazón agotado.

Diez días pasaron rápidamente después de esos sucesos. La humilde sirvienta Adira, incapaz de soportar los tormentos de su cuerpo envejecido, permaneció serena y sublime en silencio,

---

[56] Mateo, 18:21 — 22. (N.A.E. Bernard)

volviendo al mundo invisible, calurosamente acogida por Apolonius Copérnicus y Domitila.

* * *

En el año 326 d.C, Helena aun lamentaba la muerte de su nieto y peregrinó a Jerusalén en busca de alivio para su corazón, además de apoyar las fundaciones de las iglesias financiadas por el Imperio y buscar las reliquias del Maestro.

Esta hija de Dios marcó la historia cristiana con su conversión y entrega al cristianismo, dejando un gran legado para la humanidad. Solo regresó a Roma a una edad avanzada y murió dos años después en la Basílica de la Santa Cruz.

Dioclecia, más fortalecida, siguió dedicándose a la obra cristiana, a su hermano y esposo. Constantinus y Gaius siguieron viajando constantemente para cumplir con los cargos estatales.

Durante este período, Fausta, ya definitivamente separada de Constantinus, abandona Polastria y se instala en Roma.

Limea, visiblemente atormentada, se instaló también en Roma, en las inmediaciones del palacio de la emperatriz, donde comenzó a sobornar a algunos criados para que le avisaran de todos los acontecimientos concernientes a Fausta y Flaminius.

Esa tarde, en su nueva residencia, Fausta recibió la visita de Flaminius en el jardín:

— Querida, a pesar de todo lo que hemos pasado, la sucesión imperial está garantizada para tus hijos. Así también prevaleció nuestro amor.

— Estamos cerca de nuestro triunfo — dijo Fausta. Luego agregó preocupada: El problema ya no es Constantinus, es Limea. ¿Qué haremos para deshacernos de ella?

— Ella está bajo mi control. Todavía mantengo mi romance con ella, así que puedo vigilar sus pasos para que no nos haga nada. Confieso que me sorprendió su actitud. Ella actúa como si nada hubiera pasado. Temo su silencio, pero no podemos hacer nada por ahora. Deja que el tiempo hable por sí mismo. Seamos pacientes. Pensaré en algo.

Aquí, en Roma, la encontré solo una vez, pero ella actuó naturalmente conmigo. Me quedé asombrada, pues hacía mucho tiempo que no la veía tan tranquila. Aceptó nuestra relación con mucha calma. Como la difamación contra Crispus continúa por los canales públicos, es mejor irse ahora para que nadie lo encuentre aquí.

✳ ✳ ✳

Limea quedó completamente envuelta por el deseo de venganza contra Fausta y Flaminius. Esa mañana, dentro del salón principal, llamó al sirviente Justiniano y le dijo:

— Si me ayudas, este collar es tuyo y te garantizo tu libertad. Sé que una vez serviste en el palacio donde está la emperatriz. Luego mézclate con los sirvientes locales para facilitar mi acceso. Ya soborné a los guardias y no estarán allí cuando podamos hacer nuestro trabajo. Ayudado por dos sirvientes de mi confianza, ayudarás con el trabajo relacionado con el baño de Fausta. Deja muchas ánforas con agua hirviendo fuera de sus aposentos y avísame cuando vaya a bañarse.

Le proporcionaremos una inmersión especial con todo el refinamiento que se merece. La quiero escaldada en su propio baño y ahogada en su propia mentira, para que sepa lo que hago con mis traidores. Haré que el escenario confunda a todos No podrán saber si se suicidó o fue asesinada— Con una mirada absorta prosiguió:

— Enseguida llama a Flaminius, porque quiero que vea a la amada en el calor de las aguas.

✳ ✳ ✳

Horas después, Fausta se disponía a bañarse. Sumergida en una lujosa bañera, se relajó, sin darse cuenta que entraban Limea y Justiniano. Limea, atormentada, sosteniendo un ánfora en sus manos, miró fríamente a Fausta:

— ¿Creíste que podías traicionarme y quedar impune? Si Flaminius no es mío, no será de nadie más. Tú no eres nada más. ¡En qué triste pesadilla te has convertido! Y, en mi vida, solo una pesadilla más que voy a terminar ahora. ¿Olvidaste que aun no ha nacido alguien capaz de enfrentarme? Ha llegado el momento que rindas tu tributo.

Fausta intentó gritar pidiendo ayuda, pero no había nadie más que sus verdugos.

Sin piedad, fue sujetada firmemente por las manos de Justiniano, mientras Limea, alucinada, arrojaba sobre ella el agua hirviendo de las ánforas. Incapaz de gritar o escapar, se ahogó bajo el intenso calor del agua y los vapores.

Cuando el trabajo estuvo terminado, Limea ordenó a Justiniano que fuera en busca de Flaminius y después de un tiempo trajera a Eusebio de Nicomedia para que pudiera ver con sus propios ojos lo que le había sucedido a Fausta.

Luego, abrió las puertas del palacio y permitió que los agentes del imperio que ya había sobornado entraran y los guiaran:

Dile a Eusebio de Nicomedia que fue Constantinus quien hizo ejecutar a su esposa después de descubrir el engaño sobre el adulterio y la difamación de su hijo, para vengar la muerte de

Crispus. Haz que registre este hecho. Ahora dispérsate y aparece cuando él llegue.

Después que los hombres se fueron, Limea, completamente enojada y nerviosa, hablaba sola:

— Constantinus también sentirá el peso de mi odio — sonriendo sarcásticamente, continuó:

— Haré todo lo posible para que este hecho quede registrado en las páginas de la historia. Estoy segura que asumió la culpa de la muerte de Fausta.

✳ ✳ ✳

En la habitación contigua, Limea se acostó en un diván. Frente a él, sobre una mesita de mármol, había un ánfora y dos cuencos. Los llenó de vino y derramó el veneno de un vial pequeño Todavía mezclándolo con la bebida, se sorprendió por la presencia de Flaminius.

Limea lo envolvió en sus encantos, seduciéndolo. Luego le ofreció una copa de vino.

Ella, en silencio, lo vio beber el vino envenenado. Envolviéndolo todavía en sus encantos, lo condujo hasta donde yacía Fausta. Al darse cuenta de la gravedad de la situación, cayó en la desesperación. Intentó en vano salvar a su amada, pero al notar que ya no le quedaba ningún soplo de vida, enloqueció y se arrojó contra Limea, pero no pudo mantenerse en pie y cayó.

— Traidor — dijo Limea —. Ese es el precio de los que me traicionan. Habrías muerto lentamente por el veneno que puse en su vino.

Limea lo dejó en agonía y tranquilamente se acomodó en su diván. Levantó la bebida y la bebió de un trago.

La historia de aquellos hijos de Dios terminó bañada en el egoísmo de sus corazones. Sus almas fueron envueltas en sombras, estableciendo un lazo de odio, difícil de romper, incluso a la luz de las leyes del Señor.

En lo invisible, libres de los tormentos de la muerte física, no percibían la luz que emanaba sobre ellos, a través de los emisarios celestiales encargados de la necesaria protección. Inmediatamente, siguieron el camino oscuro del mal, uniéndose a Claudius Tertulianus, Maximianus, Constantius, Maxentius y Daia en un mundo de ruinas, creado por su mente loca, persiguiendo el ideal de odio y poder que reinaba en sus corazones.

Emisarios celestiales como Apolonius Copérnico y Eustaquio regresaron a su mundo, sintiendo misericordia por aquellos Hijos de Dios que repudiaban la supremacía del Señor, uniendo los lazos de las sombras de sufrir mutua persecución.

* * *

Siguieron unos días. Aquella tarde, en Nicomedia, Dioclecia esperaba ansiosamente la llegada de Constantinus y Gaius, que se encontraban en Roma.

Llegaron, abatidos y tristes. Gaius, con intenso amor, se acercó a su esposa:

— Fausta, Limea y Flaminius fueron encontrados muertos.

Suspirando, continuó:

— Hay muchas habladurías sobre estas muertes. Dicen que fue su hermano quien mandó matar a la emperatriz.

— ¡Señor, no!— exclamó Dioclecia —. ¡Pero esa mentira, ahora! Hermano mío, creo que sería mejor hacer pública la verdad sobre la muerte de esos infames. No permitas que estas mentiras se conviertan en parte de tu historia como Emperador y alcancen el futuro.

— Ese es el resultado del egoísmo — dijo Constantinus, demacrado y exhausto —. Fausta cometió muchos errores. Los verdugos que no pudieron callarme ante mis propósitos y mi ejército está aprovechando esta oportunidad para derribarme.

No haré públicos los verdaderos motivos de la muerte de esos dementes. Ya están sentenciados por su propia conciencia. No haré nada, porque un día la verdad se verá por los ojos de todos, porque Jesús ya conoce mi historia. No quiero que me conozcan por mi vida personal, porque no tiene nada especial que dejar una huella en el tiempo.

Quiero que me conozcas por mis acciones como Emperador; estas las conocerá el futuro. No seré víctima de la intriga de las mentes vacías. Mis enemigos me quieren débil y eso no lo permitiré — después de un profundo suspiro prosiguió:

— *Cuando estas cosas empiecen a suceder, levántense y alcen la cabeza, porque su liberación está cerca.*[57]

En la tristeza, Jesús era la única fuerza que mantenía vivo su corazón y su alma erguida ante tanto egoísmo.

---

[57] Lucas, 21:28. (N.A.E. Bernard)

11.—
DEL CONVIVIO EN CRISTO AL ENCUENTRO CON LA LUZ

En ese año 330 d.C, Marta, Cornelius, Drautila y Caius se instalaron en las cercanías de la "Nueva Roma." Allí conocieron a Daniel, un anciano de origen asiático. Hombre solitario, llevaba consigo la creencia en el cristianismo y la sencillez de quien formaba parte de un pueblo oprimido.

En el corazón de la ciudad, con la ayuda del Emperador, se erigieron iglesias. Algunos de ellos, en su excesiva grandeza, se distanciaron de los modestos orígenes del mismo Cristo.

Daniel, en cambio, se mantuvo en condiciones de extrema sencillez, ayudando a todos los que tocaban a su empobrecida puerta en busca del nombre de Jesús. La profunda acción mantenida por él, con la llegada de los cuatro amigos, se fortaleció, llevando las enseñanzas de Jesús a todos sin distinción. No midieron esfuerzos ni distancias para que el Señor fuera respetado o conocido entre los pueblos.

Los niños fueron abandonados, incluso recién nacidos, en caminos remotos de la región, porque nacieron con discapacidad, mujeres o simplemente por las limitadas condiciones económicas. Esa fundación fue el puente de ayuda para estas criaturas anónimas en la historia.

Daniel consideraba a los nuevos amigos como hijos suyos, su soledad había sido rota por el amor entregado a estos cristianos. Con trabajo y esperanza vieron crecer la "Nueva Roma."

En toda la región se conocían esos corazones, por la bondad y humildad que los caracterizaba. A través de un trabajo disciplinado, ganaron la amistad local, por lo que pudieron realizar el apostolado sin temor. Incluso los grupos paganos los respetaban, estableciendo con ellos una amistad sin pretensiones.

Esa noche, Cornelius, Drautila y Daniel estaban en el porche hablando y disfrutando de la luz de la luna, esperando a que llegara Caius. Marta arropó cariñosamente a Daniel con una manta, para que la brisa nocturna no perturbara la salud de su amigo. Daniel, mirándola, preguntó:

— Veo que estás inmersa en recuerdos que hacen que tus ojos parezcan estrellas en el cielo. ¿Podrías compartir tus pensamientos con nosotros?

— Me recordó a Crispus. Por un momento sentí su presencia cerca de mí. Un anhelo invadió mi corazón. Llegamos aquí por este joven, todo por aquí me recuerda a su sonrisa, la animación juvenil, los sueños con su padre. Con él entablé una gran amistad y, cuando supe de su muerte, me entristeció, porque los hombres aun mueren por el poder, la dominación y el egoísmo. En el poco tiempo que estuvimos juntos, prometí que donde estaba su corazón, yo también estaría. Quién sabe ahora está cerca de Jesús.

— Tienes razón —añadió Cornelius, conmovido —. Él es muy querido para nosotros. Siempre recuerdo su decisiva forma de ver el mundo.

— Me enamoré de él como a un hijo — dijo Marta secándose una tímida lágrima que era rocío en su rostro —.En la última reunión que tuvimos me pidió insistentemente que conociera a su padre. Al principio no dijo quién era, pero un día, en privado, me confesó que era hijo del emperador Constantinus. No me interesaba obtener mucha información sobre su padre, ya que podría avergonzarlo o podría parecer un oportunismo de mi parte. Lactantius lo ayudó en esta omisión, para que pudiera ser tratado sin distinción. Para mí, este acto fue una demostración de humildad. Siento no haber podido conceder esa petición, pero encontrarme con un Emperador será difícil para mí, una hazaña casi imposible.

Marta, rompiendo la emoción del momento, corrió a recibir a Caius, que apareció en el camino.

Mientras comía, Caius relató los hechos ocurridos en su viaje:

Tengo miedo de lo que presencié dentro de nuestras iglesias. Muchas construcciones fueron construidas con lujo excesivo, lo cual no conviene a nuestro Señor. me temo que el poder se ha convertido en el corazón de los líderes del cristianismo. Afirmo que somos una de las pocas comunidades que mantiene el linaje sencillo de Jesús. Siento que la ostentación del imperio y de las sinagogas ha entrado en nuestros templos.

Recuerdo — dijo Daniel—, la lucha del apóstol Pablo por mantener el cristianismo. Tengamos fe en que las enseñanzas de Jesús no se confunden con el personalismo o las necesidades materiales, el Maestro es puro amor, y pureza significa sencillez y humildad. No debemos juzgar a los que todavía necesitan las apariencias para mantener la fe.

Hagamos de la oración un medio para que la instrucción celestial llegue a nuestro corazón. Seamos firmes en nuestros propósitos, despejando nuestros pensamientos de cualquier temor o duda ante el amor cristiano. Miremos con la esencia del alma cristiana, llegar al cielo libre de cualquier deuda resultante de malas elecciones.

— Tus instrucciones son nobles — observó Marta —. Hay que tener paciencia, para que haya madurez de cara a esta liberación. El pueblo cristiano vivió durante muchos años oprimido por el poder de los hombres y ahora experimenta la libertad. Veo este momento como un prisionero que durante muchos años ha estado en total oscuridad, ausente de la luz del sol. Un día se le concedió la libertad, sin considerar las consecuencias, olvidando que la luz podía cegar sus propios ojos.

Solo el tiempo y mucho esfuerzo serían los remedios para aprender a vivir en una nueva condición de vida. Como el cristianismo, solo el tiempo dirá el resultado de todo obras planteadas en este período. Trabajemos con los recursos que tenemos y con lo que estamos buscando en las viñas de Jesús el camino correcto para poder transformarnos en verdaderos hijos de Dios.

Hagamos nuestra parte, la que el Señor nos ha encomendado, viviendo y sintiendo el amor que nuestro Padre derrama sobre la Tierra — para concluir, continuó—. *"Acordaos de vuestros líderes, que os anunciaron la palabra de Dios. Considerad como terminó su vida e imitad su fe. ¡Jesucristo es el mismo, ayer y hoy; él será para siempre! No os dejéis engañar por doctrinas eclécticas y extrañas."*[58]

✳ ✳ ✳

Esa mañana, en Constantinopla, una agitación se apoderó del pueblo. El Emperador había llegado allí, con gran aclamación.

Marta y Cornelius fueron al mercado a comprar las provisiones mínimas para la casa de Daniel. Ajenos a lo que estaba pasando, vieron a la gente correr hacia la entrada principal de la ciudad. Una caravana de lujo apareció en la puerta.

---

[58] Hebreos, 13:7—9. (N.A.E. Bernard)

Los soldados avanzaron, aguantando en sus fuertes brazos, escudos y lanzas, ahuyentando al pueblo de los alrededores, al son de los gritos por el paso de la caravana imperial.

— Abran paso al Emperador. Abran paso al Emperador Constantinus.

Marta se acercó a la litera, tratando de ver el rostro del hombre que solo conocía a través de las palabras de Crispus.

Un caballo, agitado por el tumulto de la gente, derribó a un soldado, pero el animal pronto fue sujetado por las manos de un oficial que logró sujetar las riendas.

Atribuyéndole la culpa del desorden a Marta, el militar avanza brutalmente sobre ella a puño cerrado, abriéndole la ceja. Al no soportar el peso de la agresión, fue arrojada al suelo sin piedad. El soldado, furioso, comenzó a gritar:

— ¡Aléjate, mujer! De lo contrario, usaré mi espada. ¿Quién crees que eres para acercarse al gran Emperador?

Cornelius, al darse cuenta que Marta estaba en problemas, corrió hacia ella, pero dos guardias lo detuvieron. El Emperador, al ver la actitud del soldado, pidió a la caravana que se detuviera, Caius se bajó de la litera y caminó hasta donde estaba Marta. Demostrando humildad, sorprendió a la multitud inclinándose para ayudarla.

Trató de identificar su rostro como si creyera que la conocía, pero el manto ocultaba su rostro, dejando solo sus ojos y la herida en su ceja expuestos.

Los soldados se apresuraron a protegerlo, mientras él, atónito, no podía apartar los ojos de aquella mujer. Marta, completamente paralizada, no podía pronunciar una sola palabra. Reconoció allí a su prima y a lo lejos a su gran amor de juventud.

Sus grandes ojos brillaban de emoción, destacando felicidad y el deseo de abrazarla tiernamente. Gaius tocó espontáneamente la mano de Marta. Ambos con el corazón latiendo rápido y, como por arte de magia, se reconocieron, en silencio. Superando el silencio, él, con su voz firme, intervino:

— Dime: ¿cómo te llamas? Quítate la manta para que pueda verte la cara.

En ese momento, en un gesto espontáneo, Marta tomó inmediatamente la mano de Gaius, esquivando su intervención. Alzando la cabeza, vio a lo lejos a los hijos del emperador, Dioclecia y Constantinus.

Como si el pasado hubiera regresado, trató de escapar de esa situación, impidiendo que su familia la reconociera, Cornelius, al darse cuenta de la gravedad de la situación, se liberó de las manos de los soldados y se acercó. Con respeto, trató de disimular, levantando a su amiga del suelo. Mirando a Gaius, tomó la canasta y dijo:

— Señor, es un honor para nosotros estar ante el gran Emperador, tan conocido por su bondad hacia los cristianos. Gracias por mi hermana, la emoción es tal que las palabras se detuvieron en sus labios. Perdónanos por demorarte en la entrada a tu ciudad. Pedimos misericordia y su comprensión.

Gaius, poniéndose de pie, todavía estaba tratando de reconocer a la mujer. Marta luchó por ocultar su rostro bajo la manta, con dificultad cultivando cualquier aproximación a él, de pie, pensativo, le dijo a Cornelius:

— Hombre, te conozco. Dime tu nombre.

— Señor, no creo que me conozca. Perdóname, tengo que irme.

Para preservar a su amiga, Cornelius no continuó la conversación y sacó a Marta de esa situación embarazosa.

Gaius, atónito, volvió a la litera y continuó la marcha hacia su destino.

* * *

En el palacio imperial, el Emperador estaba en el salón principal, sorbiendo su bebida con semblante embelesado, cuando Caius y Dioclecia se acercaron:

— Cuñado — dijo Gaius — desde el incidente de hoy no he podido quitarme el recuerdo de esa mujer. Algo dentro de mí dice que la conozco. Tal es la certeza que, si no supiera que Lucrecia está muerta, creería que fue ella. Los ojos son inconfundibles.

Créeme, de alguna manera, el episodio de hoy me tocó el alma – dijo Constantinus pensativo —. Hace instantes recordó el día que vio por primera vez a su prima, sosteniendo aquellas Escrituras. Amigo, desde hace días soy susceptible a los recuerdos del pasado, no puedo olvidarme de Lucrecia. Ruego a Jesús que me ayude a soportar este anhelo, el enemigo que nunca pude vencer.

— Sé lo que significaba mi prima para ti. Yo también amaba a mi familia, pero ahora están todos muertos. No podemos hacer nada.

— Todo lo que soy se lo debo a Lucrecia. Perdona mi egoísmo, pero todo esto lo idealicé para ella y para la comunidad cristiana. Siempre le pregunto al Señor: ¿Cómo puedo sentir un amor tan soberano y llevarlo todos estos años vivo en mi corazón? Como Emperador, ¿cómo logré silenciar este amor? La esperanza de algún día tenerla entre mis brazos por un momento es lo que me mantiene vivo aun después de mi muerte. Cuando cierro los ojos espero que sea la bendita oscuridad de la muerte, pero siempre estoy despierto y enfrento mi vida, lo que he hecho, lo que soy y el resultado de mis acciones. Simplemente despierto y me doy cuenta que ella no está a mi lado, sino que está viva como el sol, iluminando mis días y como las estrellas iluminando mis noches oscuras. Ella siempre será mi emperatriz. Me siento derrotado ante la batalla de vivir sin ella y bajo las sombras de la añoranza y la soledad.

— Di gracias al Señor por vivir con tu hermana — dijo Gaius, tomando la mano de su esposa —. Le soy fiel y no podía soportar la ausencia del encanto de su voz. Después de la muerte de mi prima, no podía entender cómo te las arreglaste para vivir junto a Minervina y Fausta, que eran tan egoístas y codiciosas. ¿Cómo lo soportaste?

— Viví para los cristianos, no se equivoquen. Hubo un tiempo en que creí que te olvidarías de tu prima. Me casaría, formaría una familia y encontraría mi paz. Descubrí una dura verdad, nadie reemplaza un gran amor, un amor puro, real y bendito por el Señor. Pasó el tiempo. Pasé mucho tiempo lejos del verdadero hombre que era, el Estado me quedó a mí, esta es mi casa.

— Me preocupo por ti – intervino Dioclecia —. No quería verte con el corazón endurecido.

— No te preocupes. Aprendí lo que es vivir en una soledad esclarecedora. La que nos hace crecer hacia el cielo —. Cambiando el curso de la conversación, Constantinus continuó:

— Acabo de recordar a Crispus. Él, antes de morir, me pidió que conociera a la mujer llamada Marta, que vivía en esta región.

Quiero responder a su petición y aligerar un poco mi corazón. Y

Ha llegado el momento de cumplir la promesa que le hice a mi hijo.

— Creo que no será difícil, todo cristiano es conocido por el trabajo que hace en el nombre del Señor — dijo Gaius —. Si es una auténtica conversa, ciertamente la encontraremos fácilmente, entre los necesitados de Dios.

* * *

Al otro lado del pueblo, cuando los dos caminaban juntos a casa, caminando en silencio, en medio de la calle, Cornelius abraza paternalmente a Marta. Ella, a su vez, correspondió con confianza, dejando que las lágrimas rodaran por sus mejillas sonrosadas. Cornelius, finalmente, buscó en el fondo de su corazón la calma necesaria para hacer prevalecer la paz y dijo:

— No entiendo lo que acabamos de presenciar. Cuando salimos de Nicomedia, el propio Constantius hizo pública la muerte de su familia, Flavius y Caius. Ahora están vivos. ¿Cómo explicar todo esto, sino por la expresión viva del egoísmo de quienes pertenecieron a nuestro pasado? Si Dios pudiera hacer retroceder el tiempo, daría mi alma para no verte sufrir así.

— Eres el mejor amigo que cualquiera puede tener. Tengo que ser fuerte, porque sé que fuimos víctimas de mentiras que cambiaron el rumbo de nuestras vidas. Flavius está vivo, se casó con otra mujer, ahora tienen hijos, los que no pude ofrecer. Mi pequeño murió a manos de los verdugos, solo nos quedan los recuerdos.

— ¿Por qué no dejaste que tu primo te viera la cara? Casi nos reconoció. Podría cambiar toda esta historia. No creas que soy un cobarde, pero un miedo incontrolable se apoderó de mi alma —. Secándose una lágrima, continuó:

— Por primera vez, me quedé inmóvil sin saber qué hacer. Fui vencida por mis miedos y por mí mismo.

Cornelius la condujo a la sombra de un árbol donde la acomodó. Marta estaba llorando. El amigo la apoyó con respeto y cariño.

Ella oró valientemente, suplicando con ferviente misericordia que sus pensamientos pudieran volverse a Dios:

— Señor, en tus manos entregué mi vida. Dejé mis sueños retenidos en mi corazón. En muchos sentidos, la vida dijo no al amor entre Flavius y yo, ahora el Emperador Constantinus. Acepté las limitaciones con resignación y encaminé mi existencia a la causa cristiana. Ahora te suplico, haz cesar en mi mente este cuadro amargo que me esclaviza en la ingratitud. Perdóname mi desesperación por haber encontrado a quien una vez amé en el silencio de un tiempo que nunca vuelve.

Libérame de este lamento. Hazme fuerte tanto para la vida como para la muerte. Sella mis labios para que no pronuncie una palabra en contra de tu voluntad. Permíteme descansar un momento en tus brazos, para que tu coraje abrace mis alma, Señor, tengo miedo de mí misma, líbrame, por misericordia, de esta prisión llamada desesperación que me retiene en este momento.

Mientras tanto, en lo invisible, Samir y Fabius se acercaron y, envolviendo a Cornelius con el poder del amor, transformaron sus sentimientos en inspiradas palabras de alivio:

— Querida, no estás sola. Ánimo, no te rindas ahora. Tu misión aun no ha terminado. Pronto terminarán los tormentos del sufrimiento humano. Cálmate para que puedas seguir adelante con fe. No te desanimes por tu propia agonía. El Señor y con nosotros, nada podrá alcanzar la obra de la noble causa en la Tierra. Sin duda, Flavius tiene compromisos lejanos con esos corazones que, hoy, son sus hijos y con los que le rodean. No sufras creyéndote olvidada o abandonada. No vivas sobre los escombros del pasado, la vida tiene el camino correcto a seguir. El cristianismo todavía necesita vuestra fuerza, porque el Emperador abrió las puertas a la luz de Jesús y ahora estáis preparando a los cristianos que pasarán por esta puerta.

— Amiga mío — dijo Marta —, perdóname por mi debilidad mental y por creer que mi dolor es más grande que las flores extranjeras que rondan el mundo. Hazme fuerte para que no sucumba a mi propio egoísmo, reflejo de un corazón nublado y entristecido. Me enseñaste que nadie sufrió más por nosotros que Jesús. El Maestro dignificó nuestra vida con su amor, para que pudiéramos seguir su ejemplo, en el camino recto del aprendizaje.

— Cuando atravesamos las enseñanzas del mundo intervino Cornelius —, bajo las sombras del sufrimiento o atravesamos los amargos valles de la desesperación, nos creemos olvidados por el Señor, pero siempre somos sostenidos. Fortalécete en Jesús, para que puedas sentir el amor fraterno invadir tu alma. Aprende a recibir el dolor como fuente de renovación.

"El Señor es por nosotros. En este momento la causa cristiana es más importante que nuestros propios sentimientos de su renuncia el pueblo de Jesús obtuvo la liberación. Se cree que en soledad Flavius escuchó el llamado de Jesús e hizo prevalecer la voluntad celestial: silenció la furia de los perseguidores del cristianismo. Siempre te conformaste con vivir con poco, casi nada ante los ojos humanos, pero ante Dios estás llena de amor y misericordia conquistado con tu esfuerzo personal.

Por ahora, levantémonos y caminemos con paz por el camino que lleva a Dios, sin desánimo ni duda, afirmándonos en el propósito de vida, trabajando por el cristianismo — besándole la mejilla continuó —. Sigue tus lágrimas, vuelve a tu camino, renovando la luz en el alma y la obra en las manos en el nombre del Señor.

En ese momento, las imágenes de Samir y Fabius se perdieron serenamente en la brisa perfumada que venía del bosque, dejándolos bañados en esperanza y coraje para continuar.

* * *

Regresaron a la residencia de Daniel. Marta, abatida, se retiró a su habitación, mientras Cornelius informaba a sus amigos de los últimos hechos. Drautila, preocupada, dijo:

— Espero que Lucrecia me perdone, todo esto es impiedoso. Me siento culpable por las malas noticias que trajimos del pasado. Creí que Flavius y Caius estaban muertos, porque cuando salimos de Nicomedia, su propio tío Petronius nos informó de las muertes.

— Confieso que el amor que existe entre estos dos corazones es algo que nunca he presenciado. ¿Por qué tuvieron que separarse de esa forma? ¿Por qué Marta sufrió más, mientras él disfrutaba de los beneficios del imperio, una vida fácil sin limitaciones y hasta formó otra familia?

— No culpemos a nadie — dijo Cornelius —. Desconocemos las razones que llevaron a la familia Petronius a vivir este calvario. Ciertamente el Emperador tiene responsabilidades intransferibles con quienes están a su lado desde un país lejano, que somos incapaces de comprender. Si de verdad amó a nuestra Marta, en el corazón de este hombre vive Lucrecia y con ella vive también el amor que él mostró por el cristianismo.

— Mejor sería que siguiéramos viviendo la mentira, así no habría más sufrimiento para los que amamos — Drautila intervino.

— El dolor de una verdad pasa con el tiempo — dijo Cornelius lleno de misericordia —, pero una mentira ulcera el alma y puede permanecer mucho más allá de nuestra comprensión. No debemos defender lo irreal, aunque nos traiga sufrimiento. Recordemos que cuando estamos con Cristo iluminando nuestra mente, somos más fuertes y solo nos levantamos con cicatrices sin heridas abiertas, sin heridas, por la eternidad.

— Lo entiendo, pero creo que traicionó su propio corazón — dijo Drautila.

— Seamos honestos, pero no ciegos a todo lo que el Emperador ha logrado en su vida – intervino Cornelius.

No es justo juzgar lo que no sabemos. Recordemos que, antes de saber quién era, lo respetábamos por las actitudes dignas que adoptaba hacia el cristianismo. No podemos olvidar que Marta siempre fue especial, en todo momento mostró mucha fuerza, fe y esperanza. Podemos decir que si el Señor la eligió para la mayor súplica, ciertamente estaba mejor preparada que todos los demás, pero nada podemos decir de Flavius. Hay muchas uniones que se hacen por conveniencia, por egoísmo y sin amor. ¿Será que todo lo que hizo fue por libre elección? ¿No pasa él también por severos sufrimientos? No sabemos.

— Ahora no importa. Solo el tiempo podrá hacernos comprender todas estas historias — dijo Drautila —. No podemos cambiar el pasado. Siento que la comprensión sobre todos estos acontecimientos llegarán algún día, pero me temo que ya no estaremos pisando suelo terrenal. Es difícil vivir lejos de los que amamos y más difícil silenciar en nuestra alma una mentira absurda que nos hizo sentir el frío de la desesperación.

— Seamos valientes – dijo Daniel tratando de consolarlos—. Nuestra amada no entregará su vida a las frías manos de la muerte. Sabemos que la felicidad no está contenida en la materia o las apariencias de una vida llena de lujos; está en las almas de los hijos de Dios. Tengamos cuidado al definir los sentimientos de los demás, el corazón y un territorio que no conocemos. Todavía no podemos conocernos a nosotros mismos.

El Señor nos ha reunido a cada uno de nosotros en grupos temporales, para que podamos crecer hacia el cielo. Cada ascenso en busca de la transformación de nuestra alma es arduo, depende de nosotros no estancarnos ante las pruebas humanas. aprendamos de éste, sitúa la sublime y difícil tarea de volver a empezar, buscando en el Señor el fundamento del amor y, en vida, la construcción de la valentía para seguir siendo hijos de Dios.

Caius escuchó esas historias en silencio. La tristeza abrasó su rostro y lágrimas vacilantes brillaron en su rostro, pero no se atrevió a manifestarse.

En ese momento, Marta entró en la habitación con los ojos llenos de lágrimas, acentuando su noble rostro, y conmovedoramente ahogando corazones amigos con su sufrimiento, en una entrañable demostración de fe racional:

— Hace horas creía que ya no tendría el coraje de vivir. Me faltaban fuerzas hasta para llorar. Solo me había sentido así con la muerte de mi hijo, mi familia y la difícil separación de Flavius. En ese momento me sentí aterrada e insegura, pero dentro de mí descubrí el valor de luchar, a través del cristianismo y aprender con mi Padre. Pasó el tiempo y no pudo destruir un gran y verdadero amor.

La desesperación no puede arruinar nuestro corazón. Ánimo, porque estamos aquí en la Tierra para crecer, y todo crecimiento requiere disciplina y mucha resistencia. Retomemos el trabajo en el nombre del Señor, absorbamos las lecciones divinas, cada uno a vivir la vida como Jesús la diseñó y no según nuestra voluntad, en el momento oportuno, cuando sea más fuerte, los buscaré.

Después de escucharla, respetaron su decisión de mantenerse alejada del Emperador. La acogieron con amor, envueltos en la luz del Señor.

✳ ✳ ✳

El emperador todavía permaneció con su familia en Constantinopla. Gaius comenzó la búsqueda de la mujer de la que Crispus había hablado en el pasado.

Pasaron algunos días, hasta que una mañana Gaius fue informado del trabajo de Daniel y salió a su encuentro, debidamente escoltado. Cuando llegaron, les informaron que Marta estaba en una habitación cercana.

Al llegar cerca del salón, desmontaron de sus caballos. Gaius, curioso y desconfiado, se coló. Cornelius, atendiendo a una persona enferma, al escuchar voces afuera, se dirigió a la entrada principal y se encontró con el General.

— Venimos en son de paz — dijo Gaius —. Estamos aquí para ofrecer la ayuda del Emperador en la fundación del cristianismo y para apoyar el trabajo que aquí se lleva a cabo. Busco a una mujer llamada Marta. ¿Dónde puedo encontrarla?

Gaius estaba de pie y miraba profundamente a Cornelius. Con insistencia, lo tomó por los brazos, mirándolo cara a cara. Movido por una emoción momentánea, exclamó:

— ¡Por Jesús! Te conozco. Estoy seguro. Eres Cornelius todos estos años creí que estabas muerto. ¿Por qué no viniste a buscarme?

— Porque yo también creía que estabas muerto.

Los dos hombres se abrazaron y lloraron de emoción. Marta apareció por debajo de la puerta de entrada y, sorprendida, encontró a su primo y a Cornelius en fraternales demostraciones de amistad.

— Gaius, al ver a su prima, corrió hacia ella. Marta, sin contener su emoción, dejó caer la ropa que llevaba en las manos y corrió hacia su primo para abrazarlo. Gaius no pudo decir una sola palabra, los sollozos se mezclaron con su desconcierto. Los ojos de Marta brillaron a la luz del sol.

— No puedo creer lo que veo — dijo Gaius después de unos momentos —. Pasé parte de mi vida creyendo en tu muerte. No entiendo. ¿Cómo puedes estar viva?

— Te digo lo mismo. Cuando hui de Nicomedia después de la muerte de mi hija, me enteré que tú y Flavius habían muerto en la batalla. Desde entonces vivo para la comunidad cristiana. Será mejor que entremos, para que podamos matar el anhelo de tantos años.

Instalado dentro del humilde salón, Gaius observó cómo Marta terminaba sus tareas con los enfermos. Admirado, se dio cuenta que cada uno de los asistidos por Marta mostraba un gran cariño por la amiga que Jesús había puesto en su camino.

Momentos después, Marta se sentó junto a su primo. Contaban los episodios de sus vidas, informándose unos a otros de los aconteceres en ese lapso de distancia. Gaius, todavía sorprendido y conmovido, añadió:

— Han pasado tantos años y sigues siendo tan hermosa como en tu juventud. Sigue expresando un amor único, como el tiempo que estuvimos a tu lado. Contigo, sentimos tanta paz que no puedo contener mi emoción. No entiendo tanto egoísmo por parte de los que destruyen nuestra familia entre la mentira y la muerte. Sufrimos tu ausencia, especialmente Flavius. Cada día sin ti era una muerte lenta para él.

— Dioclecia y yo esperábamos que formara una nueva familia que pudiera traerle un poco de felicidad. En estos años, acompañé su sufrimiento. Dos mujeres marcaron su alma, Minervina, madre de Crispus, y Fausta, madre de sus otros hijos. Solo trajeron amargura en los años que estuvieron a su lado. Ahora son solo recuerdos de un pasado oscuro que no volverá. Fuiste y sigues siendo su vida e inspiración.

— Llevo a Flavius en el corazón y no me he distanciado de nuestro amor. Las mujeres de su vida tenían compromisos intransferibles con él. Me alegré cuando me enteré de los logros cristianos del Emperador. Cuando los conocí hace unos días a la entrada de Constantinopla, sentí que lo amaba más, mucho más y que el tiempo no podrá romper ese sentimiento.

— ¿Así que eres la mujer misteriosa del accidente en la entrada del pueblo? ¿Por qué no me dejaste ver tu cara? —. Continuó sonriendo:

— No podré callarme frente a Flavius o Dioclecia respecto a este encuentro. No te imaginas la felicidad que nos traerá a todos.

A pesar que en el fondo de mi alma deseaba tanto abrazarlos, hasta que te encontré estaba decidida a no volver a encontrarlos debido a mis íntimos temores. Sé que este encuentro será inevitable.

— Prima mía, créeme, muy pronto te facilitaré el día de este encuentro —. Abre la puerta — continuó:

— Ahora quiero para entender mejor el trabajo que haces, déjame asistir a una reunión de esta fundación.

— Mañana tendremos nuestra habitual reunión cristiana, ven acompáñanos, estaré encantada de recibirte.

Marta y su prima volvieron a emocionarse con su despedida. En medio de votos de reencuentro y fraternidad, el patricio se despidió, montó en su caballo y partió, dejando en el corazón de aquella mujer la impresión de la felicidad que sentía en su alma.

✳ ✳ ✳

Gaius cabalgó, bajo el sol de Constantinopla, dejando que su sudor se mezclara con sus lágrimas. Sus pensamientos eran una confusión abrumadora que consumía su alma. En voz alta, expresó sus ideas ensayando lo que le diría al Emperador:

— Me he decidido, mañana me llevaré a Flavius y a Dioclecia. Deben saber que Lucrecia está viva.

Decidido a revelar la verdad, Gaius se apresuró al palacio. El sonido de los caballos anunció su llegada. Cruzó el atrio en busca de su cuñado y su esposa y los encontró en la gran biblioteca. Constantinus, detrás de la mesa de mármol, escribía sus informes, mientras Dioclecia, sentada en un cómodo asiento, se ocupaba de sus lecturas. Gaius, sin contener su felicidad, entró en la habitación:

— Encontré a la mujer llamada Marta.

— Dime dónde está. ¿Por qué no la trajiste aquí? — preguntó el Emperador.

— ¡¡Tenga calma!! Habrá una sorpresa. De hecho, ella reside aquí, en el grupo liderado por Daniel. El cabestrillo necesita mucha dedicación y hoy será difícil encontrar a esta mujer, ya que se dedica a las tareas de mantenimiento de la residencia —. Sonriendo continuó:

— ¿Recuerdas cuando en el pasado me preguntaste quién era el amor de mi prima? Le respondí que dejaría que ella misma te lo dijera. Haz lo mismo ahora. No diré nada, porque dejaré que tus ojos vuelvan a ver lo que mi corazón encontró. Yo digo que Crispus tenía razón, ella es una bendición celestial.

— ¿Cuándo puedo conocerla?

— Me invitaron a participar en la reunión cristiana que se realizará mañana. Iremos allí. He pensado en todos los detalles para tu seguridad. Escoltaré a los soldados, para que podamos ir en paz.

— Cuñado, confío en ti. Haz lo que hay que hacer. Contendré mi curiosidad.

Los ojos de Gaius revelaron una felicidad que no había sentido en su corazón durante mucho tiempo. No pudo contener el brillo en su expresión, por haber encontrado de nuevo a su querida prima.

* * *

A altas horas de la noche, Marta aun llevaba en el corazón la alegría del reencuentro. Sus ojos brillantes no podían ocultar la preocupación que su prima pudiera revelarle a Constantinus que estaba viva. Bajo la luz de las estrellas, Cornelius y Drautila se acercaron, llevando una capa para su amigo.

— Ante el Señor, la verdad siempre se interpondrá en nuestro camino — dijo Cornelius, abrazándola —. En el mundo de Jesús no hay lugar para la mentira. Quiero verte feliz, no te imaginas cuánto quiero que vuelvas a encontrar a Flavius.

Marta escuchaba a su amigo con inmenso cariño mientras una tímida lágrima rodaba por sus mejillas. Tomó las manos de Cornelius y Drautila y dijo:

— Ambos son más que amigos para mí, son mi familia. Descansé mi cansancio y mi tristeza en sus brazos fraternos. No olvidaré sus rostros. Escribimos una historia en nuestras vidas que nunca se borrará. Cada día que pasaba la prueba sentía la fuerza de volver a empezar, porque sabía que a mi lado los encontraría. Los caminos tortuosos del mundo me han traído su corazón. Llegué a pensar que no era digna del amor que se me daba. Quiero que sepan que esté donde esté, siempre seguiré sus pasos.

Drautila, preocupada, trató de responder a aquellas tristes palabras:

— Cariño, no hables así, tus palabras suenan como despedida y ahora no es el momento de la tristeza. Eres parte de nuestra felicidad, así como de nuestro corazón.

— Y la hija que mi carne no puede traer la luz de la vida.

— Por eso siempre agradecí al Señor el día que conocí a tu familia.

— Para mí también ocupaste un lugar muy especial en mi corazón. Aprendí de mi padre que el amor verdadero, libre del apego malsano de las personalidades, nos hace fuertes y comprometidos con las leyes celestiales. No permitas que tus pensamientos vayan en la dirección del miedo. El Señor nos ha llamado a servir, y este llamado no puede ser en vano. Haz tu parte. Jesús confía en ti, síguelo con esperanza.

Cornelius, tomando sus manos, dijo:

— Siempre fuiste especial. Te amo como a una hija y siempre estaré a tu lado. Gracias a tu coraje, reforcé mi fe y todo lo que sé sobre el cristianismo te lo debo a ti. Me inclino ante la familia de mis queridos amigos Petronius y Fabius...

Antes de terminar la frase, Marta notó el sufrimiento de su amigo:

— No turbes tu alma y no te aflijas por el pasado. Te amé todos los días y, créeme, fuiste un padre para mí y es con ese sentimiento que vivo.

Bajo la luz de las estrellas, intercambiaron afectos con trajes abiertos de paz, dejando en sus corazones esperanzas para el futuro.

12.—
ENCUENTRO SUBLIME

Aquella mañana, el fuerte sol se elevó expandiendo su brillo por toda la ciudad— imperio, haciéndola despertar a la lucha rutinaria.

Las personas que trabajaban en el centro de rehabilitación cumplieron con sus tareas sin quejarse ni perder tiempo y organizaron la reunión que se realizaría en breve. Envueltos en los preparativos, recibieron a las personas que buscaban en aquellos corazones un camino para llegar a Jesús.

Drautila oró, mientras Caius procedía con las lecturas del Evangelio. Daniel, con fe, disertaba, dilucidando los textos leídos. Antes que terminara la conferencia, una mujer ingresó a la sala, cargando en sus brazos a una niña inconsciente y visiblemente abatida.

Mientras la mujer caminaba por el pasillo, los presentes se quedaron en silencio. Conquistó sus dolores más íntimos para acercase a Daniel. Con moretones por toda la cara, lloraba convulsivamente. Cornelius y Caius acudieron inmediatamente a su rescate.

— Busco la ayuda del Señor. Mi hija está en agonía y tiene una fiebre inexplicable. Todos los médicos que conozco han sido contratados, pero aun muere lentamente. Sé que aquí encontraré consuelo para mi alma. Mi esposo Haterius está en contra de la fe cristiana. Cuando dije que traería a mi pequeña aquí, me golpeó con tanta furia que casi no puedo caminar, se arrodilló, suplicando —. Ayúdame a aceptar mi sufrimiento con la fuerza de tu fe.

Enséñame a creer, todos estos años no he tenido credo, por imposición de mi esposo. El otro día escuché una conferencia que diste a un grupo de enfermos. Después del final de esta conferencia, mi alma se recuperó del dolor y la violencia que llevo en mi vida. Allí aprendí a mirar a mi esposo con lástima y sin odio.

Está enfermo, más enfermo que mi hija, porque se cree superior a todo lo que hay en el mundo. No pido sanación, porque soy consciente que el poder de sanar está en nosotros mismos y en las manos de vuestro Dios, a quien todavía no conozco. Ruego que mi alma acepte la partida de mi hija, si esta es la ley de su Señor.

Sin medir esfuerzos, Marta se acercó y, arrodillándose, oró, mientras Daniel colocaba su mano sobre la frente de la niña. Cornelius, junto con Drautila y Caius, rezaron fervientemente para apoyar a su amigo en esta difícil empresa.

Minutos después, para sorpresa de todos, se escuchó la voz de la niña como el sonido de una melodía celestial:

— Mamá, ya no escucho las voces que decían que querían la muerte. Estoy curada.

La mujer, bañada en emoción, abrazó a su hija, diciendo:

— Alabadas sean, por los siglos de los siglos, las manos de tu Señor. Estaré eternamente agradecida por lo que hicieron por nosotras.

— Perdóname — dijo Daniel —. No hicimos nada en nuestro nombre. Todo lo que has recibido es del Señor y por el poder de tu fe. Para hacer prevalecer nuestra fe, es importante creer en el poder del amor que trajo Jesús hace años. Soportar el sufrimiento, aprendiendo de él a vivir en estado de esperanza. Levántate y sigue tu camino, retomando los deberes de madre y esposa, porque el Señor sabe bien lo que cada hijo debe experimentar en el curso de la vida. Lleva la carga difícil, pero lleva contigo la esencia de este día y nunca permitas que todo lo que recibiste hoy se pierda en los recuerdos de la vida.

Mientras Marta consolaba a la pobre mujer, estalló un alboroto en la puerta principal. Sorprendidos, vieron al esposo de la mujer acompañado de tres amigos invadir el lugar sin piedad alguna. Borracho, enloquecido y celoso, gritaba salvajemente. Marta, aterrada, trató sin éxito de contener su furia:

— Tómalo con calma, por el amor de Dios. Estos cristianos devolvieran nuestra felicidad. Mira, nuestra niña está sana.

Al ver a su hija dolida y curada, una furia gratuita se apoderó del alma de aquel hombre. Empezó a golpear a su esposa, gritando:

— Es una mentira. Estos infames no curaron a mi hija. Me mentiste todo el tiempo, Helvidia no tenía ninguna enfermedad. Este fue un acto de tu parte para que pudieras venir a este repugnante lugar. Te advertí que si venía aquí te mataría y todos los que te acompañaron. Ahora sabrás lo que significa faltar al respeto a las órdenes de tu marido.

Mientras Cornelius y Caius retenían al hombre enfurecido, tratando de contener la violencia dirigida contra su esposa, los otros tres hombres, hirviendo de furia, se abalanzaron sobre ellos con fiereza, golpeándolos sin piedad.

Mientras tanto, la caravana del emperador se detuvo frente a la humilde casa. Ajenos a lo que sucedía, descendieron guiados por los soldados. Antes que entraran, Gaius, sintiendo la conmoción, dijo:

— Ayer, cuando estuve aquí, todo estaba en paz — mirando a los soldados, ordenó —. Te quiero listo para actuar con precisión. Defiende al Emperador y a mi esposa. No permitas que le pase nada.

Constantinus y su hermana acompañaron a Gaius, mirando alrededor. Gaius caminó con cautela hacia la conmoción, extendiendo los brazos para dejarlo pasar.

Se encontraron cara a cara con Marta de rodillas, ayudando a la pobre Claudia, que estaba tendida en el suelo.

En ese momento, Constantinus se quedó en silencio, ante la emoción. Los ojos de Marta brillaron, destacando su rostro. Poniéndose de pie, comenzó a caminar hacia el Emperador. Se reconocieron. En ese momento, solo sus corazones estaban presentes. Envueltos en una inmensa felicidad, se unieron en un amor sublime y bendito.

Antes que nadie pudiera hacer nada, sorprendida, Marta sintió el peso de la furia de Haterius, que con un puñal y enloquecido le desgarró el abdomen. Todos, atónitos, fueron testigos de esos minutos desgarradores. No hubo tiempo para actuar. Marta estaba herida. No puedo creerlo, el emperador, desesperado, tomó a su amada en sus brazos, gritando:

— Señor, ten piedad de nuestra alma. Una vez más no puedo soportar perder a Lucrecia.

— Guardias, arresten a estos hombres — ordenó Gaius con severidad.

Mientras arrestaban al hombre y a los demás, Dioclecia sintió que le faltaban fuerzas para tratar de ayudar a alguien. El silencio anunció la agonía que sintió Marta, desmayándose en los brazos del Emperador. Sosteniéndola, caminó entre los grupos que conducían a la habitación donde varias camas acogían a criaturas sufrientes.

Al amanecer, Marta seguía inconsciente, bajo la protección de Cornelius y Constantinus, quienes permanecieron a su lado todo el tiempo. Mujeres, hombres y niños llegaron en busca de los noticias de Marta. Afuera de la casa se formaron grupos a la luz de las antorchas y en estado de vigilia, rezando por la recuperación de aquella mujer.

A altas horas de la noche, Constantinus no pudo contener las lágrimas. Después de haber escuchado toda la historia del reencuentro de Caius con su prima, el Emperador sufrió aun más por los dolores de su amada. Sostuvo sus manos frías, transfiriendo de su corazón a alguna llama de vida que podría traerla de vuelta a sus brazos. Cornelius, completamente desesperado, anunció:

— Tengamos fe y buen ánimo, pero no puedo controlar el sangrado.

Todos oraron cerca de su amiga y sintieron pena por el sufrimiento desesperado del Emperador. La modesta cama que la acomodó reflejaba una paz intensa, como si la luz celestial cubriera el lugar en armonía. Superando el límite de la vida, Marta tomó la mano de Constantinus y, abriendo los ojos, dijo con dificultad:

— Agradezco al Señor, por permitirme partir en sus brazos. Eres el amor más puro que mi corazón jamás haya sentido. Viviste en mi alma no como un recuerdo doloroso, sino como el sol de mi vida. Cuando llegó la tristeza, fuiste tú en quien pensé y la luz volvió a brillar. Días y noches, miré sobre las sombras del tiempo para tratar de descubrir qué estrella se iluminaría cerca de Jesús, porque sabía que era allí donde residías.

Luchamos por el cristianismo, nuestros sueños juveniles se realizaron sin importar cómo, mucho menos dónde. El pueblo cristiano es libre, bajo tus leyes, bajo tu protección. Dirigiste el Imperio Romano como un hombre digno, reconociendo la grandeza del Señor. Ahora que se me parte el corazón, sé que hemos cumplido nuestro destino. Retoma tu vida, porque nunca nos separamos. Vivimos el dolor de la distancia, pero vivimos a la luz del cristianismo. ·

Mi cuerpo sufre, pero estoy feliz. Por Jesús, te lo ruego, no estés triste, pronto nos encontraremos, en la viña celestial.

Lucha por el cristianismo, por la obra de la solidaridad y de la fe, mientras el soplo de vida abraza tu alma. No permitas que las debilidades invadan tu corazón, amargándolo. Mantente firme una vez más, porque si el Señor lo permite, yo seguiré luchando donde quiera que esté y estaré a tu lado para siempre, porque eres el amor de mis existencias y también eres parte de mí...

En ese momento, Marta cerró los ojos húmedos, abandonando su cuerpo doliente. Constantinus, entre sollozos de agonía, abrazó el cuerpo sin vida de su amada:

— Si ahora me escuchas, háblame para que al menos pueda decirte que te amo, como nunca he amado a nadie. Levántate y abre tus ojos para que pueda morir contigo, para que mi corazón escuche tu oración dando oraciones al Señor. Déjame ir contigo. Déjame escoltarte hasta el portal donde los ángeles del cielo vienen a buscarte.

Tú eres mi vida, mi sueño desde mi juventud. Mi amada. Despierta por la misericordia.

Desesperado, Constantinus continuó:

— Compasión, mi amada, luz radiante, sol de mi alma, que habitó en mí como yo habité en ti. No quiero despedirme de ti. Dos veces fuimos sentenciados desde lejos. Por minutos creí que volvería a vivir a tu lado, como en el pasado.

Jesús de Nazaret, Señor Eterno, consuélame para que pueda renacer una vez más.

En lo invisible, libre de las impresiones de la muerte, Marta, conmovida, escuchó las palabras de Flavius y pudo sentir el calor de sus brazos abrazándola con fervor, cuando apareció en la habitación desnuda la luz resplandeciente de Apolonius Copérnicus y Domitila. Con infinita alegría, los emisarios celestiales le extendieron sus manos, cubriéndola de paz. Domitila, en la condición de madre adorada, arrojó cariñosamente una luz dorada sobre la recién llegada y, con dulzura, dijo:

— Ven, amada mía. Tus sufrimientos han terminado, el Maestro te espera para recibirte en lo alto. Pon las impresiones de dolor donde están, porque ahora ya no sirven. Síguenos. Muchos esperan tu llegada, bajo las melodías fraternas que resuenan desde el cielo, porque eres una devota obrera del Señor.

Conmovida, Marta escuchó aquellas palabras de consuelo, mirando a sus amigos, que sufrían por su muerte, y enfatizó:

— ¿Cómo proceder, dejándolos sufrir por mi partida?

— Perdóname, pero quería consolarte.

— Querida — intervino Apolonius—, nuestros amigos siguen comprometidos con la Tierra. Que terminen sus tareas para que puedan volver a los brazos del Señor en el momento oportuno.

* * *

Cuando los rayos del sol entraron en el recinto, los amigos de Marta ya habían enterrado el cuerpo. A medida que avanzaba la procesión, dando paso al entierro en el suelo humilde, Caius dejó en su rostro la expresión viva de la tristeza que caía sobre su rostro. Cornelius, al notar la sorda agonía de su amigo, se acercó, tratando de consolarlo:

— Seamos fuertes. Recordemos la valentía que expresó en momentos similares a este. Levantemos nuestra cabeza, volvamos a la lucha. Sé cuánto amabas a nuestra amiga. Tú transformaste este amor en fraternidad cristiana. Sigamos para que la tristeza no ulcere nuestra vida en lamentos que no eleven nuestro espíritu a Jesús.

— Amorosamente en silencio esta mujer con el más puro amor, que me transformó en un hombre renovado. Traduje todas mis ilusiones en trabajo día tras día, pero cuando llega el momento de despedirnos, confieso que mi corazón siente el sabor amargo de la distancia. No tuve el amor de Marta como mujer, pero sé que conquisté el sentimiento más verdadero que un hombre pudo haber recibido de alguien. La lucha cristiana solidificó nuestros lazos bajo la protección del Señor.

Me conformaba con vivir a su lado, solo para contemplar la belleza que emanaba de su corazón. Juré que algún día sería un gran artista, para pintar los ojos que cerraron y que seguirán brillando en mi corazón. Ella enseñado me dio la grandeza del amor apostólico y guardaré esta enseñanza en mi alma. Ruego que en el futuro no me pierda por los caminos de la vida, buscándola en otros rostros. En este amor, seremos como el Sol y la Luna, la vida y la muerte o el día y la noche, pero ella siempre habitará mi alma y será en su corazón que reservaré mis días y todas las vidas que viviré, pero no sabré lo que es será como vivir sin su sonrisa, su voz o el brillo de sus ojos....

Un grupo se acercaba a esos dos hombres. Caius venció valientemente la tristeza y, con los presentes, dijo la oración de despedida:

— Señor, grande es tu amor. Dejaste que nos alcanzara un ángel tuyo que consoló nuestro corazón, cuando necesitábamos aprender a encontrar un refugio llamado fe. Con tu dulce luz comprendemos que en el sufrimiento crecemos. Suplicamos tu cariño para el alivio de nuestro dolor. Aprendemos a ser agradecidos, porque el ángel amigo que tenía en sus ojos la expresión de los que luchan contigo, amando, sirviendo e instruyendo, por ver el mundo transformarse en un valle de amor, vida y luz, no nos pertenece. Aun con el corazón ulcerado por el miedo a la soledad, porque nuestra amiga emprendió su vuelo hacia los cielos, liberamos a este ángel tuyo, para que regrese a tu corazón.

Señor, ahora aprendemos a orar. Oramos sin arrepentimiento. Unge nuestras manos con el trabajo. Derrama tus bendiciones de justicia en nuestras almas, porque contigo no hay muerte. Sin egoísmo, te pedimos, fortalece nuestra fe para que podamos soportar el dolor de la añoranza. Venciendo la tristeza, buscamos la libertad, somos cristianos, trabajando por tu amor, para ver la sombra fría del egoísmo que destruye a tus hijos arrancados del suelo de la Tierra.

✳ ✳ ✳

Después del entierro, al anochecer, Caius y Dioclecia se estaban despidiendo de sus nuevos amigos cuando Cornelius se acercó al Emperador y le dijo:

— Señor, comparto tu dolor. Durante todos estos años he seguido los pasos de nuestra Lucrecia. Su amor por ti nunca ha callado en su alma. Nada aliviará nuestro dolor sino nuestra fe para encontrar el coraje para continuar.

Introspectivo y visiblemente abatido, el Emperador dijo:

— Te recuerdo a ti y al día que le diste vida a mi primer hijo, Flavius Aurelius Constantinus. Hijo que me regaló Lucrecia en la mejor época de mi existencia. Son los recuerdos más preciados que llevo conmigo – suspirando, continuó —. Soy viejo y suplico misericordia al Señor, pues ahora la soledad y mi agonía consumen mi alma. Su voz aun resuena en mi mente. Todos los días de mi vida, fue con sus recuerdos que logré respirar, porque viví entre luchas incesantes, flores, muerte, angustia y todo lo demás. Una vez más, tendré que aprender a vivir de nuevo.

— Permíteme la osadía de preguntarte: ¿La historia de tu amor con Lucrecia será revelada al mundo? — Preguntó Cornelius.

— Soy un hombre público, el mundo solo sabrá de mis actividades públicas, mis matrimonios de conveniencia con fines cristianos, mis gestas como Emperador, hijo de Constantius y hasta como usurpador. La otra parte de mi vida quedó en silencio en mi lecho de muerte. Lucrecia es mi mayor activo, un tesoro que no merecía. Mi imperio ya sabe bastante del emperador Constantinus, pero en cuanto a los hechos relativos a mi juventud, te garantizo que no lo sabrán. Solo confiaré esta historia a los corazones que amo de verdad y que sabrán dirigir mis sentimientos al Señor sin egoísmo ni codicia. Solo el tiempo puede respondernos a esto, porque sé que el amor es eterno y que la verdad siempre prevalece en las conciencias humanas.

Bajo el azul del cielo asomaban ya las primeras estrellas, el emperador, su cuñado y su hermana partían con el augusto recuerdo de Marta en el corazón, mientras el grupo cristiano se organizaba para continuar la obra del Señor, listo para enfrentar nuevas oportunidades para testimoniar tu fe y amor.

13.—
AL LADO DEL MAESTRO

En el año 337 d.C, en Ancirona, cerca de Nicomedia, Constantinus tena la expresión cansada de un hombre que había luchado toda su vida. Sumergiéndose en los cargos del Estado, se dedicó a liberar su mente de los recuerdos del pasado y de la dolorosa añoranza de Lucrecia que le atormentaba el corazón.

Tras el reencuentro con la patricia, se percibió visiblemente que día tras día enfermaba silenciosamente. Sus programas políticos se extendieron a las tierras bajo su dominio, lo que le obligó a realizar un trabajo agotador para mantener el equilibrio del imperio sobre los cimientos que creó.

Aquella mañana, al salir de palacio acompañado de Caius, Dioclecia fue a despedirse y, abrazando afectuosamente a su hermano, le dijo:

— Estoy preocupada por ti. Desde la muerte de Lucrecia, has estado trabajando demasiado. Ya no eres un joven, tu rostro está cansado y el agotamiento se apodera de tu alma. Temo por tu salud. Todos sufrimos tantas mentiras, muertes y hasta la codicia que acecha tu sucesión. Los días de paz vendrán. No te rindas ante las tormentas de nuestro pasado. Debemos absorber las lecciones del camino, sin paralizar nuestra marcha. Somos hijos de Dios. Ciertamente no dejará en la miseria a los que luchan por la fraternidad y el amor.

— Gracias por tanta preocupación. Pocas cosas han tocado mi corazón en este mundo, y el cristianismo es una de ellas. Esta fe me hace vivir soportando el anhelo que desgarra sin piedad mi alma. Luché contra criaturas egoístas y hasta inocentes, credos sin fundamento, crisis políticas, hipocresías de fanatismos religiosos, pero es difícil luchar contra nosotros mismos. Cada uno de nosotros tiene un vacío que llenar hasta que hayamos pagado todas nuestras deudas. El Señor nos ha dado el trabajo como instrumento de renovación. Busco refugio en el corazón de Dios para poder comprender que toda lucha nunca será en vano, especialmente cuando se lucha por una causa.

— Perdóname — intercedió Gaius con preocupación —, pero no crees necesario pensar en la unidad del Imperio, y aun no has elegido a tu sucesor. Bien sabes cuánto puede afectar este tema político en todo lo que haces socialmente y para Cristo.

— Crispus fue mi sucesor y desde el sórdido episodio de su muerte — prosiguió suspirando—, a pesar de tener otros hijos, no los considero preparados para reemplazarme.

— ¿No preferirías descansar por hoy?

Ni siquiera el viaje a los baños y su visita a Antioquía, al santuario del mártir Luciano, aliviaron su silencioso martirio.

— Necesito resolver algunos asuntos religiosos y luego visitaré la catedral, necesito encontrar un poco de paz mientras puedo mantenerme erguido, porque mi peor enemigo, en este momento, es mi cuerpo, y mis pensamientos están inmersos en la luz que la vida se ha empeñado en borrar dos veces en mi existencia, Lucrecia.

Sin perder tiempo, el Emperador y su hermano se despidieron, mientras Caius lo esperaba para seguir rumbo a su destino, la catedral de Nicomedia.

* * *

Los días siguieron rápidos y tristes. Dioclecia permaneció junto a su hermano en la lujosa cámara de su palacio. La noche no perdonó la tristeza de aquellos corazones. Los médicos buscaron todos los conocimientos para salvarlo. Caius, preocupado, se mantuvo fiel al lado de su cuñado.

En el recinto que lo albergaba reinaba una paz inmensa, mezclada con la brisa que traía el aroma del jardín cercano. Él, en su blanca cama mezclada con un agonizante y silencioso sufrimiento, experimentó el sabor de los últimos minutos de vida, pero sintió una silenciosa armonía dentro de su alma. Un médico, secándose las manos, se acercó al general y le dijo:

— Señor, lo siento, pero el estado del Emperador es grave. No hay nada que pueda hacer para ayudar. Su corazón no soportará la peor parte de los años en su cuerpo y pronto se irá.

— Debes estar equivocado — dijo Gaius, sujetándolo desesperadamente por los brazos —. Haz otra cosa, hasta que te quedes sin recursos.

— Lo siento, pero todo mi conocimiento termina aquí. No puedo hacer nada.

Caius y Dioclecia, afligidos, buscaban el consuelo de la fe en el alma, cuando les sorprendió la presencia del obispo Eusebio de Nicomedia que, a petición de Constantinus, había llegado para bautizarlo.

El Emperador tomó la mano de su hermana con dificultad, diciendo:

— El Señor es caritativo para mí. Me muero y aun te veo a ti y a tu esposo a mi lado. Me siento feliz, porque creo que he cumplido mi misión — Mirando a Gaius continuó:

— En este momento encuentro a Lucrecia en mis mejores recuerdos, y esa imagen me hace fuerte. Todo lo que quería la vida me lo ofreció, pero pagué un alto precio, experimenté el amor de esta mujer, pero estábamos condenados a vivir separados. Ruego que ahora, después de la muerte, el Señor se complazca y me permita al menos volver a verla.

— No, no hables así, porque nos hace creer que te estás muriendo — dijo Dioclecia, tratando de ocultar sus lágrimas —. Pronto en la mañana estarás de pie, asumiendo tu trabajo en el Imperio. No podemos perder su liderazgo, eterno amigo y, sobre todo, mi amado hermano.

— Bien sabes que esto será imposible. No estaré aquí pronto. Sé que la muerte es una batalla que tendré que enfrentar solo. Aquí permanecerá mi cuerpo, pero mi alma será liberada de los martirios de la tierra —. Al observar que el obispo estaba presente, enfatizó:

— Un día le prometí al Señor que solo recibiría el bautismo cuando pudiera tener la dignidad y el mérito de llamarme cristiano. Sé que aun no he vencido esta condición, porque todavía me siento atrapado en mí mismo y en un pasado marcado por mis propias manos. Que Jesus me perdone, pero le pido ahora para recibir una simple bendición, para que yo pueda sentir un poco de alivio en mi corazón cansado y lucidez para enfrentar el tributo de mis faltas mientras estoy vivo.

Sin contradecir la voluntad del Emperador, con respeto, Eusebio procedió con el aparato para el bautismo, mientras que Constantinus buscaba, en ese acto, un modo de tranquilizar su conciencia ante la vida y ante Dios.

* * *

Aquella tarde del 22 de mayo[59], mientras el palacio imperial recibía a diversos visitantes, políticos y religiosos, Constantinus agonizaba, y le quitaron las túnicas moradas del Emperador.

Al final de la bendición realizada por Eusebio, Constantinus, con valentía, pronunció, con sus labios frágiles y su voz ronca, la última oración en el nombre del Señor:

— Jesús, dejo mi cuerpo en la Tierra para encontrar un nuevo camino de sabiduría y amor. Tu nombre será recordado siempre, porque ahora el miedo a continuar ya no existe en el corazón de los hombres. Como Emperador, dejo el Imperio y la sucesión hereditaria a mis hijos. Te doy mi corazón, porque él es tu soldado. Si alguna vez vuelve a vivir, quiere servirte con la fuerza latente que reside en la llama de un espíritu eterno, hijo de Dios.

Tomando la mano de Gaius, con dificultad, dijo:

— Tú conocías mi historia tan bien como yo, así que te imploro que no permitas que ningún hecho de mi pasado quede registrado en los documentos oficiales del Imperio. Por misericordia, protege lo mejor de mí, Lucrecia, porque no quiero que nadie destruya su imagen tan amada y sagrada. Que se borre cualquier referencia al hijo que tuve con tu prima, así como los hechos relativos a Crispus y Fausta —. Mirando a Eusebio, continuó:

---

[59] Murió el 22 de mayo, en la fiesta de Pentecostés, después de haber reinado durante treinta y un años, los últimos siete como regente único del Imperio Romano Unido. Texto tomado del libro Cuando Jesús se convirtió en Dios, Ricardo E. Rubenstein, edición de 2001. (N.M.)

— Has registrado todas mis hazañas, pero aquí está mi último deseo, que el mundo conozca mis hazañas como Emperador, pero las particularidades de mi vida deben ser preservadas.

Eusebio no se atrevió a contradecirlo. Todos los presentes se conmovieron, Constantinus, suspirando profundamente, cerró los ojos a la vida de la Tierra, abandonando la tortura del cuerpo.

Ya liberado de los tormentos físicos, en lo invisible, incluso ante los emisarios de Jesús, se sintió debilitado.

Los que compusieron las páginas de su historia, sus enemigos, entre ellos Daia con un semblante horriblemente transformado, Claudius Tertulianus y Maxentius, vestidos en una legión militar envueltos en oscuros mantos de odio, ignorancia y visible desequilibrio mental, actuaban como si solo estuvieran vivos en un campo de batalla. Aquellos intrépidos soldados gritaban repetidamente: *"veni, vidi, vici"* (vine, vi, vencí) y, comportándose de manera disciplinada, portaban en sus manos armas indescriptibles que solo existían en el oscuro mundo que habitaban.

Inmediatamente, Constantius I y Maximianus Hércules, poseídos por una rabia indescifrable, los condujeron sin compasión y los incitaron a una venganza despiadada. Entre la escena indescriptible y la severa humillación, intentaron por todos los medios acercarse a Constantinus para aprisionarlo en su magnetismo.

Cuando todo parecía superado por las sombras, se acercó un gran ejército de luz. En aquella triste oscuridad, Lucrecia, envuelta por el esplendor de su luz azulada y escoltada por Apolonius, Eustaquio, Samir y Fabius, se acercó y abrazó a Constantinus, apoyando la cabeza en su pecho, como si le latiera el pulso del corazón y la fuerza. de su innegable amor fueron suficientes para protegerlo en ese momento. Constantinus, exhausto y sin poder decir una sola palabra, se entregó por completo a los brazos de su amada.

Mientras tanto, los otros benévolos emisarios celestiales, en condición de arqueros estratégicamente dirigidos por Petronius, arrojaron una lluvia de flechas de luz dorada sobre el sombrío grupo. Incapaces de soportar el resplandor de las flechas, se retiraron rápidamente bajo las órdenes de Maxentius, nuevamente derrotados. Constantius y Maximianus, llenos de furor, contemplaron la huida de los que habían criado.

Antes de irse, Constantius se acercó a Petronius. Desde donde estaba podía ver la imagen de Lucrecia y Constantinus, quienes juntos parecían un solo corazón, una sola alma, envueltos por un intenso amor.

— Esta vez nos ganaron, pero volveremos – dijo Constantius con los ojos enrojecidos junto a Maximianus —. Una vez más, esa maldita cosa se cruza en mi camino y me impide traerlo a mi lado. Su inteligencia me pertenece y juntos seremos emperador de la tierra. Que Jesús no tomará mi lugar, mi tolerancia hacia él finalmente ha llegado a su fin. Constantinus había vivido y servido a mí ya los míos como esta mujer se había inclinado ante mis propósitos. Soy el único heredero del planeta y lo gobernaré según mis leyes.

Si su amor es lo que te aleja de mis objetivos, lo acabaré. Hasta que llegue el día de mi victoria, juro que los perseguiré hasta el final de los tiempos y nunca estarán juntos, nunca perpetuarán ese amor, ni en la vida, ni después de ella, no permitiré que se encuentren. Por ahora, experimenten el gozo de mi derrota, pero mis ejércitos marcharán de nuevo y venceremos.

Sin otra palabra, se retiró con los pocos que quedaban a su lado, perdiéndose en las sombras de su propia locura.

Constantinus, sumido en un fuerte sopor, fue recogido por sus benditos amigos.

Mientras tanto, en la Tierra, su cuerpo fue preparado con lino y oro para recibir los honores dignos de un Emperador, lo que indicaba que los días gloriosos de Constantinus habían llegado a su fin, el gran gobernante del imperio y las lágrimas del triste corazón de un hombre común llamado Flavius Valerius cesaron...

* * *

En el mundo espiritual, en una ciudad destinada a acoger a los cristianos primitivos, estaban, bajo la guía de los apóstoles encargados de la evangelización de Oriente, Bartolomé, Andrés, Felipe y Tiago.

Constantinus, luego de recuperarse de su regreso, estaba sentado en un amplio jardín donde un olor primaveral traía una sensación de consuelo a su espíritu cansado, apoyado por un médico que le aplicaba unos procedimientos médicos específicos, solo administrados en esa ciudad.

Eustaquio, Samir y Fabius se expandieron en luz, para que Petronius pudiera acercarse:

— Te saludo, mi amigo de hoy, pero como tu padre de otrora, extiendo mis manos para que nos sigas, pues muchos amigos esperan tu llegada.

Emocionado, Constantinus, con dificultad, se arrodilló, cubriéndose la cara con las manos. Dejando su mente libre de las desgracias del pasado, miró a Petronius, y lejanos recuerdos, aun confusos, se fueron desplegando, reconociendo al adorado padre que la vida, un día, le había regalado. Emocionado, le dice:

— No merezco estar a tu lado ni guiarte. ¿Cómo puedo entrar en este mundo celestial si llevo sobre mis hombros las oscuras cargas de mi pasado? No soy digno de quedarme aquí.

— Deja atrás las impresiones tristes, porque el dolor o el remordimiento no tienen cabida aquí. Si estamos juntos es porque estás listo para empezar de nuevo sin miedo ni angustias pasadas. Ahora ven con nosotros.

Al ingresar a un enorme salón iluminado, un grupo de emisarios celestiales se reunió para dar la bienvenida a la llegada de su nuevo amigo. Los rostros conocidos en el pasado aparecieron lentamente ante sus ojos, saludándolo con cariño. Entre demostraciones dignas de reconocimiento, entre ahora y fraternas melodías, Constantinus fue recibido, con profundo respeto, por los cristianos victimizados por masacres, Adira, Matías, Quimeria, Domitila y varios antepasados felices, quienes irían irradiando ternura y esperanza a cada paso de Constantinus.

La emoción de abrazar y amar esos corazones. Samir, Fabius y Petronius lo condujeron al centro del salón, donde una gran luz se volvió intensa y viva frente al ex Emperador. Una voz suave y firme invadió su corazón. Apolonius, revivido en plenitud, hizo eco de su voz por toda la habitación:

— Bienaventurados los corazones que renuncian a la propia vida por amor a la causa cristiana. Nos implica la fraternidad para ser hijos de Dios libres de cualquier vanidad que oscurezca el alma humana. La justicia divina consolidó el noble propósito de la renovación. En nombre del Maestro, los tiempos oscuros dieron paso a una vida fraterna, libre de sacrificios de sangre.

Debemos encontrar en nuestro corazón las razones que nos hagan volver a las escuelas humanas; estas razones se manifiestan a través del sufrimiento, cuando estamos en busca de un mundo mejor. Llegará el día en que cesarán los abusos, porque en verdad todos llegarán a comprender que son manos de la creación del mismo Padre. El imperio del amor y de la esperanza se levantará sobre el suelo terrenal, solidificando el valor en las almas que viven a favor del bien común.

Legiones de emisarios comandados y guiados por Jesús, que llevan el nombre de Consoladores, trabajarán incesantemente, mientras la Tierra necesite luz. Si queremos transformación, debemos luchar; paz, hay que sembrar; amor, debemos perseverar, para que la verdad nos esté uniendo siempre con el mundo celestial. Como el Señor prometió, no abandonó a quienes lucharon por hacer prevalecer el código de amor universal que quedó en el planeta.

Trabajemos para que el proceso evolutivo se construya sobre los cimientos de un amor puro y desprendido, porque todos los que entendieron el mensaje cristiano del verano trabajarán ahora para que la luz del Evangelio se perpetúe en los siglos venideros.

La pureza de Apolonius quedó establecida en los corazones presentes. Constantinus, en silencio, acompañó a los benditos amigos a una antesala, desde la cual se tenía una vista del planeta Tierra, exclusivamente, de la región desde Nicomedia hasta Constantinopla. Fabius, en plenitud, se acercó, saludándolo con cariño:

— Amigo mío, esperaremos juntos las nuevas instrucciones del Señor para poder, unidos una vez más, volver a la Tierra donde trabajaremos por el Evangelio. Abriste las puertas para el cristianismo, pero ahora la batalla más grande será hacerlo iluminar la mente de los egoístas que buscan crecer a la sombra del Señor, haciendo prevalecer el personalismo de la obra celestial.

El Emperador, conmovido, fue reconociendo poco a poco a todos los amigos que allí se encontraban, y, como si el pasado fuera su presente, recordó los lazos que unieron aquellos corazones durante mucho tiempo. Con extremo afecto y gratitud, abierto a Fabius:

— Tengo un noble sentimiento de respeto y consideración por ti, te reconozco como un amigo. Que Jesús bendiga este momento que para mí es la esencia de mi felicidad.

— Todos somos creaciones eternas. Estuvimos involucrados en otras experiencias pasadas, porque el lazo de amor que nos une no se rompe con las existencias, perdura porque somos hijos de Dios. Por eso estaremos juntos nuevamente en el nombre del Divino Amigo Jesucristo.

— Me siento avergonzado de mis acciones, porque cuando me miro, veo a un soldado preparado para la guerra y me doy cuenta del hombre frío en el que me he convertido.

Constantinus derramó lágrimas convulsivas destacando el semblante entristecido. Petronius, con respeto, notó su emoción y lo consoló:

— Tranquilo, que el Señor nos conceda una nueva oportunidad. Siempre estaremos dispuestos a extender la mano a nuestros amores y, aunque algún día se equivoquen, estaremos en sus corazones apoyándolos y elevándolos al Cielo.

— Perdona mi egoísmo, pero recuerdo a los que se quedaron en la Tierra ¿Qué será de ellos ahora?

— No te preocupes, — dijo Petronius —. Ahora, tu corazón está con ellos. Cornelius, Drautila, Daniel y Caius representan la sencillez apostólica. Aun pasando la prueba de la pobreza y la enfermedad, enseñaron el ejemplo de fe y amor a los que son los nuevos líderes del cristianismo que están muy lejos de los propósitos genuinos sembrados por Cristo y pronto volverán aquí.

Gaius y Dioclecia necesitan consolidar el pensamiento cristiano de quienes serán tus sucesores. Para esto, el Señor guarda vuestras imágenes vivas en la Tierra. Mi hijo también representa la disciplina para aquellos que necesitan disfrutar del nombre de Jesús sin una causa noble. De esta manera, tu abnegada hermana apoyó a su esposo en los momentos de tormento que enfrentó. Para que puedan superar todos los obstáculos, permaneceremos aquí para ayudarlos en el difícil viaje.

— Dime, por piedad, ¿qué pasa con mis otros oponentes, Fausta y Limea? ¿Dónde están?

Tanto Fausta como Limea aun luchan por el amor de Flaminius, envueltas en las sombras de una pasión enfermiza. Los demás están metidos en sus egoísmos, pero Jesús se compadeció de esos corazones y en nuestras manos está la responsabilidad y el compromiso de devolverles la luz. Por eso, regresaremos a la Tierra, bendito escenario que nos enseñará a perdonar, amar y seguir adelante.

En ese momento, Crispus, conmovido, se acercó.

— Constantinus lo abrió con fuerza y dijo:

¡Perdóname, hijo! — Suspirando, prosiguió:

— Sepa que en todos los días de mi vida he amargado tu muerte. Fui injusto e incapaz de contener a los que te llevaron a la muerte. Ejerciendo mis cargos públicos, creo que te arrojé a los chacales.

— No hay nada que perdonar, porque antes de tomar el puesto de tu hijo, fuimos grandes amigos en el pasado y aunque el egoísmo haya alterado las líneas de nuestro destino, créeme, seguiremos unidos en la batalla en el nombre del Señor.. Nuevas oportunidades se pondrán en nuestras manos y juntos venceremos y encontraremos la luz.

Encontré a todos los que amaba —. Con la cabeza baja, Constantinus continuó:

— Incluso sé el paradero de mis enemigos, pero desde mi llegada, no he podido volver a encontrar a mi Lucrecia. Todavía escucho las duras palabras de Constantius en ese momento confuso y perturbado en que me encontraba. ¿Estamos condenados a vivir eternamente separados bajo el pesado yugo de mis oponentes? — Continuó una breve pausa:

— Si pudiera oírme, me gustaría decirle que todavía la amo, porque no hubo tiempo para decirlo cuando estábamos vivos.

Los presentes sonrieron fraternalmente. Lentamente, Lucrecia, feliz, se acercó:

— También llevo en mi corazón la ternura de nuestro amor y los más puros recuerdos vividos por nosotros. Estoy aquí a tu lado, como siempre lo he estado, para que encontremos, una vez más, el camino que nos lleve a Dios. Pronto se abrirán las puertas del tiempo y la luz será vista por todos los que necesiten protección. No debemos contener nuestros pensamientos por miedo a las palabras pronunciadas por Constantius. Siempre encontraremos la manera de estar juntos.

Constantinus caminó hacia Lucrecia, abrió el camino intensamente. Emocionado, el ex Emperador miró a sus amigos y dijo:

— No cargo sobre mis hombros el árbol que llevó a Jesús a los brazos de Dios, sino la cruz de innumerables errores que he cometido en mi vida. Necesitaré tu apoyo y paciencia para que sea digno de vivir a tu lado. Si Jesús es para mí, yo también soy un soldado dispuesto a servir la causa digna llamada amor.

Permítanme, entonces, pedir perdón a la humanidad, porque además de querer hacer prevalecer el cristianismo, no quise nublar

~313~

el código de luz dejado por el Cristo. Devolveré tantas existencias como sean necesarias para que todos sepan que el cristianismo es el farol que iluminará el mundo, mantenido encendido en el tiempo, el guardián eterno de nuestras experiencias...

Esos corazones unidos por el ideal fraterno contemplaron el sol romano, que yacía grandioso sobre los brazos de las colinas, al suave rumor de las tranquilas aguas del Tíber, dejando en el pasado las cenizas de la tierra.

Consolidaron en sus corazones la llama viva de la esperanza, fortaleciéndolos para nuevas etapas evolutivas, cuando seguirán luchando por la implantación del cristianismo en la Tierra, convirtiéndola en el eterno imperio de la luz.

FIN

Grandes Éxitos de Zibia Gasparetto

Con más de 20 millones de títulos vendidos, la autora ha contribuido para el fortalecimiento de la literatura espiritualista en el mercado editorial y para la popularización de la espiritualidad. Conozca más éxitos de la escritora.

Romances Dictados por el Espíritu Lucius

La Fuerza de la Vida

La Verdad de cada uno

La vida sabe lo que hace

Ella confió en la vida

Entre el Amor y la Guerra

Esmeralda

Espinas del Tiempo

Lazos Eternos

Nada es por Casualidad

Nadie es de Nadie

El Abogado de Dios

El Mañana a Dios pertenece

El Amor Venció

Encuentro Inesperado

Al borde del destino

El Astuto

El Morro de las Ilusiones

¿Dónde está Teresa?

Por las puertas del Corazón

Cuando la Vida escoge

Cuando llega la Hora

Cuando es necesario volver

Abriéndose para la Vida

Sin miedo de vivir

Solo el amor lo consigue

Todos Somos Inocentes

Todo tiene su precio

Todo valió la pena

Un amor de verdad

Venciendo el pasado

Otros éxitos de Andrés Luiz Ruiz y Lucius

Trilogía El Amor Jamás te Olvida

La Fuerza de la Bondad

Bajo las Manos de la Misericordia

Despidiéndose de la Tierra

Al Final de la Última Hora

Esculpiendo su Destino

Hay Flores sobre las Piedras

Los Peñascos son de Arena

Otros éxitos de Gilvanize Balbino Pereira

Linternas del Tiempo

Los Ángeles de Jade

El Horizonte de las Alondras

Cetros Partidos

Lágrimas del Sol

Salmos de Redención

Libros de Eliana Machado Coelho y Schellida

Corazones sin Destino

El Brillo de la Verdad

El Derecho de Ser Feliz

El Retorno

En el Silencio de las Pasiones

Fuerza para Recomenzar

La Certeza de la Victoria

La Conquista de la Paz

Lecciones que la Vida Ofrece

Más Fuerte que Nunca

Sin Reglas para Amar

Un Diario en el Tiempo

Un Motivo para Vivir

¡Eliana Machado Coelho y Schellida, Romances que cautivan,
enseñan, conmueven y
pueden cambiar tu vida!

Romances de Arandi Gomes Texeira y el Conde J.W. Rochester

El Condado de Lancaster

El Poder del Amor

El Proceso

La Pulsera de Cleopatra

La Reencarnación de una Reina

Ustedes son dioses

Libros de Marcelo Cezar y Marco Aurelio

El Amor es para los Fuertes

La Última Oportunidad

Nada es como Parece

Para Siempre Conmigo

Solo Dios lo Sabe

Tú haces el Mañana

Un Soplo de Ternura

Libros de Vera Kryzhanovskaia y JW Rochester

La Venganza del Judío

La Monja de los Casamientos

La Hija del Hechicero

La Flor del Pantano

La Ira Divina

La Leyenda del Castillo de Montignoso

La Muerte del Planeta

La Noche de San Bartolomé

La Venganza del Judío

Bienaventurados los pobres de espíritu

Cobra Capela

Dolores

Trilogía del Reino de las Sombras

De los Cielos a la Tierra

Episodios de la Vida de Tiberius

Hechizo Infernal

Herculanum

En la Frontera

Naema, la Bruja

En el Castillo de Escocia (Trilogía 2)

Nueva Era

El Elixir de la larga vida

El Faraón Mernephtah

Los Legisladores

Los Magos

El Terrible Fantasma

El Paraíso sin Adán

Romance de una Reina

Luminarias Checas

Narraciones Ocultas

La Monja de los Casamientos

Libros de Elisa Masselli

Siempre existe una razón

Nada queda sin respuesta

La vida está hecha de decisiones

La Misión de cada uno

Es necesario algo más

El Pasado no importa

El Destino en sus manos

Dios estaba con él

Cuando el pasado no pasa

Apenas comenzando

Libros de Vera Lúcia Marinzeck de Carvalho

y Patricia

Violetas en la Ventana

Viviendo en el Mundo de los Espíritus

La Casa del Escritor

El Vuelo de la Gaviota

Vera Lúcia Marinzeck de Carvalho

y Antônio Carlos

Amad a los Enemigos

Esclavo Bernardino

la Roca de los Amantes

Rosa, la tercera víctima fatal

Cautivos y Libertos

Libros de Mónica de Castro y Leonel

A Pesar de Todo

Con el Amor no se Juega

De Frente con la Verdad

De Todo mi Ser

Deseo

El Precio de Ser Diferente

Gemelas

Giselle, La Amante del Inquisidor

Greta

Hasta que la Vida los Separe

Impulsos del Corazón

Jurema de la Selva

La Actriz

La Fuerza del Destino

Recuerdos que el Viento Trae

Secretos del Alma

Sintiendo en la Propia Piel

World Spiritist Institute

https://iplogger.org/2R3gV6